大地上的歌吟

赵德发创作评传

李恒昌 著

时代出版传媒股份有限公司
安徽文艺出版社

图书在版编目（CIP）数据

大地上的歌吟：赵德发创作评传/李恒昌著.--合肥：安徽文艺出版社,2021.8
　ISBN 978-7-5396-7276-2

　Ⅰ.①大… Ⅱ.①李… Ⅲ.①赵德发－文学评论 Ⅳ.①I206.7

中国版本图书馆 CIP 数据核字(2021)第 168149 号

出　版　人：段晓静	封面题签：张仲亭
责任编辑：姜婧婧	装帧设计：张诚鑫

出版发行：时代出版传媒股份有限公司　www.press-mart.com
　　　　　安徽文艺出版社　　　　　　www.awpub.com
地　　址：合肥市翡翠路 1118 号　邮政编码：230071
营　销　部：(0551)63533889
印　　制：安徽联众印刷有限公司　(0551)65661327

开本：700×1000　1/16　印张：21　字数：300 千字
版次：2021 年 8 月第 1 版
印次：2021 年 8 月第 1 次印刷
定价：62.00 元

(如发现印装质量问题，影响阅读，请与出版社联系调换)
版权所有，侵权必究

目　　录

序言:研析赵德发文学创作的用心之作　施战军 / 001

卷一　人生品鉴:苦难修行

　　第一章　乡村生活:创作的摇篮 / 003

　　第二章　教学生涯:燃烧的梦想 / 011

　　第三章　坐班机关:难忘的初心 / 020

　　第四章　洪楼求学:生命的呼唤 / 027

　　第五章　在海之滨:毕生的修行 / 034

卷二　短章探微:爱之情深

　　第一章　《狗宝》:人性的检验 / 047

　　第二章　《通腿儿》:苦难的温情 / 052

　　第三章　《断碑》:精神的守望 / 061

　　第四章　《蚂蚁爪子》:文化的悲歌 / 065

　　第五章　《闲肉》:无知的偏见 / 070

　　第六章　《窨》:愚昧的代价 / 075

　　第七章　《我知道你不知道》:人性的挖掘 / 081

　　第八章　《选个姓金的进村委》:乡村建设的期许 / 084

第九章　《晚钟》:迟到的警钟 / 088

　　第十章　《路遥何日还乡》:灵魂的忧思 / 093

卷三　中篇赏析:深度反哺

　　第一章　《小镇群儒》:校园百态图 / 099

　　第二章　《圣人行当》:圣人的凄苦 / 103

　　第三章　《窑哥窑妹》:非个体问题 / 107

　　第四章　《要命》:要了谁的命 / 111

　　第五章　《止水》:无声的细雨 / 115

　　第六章　《嫁给鬼子》:鬼子与骗子 / 120

　　第七章　《跨世纪》:诱惑与守静 / 123

　　第八章　《挠挠你的手心什么感觉》:被撩拨时代 / 127

　　第九章　《入赘》:人性的弱点 / 131

卷四　史诗展读:大地行吟

　　第一章　《缱绻与决绝》:究天人之变 / 137

　　第二章　《君子梦》:究伦理之变 / 143

　　第三章　《青烟或白雾》:究时政之变 / 149

　　第四章　《震惊》:究灾氛之变 / 154

卷五　文化反思:信仰之光

　　第一章　《双手合十》:考察世道人心 / 161

　　第二章　《乾道坤道》:追问生命意义 / 168

　　第三章　《魔戒之旅》:破除内心之魔 / 175

卷六　纪实寻踪:心灵烛照

　　第一章　《小老师》:可贵的品质 / 183

第二章 《白老虎》:人性的悲哀 / 191

　　第三章 《监狱内外》:爱情的力量 / 201

　　第四章 《学海之鲸》:壮美的人生 / 206

卷七　远方拷问:哲人之思

　　第一章 《人类世》:寄情深远的忧思 / 217

　　第二章 《经山海》:乡村精神的重建 / 224

卷八　美文捧读:精神篝火

　　第一章 《阴阳交割之下》:睿智的思考 / 235

　　第二章 《拈花微笑》:至美的情怀 / 247

　　第三章 《白纸黑字》:文明的期冀 / 261

　　第四章 《南山长刺》:时代的思考 / 272

卷九　艺文综揽:山海文心

　　第一章 大哲之言:深刻的文学理念 / 287

　　第二章 大匠之心:独特的文心雕龙 / 296

　　第三章 大象之形:鲜明的意象特征 / 305

　　第四章 大海之魂:可期的未来路途 / 311

主要参考书目 / 315

在黄海之滨的山东省日照市莒县浮来山下,有一座定林寺,寺旁有一座文心亭。据传,南北朝时期,著名文学批评家刘勰曾在此潜心修行,校经抄经,并创作完成我国第一部文学批评专著——《文心雕龙》。

——题记

序言：研析赵德发文学创作的用心之作

施战军

赵德发是当代文坛的著名作家，山东文学的功勋人物。他自1979年踏上文学之旅，潜心创作四十年，先后完成"沂蒙系列中短篇小说"、"农民三部曲"（《缱绻与决绝》《君子梦》《青烟或白雾》）、"文化姊妹篇"（《双手合十》《乾道坤道》），"蓝色三部曲"的前两部《人类世》和《经山海》，迄今已发表出版各类文学作品800万字，多次获得国家和省部级奖项。他的作品以恢宏的气势反映了中国当代发展的生动实践，表达了对人类命运的深切忧思，寄予了对未来的美好希冀。2018年年初，我约他写一部反映新时代的长篇小说，他如约完成《经山海》，荣获中宣部第十五届精神文明"五个一工程"奖。该作品获奖后不久，我收到了文化学者、批评家李恒昌先生的新著《大地上的歌吟——赵德发创作评传》书稿。这是一部令人感动的书稿，一部倾心用情之作。这部专门研究赵德发及其作品的评传性著作，为我们全息呈现了这位来自大地上的文学修行者的生命长吟。这长吟的旋律或庄严静穆，或高亢激越，或低回婉转，或激愤哀怨，或温暖，或悲凉，让人产生强烈的共鸣。正是著者对作家既往人生经历的深刻感悟、对其作品思想艺术的深度挖掘，彰显了赵德发文学修行之旅和修行结晶的多维度启示价值和审美意义。

书稿深度挖掘了赵德发不断奋斗、不断超越自我的精神和情怀。俄罗斯著名作家阿·托尔斯泰在其《苦难的历程》中曾说："在清水里泡三次，在血水里浴三次，在碱水里煮三次，人生才变得更有意义。"恒昌先生以充满深情的笔触，为我们呈现了赵德发文学人生的无数次浴火重生、凤凰涅槃。他用马克思主义"偶然性与必然性""内因与外因"这两对哲学范畴深刻阐释了赵德发不断奋斗、超越自我的内在动因，再现出外在条件的变化是赵德发文学启蒙、奋起、取得辉煌的触发引信。一是深刻揭示了赵德发不断奋斗，勇于超越自我的历史条件的变化外因。《大地上的歌吟》告诉我们，种种难于历数的苦身又苦心的际遇叠加在一起，磨砺出了赵德发超强的人生意志，它所积淀下的刻骨铭心的苦难记忆，既是赵德发文学启蒙的外在自然条件，更成为促进其追梦文学的不竭动力。二是深刻揭示了生命遗传密码是赵德发从文学启蒙最终走向创作辉煌的第一条件。著者对于赵德发"文化望族"的历史述说就有着特殊的意义。音乐、美术、文学的创作必以天分为基本前提，早已是学界通论和共识，潜藏在赵德发身心里的文学血脉，冥冥之中需要一种在苦难中的刻苦修行才能贲张。三是深刻揭示了作家带着创痛的翅膀起飞、翱翔的辉煌。著者通过创作的摇篮、燃烧的梦想、难忘的初心、生命的呼唤、毕生的修行五个乐章的抒写，让我们看到作家的文学梦想无一不是在与现实的抗争中一步步得到实现的。从某种意义上讲，人的一生是不断选择的过程，赵德发的每一次坚守、每一次选择都是如此决绝。"生命的呼唤这五个字说得真好，它从根本上说明了他弃政从文的深层次原因，它不是因一时的糊涂、一时情感的冲动，而是来自生命深处的渴望和呼唤！"恒昌先生一语道破了德发没有缱绻而只有决绝的文学理想的选择是因为"生命深处的渴望和呼唤"。四是深刻揭示了赵德发的人格与精神是其创造文学生命辉煌的首要前提。"他就读于山东大学作家班时，离住处不远就是洪家楼天主教堂。每到周末，去那儿做弥撒的人许许多多。起初自己还是一种冷眼旁观的态度，后来天主教徒们庄严齐声诵念祷文时，他仰望着高高的教堂穹顶，竟然悄悄地流泪了。由此，他联想到了自己深爱的文学。他确认，文学也是一种宗教。自己就是要做一个一心追求文学的虔诚教徒。""他发现一个人一生只干一件事后，他便选择了'弃政从文',从此他的人生线索便合并成了一条线索:在文学创作的道路上不断追梦,不断奋斗。无论是他人生的哪个阶段,也无论是他前进的哪一条线索,他的生命旗帜上,都写着两个大字——'奋斗'"。恒昌先生的动情书写,让我们看到的是赵德发创作之旅"我注六经"与"六经注我"的互融态势、每个字都浸透汗水的文学深情。赵德发塑造了文学,文学也塑造了赵德发。我曾讲过:"文学之道即旅人的行进,作家的道路和文学的道路一样都是永无止境的漫漫长旅。旅人或多或少应该有自己的方向,那么对'世情'的深刻洞察,恐怕是确定坐标和方位的好办法之一。"诚如著者在书中强调的,正是因为赵德发灵魂里固有的那份敏感与对苦难的体验,让他对世情才有了深刻洞察,也正是这种深刻洞察,也才有了赵德发将"生命献给文学"这样一个人生向度。

深度挖掘了赵德发作品紧贴土地、反映时代的思想内涵和精神风骨。恒昌先生遵循现实主义文学批评原则,坚持从具体作品出发,分析和评判了赵德发的几乎全部作品,深刻洞见其思想的肌理和精神的风骨。马克思在评价萨克雷和狄更斯等批判现实主义作家的作品时曾说:"现在英国的一批杰出的小说家,他们在卓越的、描写生动的书籍中向世界解释的政治和社会真理,比一切政客、政论家和道德家加在一起揭示的还要多。"《大地上的歌吟》深刻揭示了赵德发作品所蕴含的中华民族自强不息的精神内涵和时代守望精神,指出其长篇小说"农民三部曲"《缱绻与决绝》《君子梦》《青烟或白雾》,"文化姊妹篇"《双手合十》《乾道坤道》,以及《人类世》和《经山海》等作品充满对整个人类命运的忧思,展示了赵德发具有的浓厚的赤子情怀和强烈的时代责任感。他用广阔的审美视野关注社会关注人生,无论面对怎样的人生困顿,他的文心始终朝向真诚、朝向温暖、朝向悲悯,正是这一人格力量,使赵德发的每一部作品都散发出连通广宇的思想力量。一是深刻揭示了赵德发创作精神从萌芽到长成参天大树的历程。赵德发自第一篇短篇小说《狗宝》再现单纯朴素、亲切可人的人性之美,《闲肉》发出"救救孩子"的呼喊,《选个姓金的进村委》对政治生态的指陈和民主的梦想，到中篇小说《小镇群儒》对教书育人清澈宁静、赤诚敬业那样一种职场生态的深情呼唤，直到长篇小说《人类世》发出对整个人类命运的忧思，新作《经山海》那种经山历海从黄色文明走向蓝色文明的宏大抒写，无一不显现出赵德发作品思想精神内涵从单度到多维、从个体到群体、从一隅到世界、从朴素情感抒发到人类灵魂终极追问，思想不断富集这样一个复杂嬗变、螺旋上升的辉煌历程，生动呈现出赵德发及其作品这棵思想参天的大树斑斓着乡土的黄色文明、海洋的蓝色文明、灵魂的思想精神如火一样红的三种基色，以及这棵参天大树依然在生长、在蓬勃的态势。二是深刻揭示了社会历史演进逻辑的波浪和曲折。《大地上的歌吟》通过对作家及其作品的深刻分析，在让我们看到繁茂的社会景象如潮汹涌地向前推进的同时，更让我们清晰地看到了人类社会文明进步的历史逻辑。这种历史的逻辑并非形式逻辑的同一律、充足理由律和不矛盾律那样的简单，而是既有不同时代文明活力因子的遗传，又有郁积到今天的历史沉疴，悖论、逆反、矛盾，交汇其间难以拨乱。比如《大地上的歌吟》论及了"城市化对人的异化""封建伦理道德与现代法制的强烈冲突""工业化进程加速与田园牧歌的毁灭"等诸多矛盾，不乏警世、醒世之声。恒昌先生以哲学的视角为维度，让我们从赵德发的文本中看到了什么才是推动社会文明进步的真正动力。这在著者对赵德发九部长篇小说的系统分析中体现得尤为明显。三是深刻揭示了时代精神的多样性、复杂性。在这种多样复杂的时代精神中，恒昌先生深度发掘出了蕴藉在赵德发文字中的时代主流思想，以及社会意识流脉的奔突，或潜流暗涌，或断层悖论，或灰色地带。所有这些，全部在德发作品塑造的人物和再现的时代背景中凸显出来。从"人性的检验"（《狗宝》）、"精神的守望"（《断碑》）、"文化的悲歌"（《蚂蚁爪子》）到"无知的偏见"（《闲肉》）、"愚昧的代价"（"窖"系列），每一个灵魂的断面，每一处场景的暗影，每一次情感流泻的瞬间，每一回犹疑不定的选择，无一不折射出或浓或淡的时代精神的星点，这些星点的集束构成了时代思想内涵的强光。四是叩问时代，凸显了被漠视被压抑的个体生命及精神痛苦的存在。恒昌先生以批评家的勇气在《大地上的歌吟》中对一众悲剧人物的分析，昭示出每一个人物的小悲剧都是社会时代大悲剧的命题。它深刻启示我们："瓜瓢""郭全和""高秀燕""李明远"、"孙参"同样是社会、时代的代表，因为从主体性生命精神的维度考察，每一个人都是社会的表征与存在形态。直面这种表征与形态，恒昌先生将赵德发及作品置于"疗救者"的队伍里并将其作为这支队伍的主将给予了高度评价。"充满知性，充满哲思，充满诗意，放射理性的光泽和思想的光焰，它的每一篇作品几乎都能引发思考，启迪心智"，这既是作品显现的批判力量的光辉，更是一种救治力量的光焰。五是指出，寄予希冀和美好是赵德发作品紧贴大地反映时代思想内涵和深度的有力体现。恒昌先生特别指出了赵德发没有停留在再现愚昧、悲剧的层面上，而是令人信服地描绘出人性的复杂，即便是十恶不赦的人身上也会存在人性的微光。"当我告诉人们在一只老虎面前要怀着戒心的时候，我不能不把老虎的美丽发亮的斑纹也指出来。"（席勒）赵德发正是基于这样的创作思想，尽最大可能放大每个人物的人性光辉。著者在"窖"系列中对"章互助"这个人物的分析堪称这方面的范例。六是呈现了历史文化思想的纵深。《大地上的歌吟》在分析赵德发的创作时，指明了他反映时代的思想深度方面有一个坐标体系：它无限宽广的端面（切面）是把人物及人物生活的舞台作为当代中国的现实回响；它的纵轴是中国乃至世界历史文化思想的纵深。这个纵深企及了哲学、宗教、史学、文化学、人类学、自然科学等诸方面的大文化脉象。著者在评传中并没有堆积这些知识，而是呈现了对历史文化的思考辨析，探究了"端面"与"纵深"之间联系的成因，著者也因此表达出贯穿赵德发及其作品"问天、问道、问苍生"的博大情怀和思想精义。恒昌先生在书中写道："赵德发站在城子崖（龙山文化遗址）放眼四望，那广泛散布着龙山文化堆积的田野里，农人们此刻忙忙碌碌地干活的情景，引发了他新的思考。这儿生产的'龙山小米'，是我国四大名米之一。而在收获过'龙山小米'的土地里，新种下的麦子已经禾苗青青，预示着明年的稔穑。庄稼一季一季，人类一茬一茬，四五千年恍然而逝。看看从这里挖掘出的历史，再打量一下21世纪的世界，他追问：与那时相比，人类有了哪些进步，又有了哪些退步？这个问题问得好。因为，看不到进步，就会丧失前进的信心；看不到退步，也就没有继续前进的压力和责任。""赵德发的眼前，一片苍茫……这一片苍茫里，写着他关于人生的终极关怀，以及对人类未来的深切希望。"《大地上的歌吟》让我们看到了熠熠生发的思想光芒。

深度挖掘了赵德发作品富有系统性、开拓性的艺术特色和风格。《大地上的歌吟》归纳总结了赵德发作品艺术维度的总特征："内容选择的战略性""人物塑造的群雕性""乡土文学的突破性"，并强调其"最大艺术特色在于其谋篇布局的高远、叙述方式的创新和情感表达的真挚上"。他提出了赵德发的创作及其作品在艺术特色和风格方面富有"系统性"和"开拓性"的论断，对此我深有同感。在给"大地之魂"书系之一赵德发中短篇小说集《嫁给鬼子》的推荐语里我曾写道，"赵德发是当代乡村小说的高手，同时也是题材广博、写法多样的文体意识很强的作家"。《大地上的歌吟》在卷九第一章至第三章里，从题材、体裁、结构、语言、品相、风格、归流诸方面对赵德发作品的艺术特色和风格进行了深入的研究分析，也恰恰是"题材广博、写法多样的文体意识"构成了赵德发艺术特色的系统性和开拓性。一是分析论证了其题材广博性。无论读者还是研究者，一般认为赵德发是乡土小说作家，恒昌先生的研究给我们提供了认识赵德发题材选择广博的新视角，即赵德发作品的题材是借了乡土这一硕大的"楔子"狠狠地揳进了人和人的灵魂并对接、际会了整个人类社会的方方面面。《大地上的歌吟》不少篇章都论及了"从乡土出发，走向城市""从城市走向大海"或仿佛"再回到出发的地方"等，"沿途的每一处风景"都是赵德发抒写的题材，"心灵的迁徙与归依"都呈现了作品史诗的光辉。史诗的抒写只能说明赵德发作品的题材选择绝不是囿于乡村一隅，而是涉猎到了整个人类社会，这也正是著者所言"内容选择的战略性是赵德发文学创作最大的艺术特色"。二是分析论证了作品独特的诗性和意象性特征。著者指出"赵德发小说具有鲜明的意象特征"。其语象的诗性,不仅表现在作品中大量的绝律、民歌、小调的美感,还有叙述的内在节奏的张弛有度、行云流水,凸显了汉语作为文学语言的独特魅力。其图像的诗性,是在诗情中呈现画意,无论历史钩沉、景物摹写、人物刻画,都给人极强的视觉上灵动的画影美感。其意象的诗性,是指每一部作品都有一个诗性的意象,短篇小说"窖"系列中对"窖"作为情节展开的物象摹写极富诗性。不同的人赋予了"窖"不同的意义内涵,它既是保护隐私、温存情爱的处所,又是杀人的工具和愚昧冷血的象征,著者对"窖"这一物象所蕴含的思想内涵的深刻分析,窥见了德发小说非常饱满的诗性特征。《大地上的歌吟》对"意象"的分析不惜笔墨,尤对"天牛""薯子树""金钉子"三个分别贯穿于三部长篇小说的"意象"阐发更是让人见微知著,启迪思想。三是分析论证了其新现实主义不断强化的特征。《大地上的歌吟》分析表明,赵德发的新现实主义创作思想倾向是逐步强化的,突出表现为大胆尖锐地直面人生的创作态度和直率真实的写实风格的完美融合。赵德发的创作实践既是现实主义的一次回归,又是新时代社会文化特征对文学与现实的理性关系的重新寻找,对文学之于现实的价值、意义、作用的重新寻找,对现实价值之于文学的土壤、营养、源泉的重新寻找。

深度挖掘了赵德发创作走向大海、展示精神的新的定位和战略走向。《大地上的歌吟》第九卷第四章以"大海之魂:可期的未来路途"为题,解析了赵德发创作精神的无限性和再创辉煌的可能性与现实性。回望辉煌是为了再创辉煌。从赵德发的第一篇文字《从两则故事说起》,到沂蒙系列中短篇小说,到九部长篇小说以及《学海之鲸——朱德发传》,展示了作家深刻思想精神燃烧和艺术当量倍增释放的过程,从而得出了"生命有期,创作无限"的答案。著者明确指出"赵德发的文学创作之路,是他在大地上不断修行、不断提高的过程,是不断突破自我、不断取得新成就的过程,也是被当今文坛和广大读者逐步认可,进而得到高度评价,奠定其当代文学史地位的过程"。这一评价说明了赵德发及其创作已然成为一座高山。用参禅的眼光来看德发"余生再无战略",这一个"无"字里其实蕴含着一种大"有",这个大"有"正是从《经山海》蓝色与黄色交汇地带走向"万物源于水／仍要归于水"(杨炼《陶罐》)的深广书写。因为"赵德发的文学人生,是他自主选择的人生,是无怨无悔的人生,也是无愧家国、无愧时代的人生"。正在行进中的《蓝调子》的书写是赵德发继续跋涉攀登峰顶途中的观景之作,也正是途中的壮丽观景才会给他蓄积更大的创作能量,进而促进以"大海与人生"命意的第十部长篇小说的构思。《大地上的歌吟》说:"我们期待这部新的作品能像他的朋友张海迪的《绝顶》所描绘的一样,将他的创作推向'精神的绝顶',在万山之上,在文学的天空,闪耀独特的光芒。"顺着恒昌先生的思路,我们将期待和注目"大海的人生,人生的大海"那关于大海精神的崭新书写。李泽厚先生在其《美的历程》中有一句经典的结束语:"毕竟,美好是指向未来的!"

从学术角度观察,《大地上的歌吟》在研究方式和文本构建上,也做了一些积极探索,呈现自身的新特点,实现了一些新突破。

学术范式上的探索和突破。《大地上的歌吟》以文学原理的"本事"指引为经、以多种跨界理论诠释为纬,系统地、细密地织就了"大地上的歌吟"的理论谱系。全书分为三大部分九卷四十五章,第一部分卷一计五章,叙述了赵德发的成长经历及与成长经历难以分割的文学启蒙的心路历程;卷二至卷八计三十六章是对赵德发小说作品的文学评介和理性参鉴;卷九计四章是对赵德发散文随笔的理性评析及对赵德发创作前景的深情眺望。每一卷及其每一章的叙述都析出了赵德发文字的哲学、文学、美学、文化学、社会学价值。一是探索用系统论建构文本。全书作为一个系统,其所属的子系统(卷、章、目、提要,文本规模的每个层次)逐层级作为整体的部分构成了全书逻辑的充分必要条件。如每一卷或章的提要,都是作家及其作品的整体形象的理性呈现或必备要素,如满天星斗,用"互文见义"的方法撷取了"最亮的一颗",恰是一个个、一组组"最亮的一颗",构成了"大地歌吟"思想精神和艺术风格及流变的全息性、系统性,形成了作家文学生命历程体系、作品思想体系、艺术风格体系的完整建构,三个体系有着相互关联、影响、互为因果的严密逻辑关系。二是探索用史学方法建构文本。《大地上歌吟》在编年体构架下,以"纪传"性体例分析作家、作品,提炼价值,犹如新时代文学版的《通鉴纪事本末》,呈现出史书的学术气息。在对具体作品进行系统分析研究的同时,均对作品产生的时代背景、历史联系乃至作家其时的创作动机做周详考察,做到了"论从史出"。本书几近集纳了赵德发的全部研究资料且索引清晰,出处明确,是难得的对赵德发及其作品研究的"成果精编"。三是探索用多学科理论参建文本。哲学家、文学史家、文艺理论家、美学家的理论阐引自不待言,科学家爱因斯坦、自然科学史家李约瑟、文化学者韩民青等多人的跨学科理论在文本中诠释赵德发作品的有益作用,使得对赵德发及其作品的研究从表征、肌理到灵魂得到理性光辉的烛照。四是探索用创作语言书写文本。《大地上歌吟》虽是一部学术著作,但她的叙述语言带有很强的抒情性,就连书稿的名字"大地上的歌吟"也富有诗意,特别是卷一五章的叙写,业已让人走进了赵德发成长的时空里,与他的苦难修行共鸣,也让人再次体验了文学创作实在是"哀怨起骚人,文章憎命达"这样一个自然法则。这部著作不似当下那种貌似高深玄妙、神龙见首不见尾、欧化句式大量堆积,极度抽象而让人难获美感的学术文字,而是以平实、从容、清浅、舒朗、隽永、典雅、整饬带有强烈美感的叙述语言,引发读者的兴趣,催动人们走进赵德发走进其作品的世界里,与《大地上的歌吟》再次凸显的人物命运共鸣、与自然而出的理性判断共振。独特的学术语言强化了读者与文本的亲和力、可读性。

批评方式上的探索和突破。《大地上歌吟》是一部专事文学评论的评传性著作,如文学史写作,一般而言,对作品的分析不会详尽其貌只做掠影式巡礼,但这部著作对作家的几乎每一部作品均设专章研究,对其作品中的叙事、人物、背景总是"历历从头说细微",让人产生每一次欣赏都有沉浸其中的深度美感，唯有这种美感的获得，才会引动读者的理性思考。《大地上的歌吟》的品读过程中，会让人产生赵德发小说的再创作和对赵德发小说的理性评判互为表里的感觉，虽悠然心会，却妙处难说，这种境界自然是《大地上的歌吟》作为一部文学评论著作的独有魅力。诗歌在卷首的引用颇有新意。她如一束光芒，既从作品中来，又指引读者到作品中去，让读者带着审美的愉悦跟着著者走进"歌吟"的新世界。

审美理想上的探索和突破。学术美学是近年来学术研究一个新的分支。《大地上的歌吟》从接受意义上讲其学术文本应和作品一样，在学术研究的同时，同样给人带来了审美的愉悦。首先体现在"部分等于整体"美学观的新呈现。《大地上的歌吟》文本的美学向度非常独到，她不同于既往对作家作品分析提炼主要思想的做法，亦不同于截取某个领域或某一侧面进行评介分析。对全部小说作品、包括散文部分的条分缕析中让我们看到，赵德发在新现实主义创作思想的引领下，其每一部作品都各美其美，其思想精神的表达难有主次之分、亦无容量大小，每一束思想的火焰都同样照亮心胸，每一个精神因子都成为作品的主题表达。其次体现在注疏方法的新运用。注疏是传统学术的主要方法，尤以经学注疏最富生命力和美感。《大地上的歌吟》的注疏，多是"打通作品与评论的壁垒，让论者的思想与情感在二者之间畅行、交融"。这无疑给《大地上的歌吟》的接受者以美的愉悦。

读这部书稿，仿佛看到赵德发与李恒昌两位先生手挽手一起从山东莒县定林寺旁的文心亭出发，一路歌吟，来到我们面前。

2020 年 1 月 25 日于北京

（作者系著名文学评论家、《人民文学》主编）

卷一　人生品鉴：苦难修行

一个劈木柴过冬的人
比一阵虚弱的阳光
更能给冬天带来生气
一个劈木柴过冬的人
双手有力，准确
他进入事物，令我震动、惊悚

——王家新《一个劈木柴过冬的人》

第一章　乡村生活：创作的摇篮

大山之子，大河之思

亿万年前的造山运动，造就了群山起伏、气象恢宏的八百里沂蒙。在这块广袤的大地上，矗立着天下闻名的七十二名崮，澎湃着两条奔流不息的大河。那两条大河，一条名叫沂河，一条名叫沭河。

公元1955年7月30日（农历六月十二日），赵德发便出生在距沭河十公里的山东省莒南县相沟镇一个叫宋家沟的村子里。

宋家沟村子虽小，但已有几百年的历史。岁月在这个小小的村庄，曾留下深深的吻痕。在过去几百年间，宋家沟一直是一个完整的自然村，1961年成立人民公社时分成三个村，亦即三个生产大队。

2008年初，莒南县实行"大村庄制"改革，上千个行政村减掉了七百个，宋家沟一、二、三村合并，重新成立了宋家沟社区。

近百年来，宋家沟村和其他村庄一样，历经沧桑巨变，几乎每一次重大社会变革，都深刻地改变和影响着当地人的生活、思想和行为。

宋家沟住户，最初全是姓宋的，后来增加了一些姓氏，于是全村主要由两大姓氏组成：宋和赵。据赵德发本人估计，全村人大约百分之七十姓宋，百分之二十姓赵，另外的百分之十是王、高、葛和徐等杂姓。

赵德发便是在这样一个村子里出生长大，度过苦乐童年的。最初的时候，他只知道，自己是山村的孩子，农民的孩子。多年之后，特别是成为作家之后，他对自己的身份有了认知上的自觉和提升。在他的心目中，他是沂蒙山的儿子，也是沭河的儿子。在他的"辞海"里，有"两条"河一直奔流在他的生命里：一条是现实中的沭河，一条是沂蒙山的生活之河。他当年的生活，童年的往事，"明明白白地沉淀于上游的河床上"。

他在《我写沂蒙山》一文中，非常清楚地表述了他的"大河之思"："沂蒙山生活是一条河：一条生生不息的生命之河；一条历经千劫的苦难之河；一条充满闪亮、宽厚和纯朴民风的温情之河。

"它从远古的洪荒走来，又向遥远未来奔去。我作为沂蒙山的后裔，是这条河的几滴流水化作了我的血肉之躯；我在这条河上漂泊的短短几十年，又将化作几滴流水转瞬即逝——

"我的身躯是这条河流赐予的，我的体内还流着与这河流同样成分的血。我稍作冥想，似乎就能回到那个时代。"

这是他生命的原点，也是他创作的滥觞。

血脉之承，文学之因

宋家沟村，具有一定的红色基因。革命年代，中国共产党曾在这个村庄播下了红色种子，从地下到地上，从革命到土改，曾影响过村子里的很多人。

赵德发的父亲赵洪都，是这个村里的第二代共产党员。他从1965年开始，担任宋家沟二村党支部书记，一直干了二十年。他为人勤勉，不贪不占。赵德发长大后所写的小说《止水》中的支部书记形象，就蕴含父亲的影子。父亲的从政经历，对赵德发世界观、人生观和价值观的形成产生深刻的影响，也直接影响了他后来的从政经历，让他深深地懂得什么是正直，什么是"为民"，什么是责任。

但是，在赵德发本人看来，他的智力基因和文学基因，更多的可能来源于母亲家族。因为，从某种意义上讲，他是晚清秀才的后人，是私塾先生的后人。来自母亲家族的聪明文雅、性情平和，让他受益终身。

在《1970年代：我当乡村教师》一文中，赵德发曾毫不隐瞒地介绍说："我的父母虽然都是聪明人，但我从他们那里继承的智力因子，来自母系的更多。""我老姥爷是晚清秀才，当过多年私塾先生，后来担任临沂县板泉区石河乡乡长。"

赵德发的姥爷曾在省立临沂乡村师范学校上学，这在那个年代非常难得。他儿时最初的读物，便是姥爷留下的课本和小说。那些书虽然破旧，内容也很简单，却是赵德发最初的文学启蒙读物。后来，他之所以能够当民办老师，之所以能成为著名作家，与当年姥爷留下的这些课本有一定关系。

赵德发姥爷一家的命运，带有一定的悲剧性。1947年，农村开展"土改复查"，赵德发的姥爷，虽然已经参加了革命，参加了共产党，曾在沭河东岸当过乡长，在沂蒙根据地的抗日军政大学一分校当过教员，也曾在战斗中光荣负伤，但是村里的贫雇农依然向上级提出要求，要追究他的成分问题。幸亏老人家直接报名南下，继续投身革命。第二年秋天，老人家在河南省洛宁县壮烈牺牲，成为烈士。他的妻女虽是烈士家属，但在村里依然因成分问题被指指点点。这时候，他们家悄悄做出一个重大决定：一定要与成分好的人家结亲。于是成分好的赵洪都和烈士子女宋桂芳便成了亲，并且生下长子赵德发。

对于自身家族的命运，赵德发也曾经做过一番假设。他说："假如我老爷爷不爱好赌钱，不把自家的地产输光，不把老奶奶嫁来时娘家陪送的一百亩山场搭上，我们家就不会被划成下中农，成为我们党的阶级基础。成不了党的阶级基础，我母亲就不会嫁到赵家。"在那个特殊年代，基因的结合，脱离生物学的逻辑而遵从政治学的指导，是大量存在的事实。

这是一桩政治因素主导形成的特殊婚姻，也由此改变了一家人的命运。

赵德发后来"从政"业绩突出,被记大功表彰;"从文"成就非凡,文史留名。这或许能从两个家族的政治因子、智力因子和文化因子的结合中找到一些血脉传承的原始依据。

体肤之饥,筋骨之劳

那是一片贫困地区,那是一段饥荒的岁月。20世纪60年代初期,赵德发和家人一起,饱受饥饿的折磨。如何填饱肚子,维持生命,是那个时代最严峻、最现实的课题。这个课题人人皆知,但一时无解。

五岁那年,饥肠辘辘、百爪挠心的滋味给赵德发留下了终生难以磨灭的印象。那时,属羊的他,几乎真的变成了一只食草的"羊"。青黄不接之时,没有粮食吃,连最基本的地瓜干也没有,只能千方百计寻找其他吃物。他曾写道:"甚至吃遍了田野里所有可以吃的草类和多种树叶。冬天没有青草,只好吃起了干草:母亲将地瓜秧、花生皮之类磨成粉,硬往全家人肚子里塞。有一天,我和二弟饿得厉害,共同趴在一个盛花生皮粉的篮子上,抓起一把塞入嘴中,因其干涩没法咽下,愁得我俩号啕大哭。"透过他的文字,仿佛能听到他和弟弟的哭声。

赵德发年幼之时,患有严重的过敏性哮喘症,俗称"鸲啦嗓子",一犯就喘不上气来,嗓子眼里咝咝有声,他自己形容"像木匠在拉大锯"。每次犯病,几乎都在夜里,整夜整夜不能入睡,哭声不断。每当这时,父母或姥娘总是把他抱在怀里,来回走动,有时一直走动到天明。为了治疗这种病,多次采用难以忍受的偏方。有一次,姥娘听说用针"挑"能治疗哮喘,于是找了一个老太太专门来"挑"。结果在他的喉头挑出很多紫印儿,疼得他哇哇大哭,再也不敢让人"挑"了。

四岁那年,也许是免疫力下降的原因,赵德发患上荨麻疹,也就是一种皮肤过敏症,身上很多地方起红点,奇痒难忍。这种"不算病"的病,一直折磨了他八年时光,让他长时间服用抗过敏药,身上整天疙疙瘩瘩的,还被妹妹戏称为"癞蛤蟆"。1967年春天,他跟随父亲进行了一次"长征"——平生最长的一次远足——徒步八十里,到临沂县的汤头洗温泉治疗,连续治疗了三天,然后再徒步走回家,随后病情开始减轻并逐步痊愈。

穷人的孩子早当家。十岁左右,赵德发便开始帮助家人做家务,干农活。最初主要是带上笆子和竹筐,到外面搂柴火、捡柴草,供家人生火做饭用。1968年冬天,为了给家里挣工分,他主动要求给生产队拾粪。每天天不亮他就起床外出,什么粪都捡,有时看不清,将黑石头也装在筐里。那时候,穿一件破棉袄,没有手套,天寒地冻,他的两只手很快便被冻伤了。

1969年夏天,赵德发辍学回家,到生产队干活。当时他才十四岁,只能算半个劳力,一时干不了重体力活,只好去割驴草。他割得很认真,也很卖力,一天就能割两大挑子,往村里走时,压得肩膀生疼。这两大挑子,队里给他记六个工分。六个工分大约值三角钱。小小年纪,他便成为自食其力的劳动者。

一年之后,赵德发有了新的工作——根据生产队的安排到新开办的粉坊干活,并担任粉坊的会计。他非常喜欢这一工作,虽然天不亮就起床,一天到晚挑水、添磨、做粉条、卖粉条,还得记账、算账,有时一天到两百米之外挑几十担水,很是辛苦,但他干得"一兜劲儿"。

赵德发干得最辛苦的体力活,便是在生产队割麦子。由于担心收割慢了麦粒会脱落,更由于担心老天会突然下雨,把麦子误在地里,割麦子时他总是"抢"字当头,忙起来什么也不顾。酷热的麦田里,他丝毫不吝惜自己的体力,也不注意休息,一天下来,累得腰都直不起来。更严重的一次,累得他尿了血。

心志之苦,不坠之志

1961年秋天,六岁的赵德发进入宋家沟小学,开始了他的读书生涯。

在学校里，他是一个勤奋好学的好学生，几乎把全部心思用在学习上。学习期间，他总是迫不及待，总感到教学进度太慢了，嫌算术老师布置的作业太少，老师教的内容都提前学会了。

1965年秋天，他与宋家沟村五个小伙伴一起，到两公里外的圈子小学读五年级。刚进圈子小学上学时，思想非常"前卫"的奶奶曾告诉他，看上班里的女孩，就给她写纸条。但是，在校期间他总是心无旁骛，直到离开学校，也没有心思给女生写一张纸条。

在这里，他被班主任任命为"学雷锋小组"组长，放学之后经常带领同学做好事。最初的时候，他们做好事的热情和积极性很高。在他的倡议下，他们曾将上学的必经之路整修一遍，让四里山路"旧貌换新颜"。他们还给生产队拔草，给军烈属和五保户抬水，给村中小河垫石头，便于村民过河。一开始经常受到老师的表扬，后来表扬越来越少。因为他们做的好事"太一般"。每天他们都为做什么好事发愁，而且陷入了"不做好人好事，就是做坏人坏事"的苦恼。多年之后，他把对"好人好事"的体验与思考，写进了长篇小说《君子梦》里。

1966年春天，倒春寒。3月6日，莒南县发生几十年未遇的雨凇，整个世界变成了冰的世界，是一场造成极其严重的灾害。根据有关部门统计，全县共折断各种电线杆2415根，树枝折断率达60%。那一天，气候非常恶劣，天寒路滑，工厂停工，学校停课，但赵德发依然坚持上学。他匍匐着爬上冰冻的西岭，像战争年代悄悄靠近敌人碉堡的英勇战士。爬上山岭后不小心摔倒，口袋里装的当作午饭的花生米撒得精光。

赵德发的求学之路并不是一帆风顺的，而是几经周折。倒春寒那年秋天，他又回到宋家沟小学读六年级。但是，随着"文化大革命"的爆发，学校停课，他的求学之路不得不中断，只能回家种地。

"文化大革命"的狂飙，也将他卷了进去。十一岁那年，为了不与"走资派"同流合污，他义无反顾地加入了造反派行列，成为斗争队伍中的一员"革命小将"。在一次夜晚进行的大游行活动中，看到人人都可以领呼口号，他也拣个空当领呼口号，"打倒！打倒！"，一时感觉很爽，也很有成就感。

想不到有一天，"革命小将"斗争的对象居然是他的父亲。那时的父亲已经被定为"走资派"，他开始以父亲为耻。那天晚上，母亲坚决把他拦在了家里，让他失去了现场领呼口号的机会，事后他还感到有些遗憾。

"我的中学是一场季风。"他曾这样回忆。1969年春节后，一个好消息传来，按照上级指示，农村要开办初中班，圈子小学新成立初中部。他听说之后，立即报名初一班学习。但是，好景不长，"学校以学为主，兼学别样"，因学校很少上文化课，四个月后赵德发主动辍学回家。他说："不是不喜欢上学，是不喜欢那样的学习方式。……为了落实'五七指示'，学校整天组织学生学农、学军。两个班的初中生经常被组织去生产队干农活，还时常被组织到学校西边的岭上'抓特务'。让一部分同学扮演'特务'，其他同学去抓……天天这样，还行吗？与其在这里干活，瞎玩，还不如回家去自家所在的生产队干活呢。"想一想家中七口人，全靠父亲一个人挣工分，每年年底不但分不到钱，还要向队里"倒找"，他心中的长子情结陡然萌发。下午放学回去，他向全家宣布了自己的决定。父亲说，那样的学，不上就不上吧。

"千方百计为家里挣工分"，这是他当时最大的想法。辍学之后，他到生产队找活干，队长安排他割驴草，他成了生产队割驴草"一社员"。整个十四岁这一年，他都在割驴草。然而，他并不甘心当一辈子"面朝黄土背朝天"的农民，而是想法继续学习。割驴草之余，他总是不经意间看到西岭上的学校，对学习总是心生一种向往。

"已经离开了学校，还能学什么呢？"他问自己。喜欢唱歌的他最终选择了音乐。那时候，他认为会乐谱是一种"很有本事的事情"。在学校里没学过，他便从学习简谱开始。正好，他有一本从三姨家拿来的《革命群众歌曲选》，就把歌本带在身上，一有空就翻看。

很快，他便学会了简谱，成了村里大人眼里"不简单的孩子"，因为他"谱都会'捡'"。

会识谱之后,他的嗓子总是感到痒痒,手也感到痒痒。他多么希望拥有一件乐器啊,好把曲子演奏出来。于是,他想买一支笛子。可是,到公社商店里看看,最便宜的笛子标价三毛六分钱。那时,他家几乎见不到现金,一点必需的煤油、食盐等都要拿鸡蛋去换,哪有闲钱买笛子?

怎么办?他决定不花钱买,而是自己动手,做一支笛子。说干就干,他找来刀,噌噌爬上树,砍下了一段树枝,扒去皮,用墨汁依次画出吹孔与音孔。于是,他就有了一支天下独一无二的实心笛子。

这个实心笛子,虽然吹不出声音,但给赵德发莫大的慰藉。他对其喜爱有加,整天带在身上,只要一有时间,他就嘴对"吹孔",指摁"音孔",心里唱着谱子,反复练习。后来,他的指法练得娴熟,被心中的曲子陶醉着,摇头晃脑。当时,有人认为他中了邪魔。

后来,赵德发一度成了音乐"发烧友"。1971年,他曾被推荐到县师范学校参加教师短训班,成为音乐班的一名学员。声乐、器乐、表演,门门功课都学得疯狂。快离校时,临沂师范音乐班前去招生,班里选拔了六个同学前去考试,赵德发落选。虽然落选,"高烧"依然不退。他订阅音乐杂志,买歌本,收集曲谱,天天跟唱中央人民广播电台《每周一歌》。听着歌,他便能记下谱子。苦练了一年之后,赵德发再次投考临沂师范学校音乐班,依然落选。落选的最根本原因是嗓子不好,天赋不足,个人演唱环节,还没唱完就被考官叫停。虽然他的音乐之路最终没有走通,但那是属于他的值得欣慰的"时代芳华"。

两次投考音乐学校没有成功,他认识到了自己天赋的不足,但依然没有放弃他的音乐之梦,于是"改行"写歌曲,写了很多,写完就向音乐杂志投稿,渴望有一天能被选中,让李双江等著名歌唱家唱出来,传遍全国,结果一次也没有被采用,一次也没有成功。但是,应该看到,他的那段音乐发烧友经历,做的不是无用之功。因为它在一定程度上提高了他的艺术素养,为日后从事文学创作打下了基础。

第二章　教学生涯：燃烧的梦想

初为人师，一段背负责任的磨炼

1970年11月，因"文化大革命"停课已久的宋家沟小学宣布复课。这对赵德发来说，是一个好消息，也是一个新的机遇，不是重新返校读书，而是有机会担任民办教师。当时，赵德发虽然文化水平不高，但在村里也多少算得上一个"文化人"。

经宋家沟三个村支部书记商量并一致同意，赵德发有幸成为复课后村办小学的民办教师。当时，他刚满十五周岁，小小年纪便当老师，是非常幸运也非常自豪的事情。

得知要当民办老师的消息，赵德发既感到高兴，又感到为难。高兴的是，"当老师是个好差事，整天待在学校里，风不打头雨不打脸"；为难的是，"我这点文化，这点墨水儿，怎么能当得了老师"？为此，他一度犹豫不决。最终还是依靠父母的劝勉和鼓励，他才鼓起勇气走进学校，站上了讲台。

十五岁，他还是一个孩子，却要走上讲台，担起既要教书，又要育人的职责，的确不是一件容易的事情。这对他来说，是一个严峻的考验。

那时候，他好像是一个"万能老师"，教一个复式班，由两个年级组成,一个年级上课,另一个年级做作业。他既教语文、数学,又教体育、音乐,课程交替进行。那时候,很多孩子总是捣乱,疯打疯闹,又不能体罚,所以课堂纪律始终让这个"小老师"很是头疼。

赵德发第一次上课,是从引用《毛主席语录》开始的。他说:"同学们,从今天开始,我给你们上课。毛主席教导我们说:'我们都是来自五湖四海,为了一个共同的革命目标,走到一起来了,我们的干部,要关心每一个战士,一切革命队伍的人都要互相关心,互相爱护,互相帮助。'"短短一席话,拉近了他与学生们之间的关系。

"书到用时方恨少",赵德发知道,要想给别人一杯水,自己肚子里必须有一桶水;要想当一个好老师,必须具有丰富的知识,不能仅满足于"识仨教俩"。面对自己肚子里初中尚未读完的知识家底,他深深地懂得了学习的重要。为了在课堂上不露怯或少露怯,他开始拼命地看书学习。村子里没书看了,怎么办?那时大队团支部有个集体借书证,团支书不喜欢看书,赵德发便经常拿借书证跑县图书馆,一借就是一大摞,每晚在自家油灯下读到深夜,到了废寝忘食的程度。他掀起了一个自己读书的"高潮",《鲁迅全集》三十多本,他全读一遍。同时,他看了很多杂书。

那时上课,他也曾露怯,也曾遇到尴尬。最大的问题,不是知识的短缺,而是他的发音。他是一个比较保守的人,平时总是喜欢讲家乡"土话",从不会讲普通话,上课自然也是用"土话"。有一次课堂上一个同学突然要求他用普通话上课,迫于无奈,他尝试改口。结果,当他用僵硬的舌头讲出普通话时,却引来全班同学的哄堂大笑。这让他感觉十分丢脸。但是,没办法,他的普通话始终讲不好。

过了不久,他慢慢适应了教书生活,也慢慢喜欢上了这一行。因为他越来越体会到,书本是一种无比美好、无比重要的东西,而在农村,老师就是离书本最近的人。

他还非常坦诚地说,让他喜欢这一行的还有金钱因素。那年临近春节,学区校长到学校来,给他发了四块钱,说是两个月的民办教师补助费。这让赵德发喜出望外，他用这钱买了一双棉鞋，穿在脚上，再也不感到寒冷。这是那个冬天里组织给予的温暖，也是他辛勤工作换来的温暖。

尊严受伤，一份永远难忘的坚持

1973年10月，赵德发的教学生涯再次发生改变。这一次，虽然被人称为"一步登天"，其实只是身份发生了"微变"：由"民办教师"变成了"代课教师"。"何为代课教师？代公办教师上课者也。这类人是教育部门的临时工，日后有转正的可能性，高中文化的每月领二十四元工资，初中文化的每月领二十一元工资。"由于平时的良好表现，赵德发被公社选拔为五个代课教师之一，派往离家四公里的胡家石河小学担任代课教师，并担任"负责人"。

代课教师是非常辛苦的，主要是生活不便。学校离他家八里地，需要徒步赶路。他每个星期天从家里背一大包袱煎饼过去，在那里住六天，而后再回家背去一包。煎饼一到冬天就发干，难以下咽；到了夏天或秋天，又容易发霉变质，苦涩难当。想到当人民教师的意义，想到日后有可能转正，什么样的苦和累他都能够承受。

代课教师虽然文化水平不高，也没有经过正规培训，但他们也好像是"万能"的。胡家石河小学五个年级总共三个班，赵德发一个人教"三五复式"。在那里，他一边认真教学，一边勤工俭学，还和老师一起养起了"一头非常聪明"的猪。为了让猪尽快长大，他经常和它斗智斗勇。

在这个小学教学的两年多时间，是赵德发一生中"最温暖的时光"。这里民风非常淳朴，他与村民和村干部的关系处得也是非常之好。当时，他自己开了一个菜园子，自己种的菜不够，村民主动给他送菜吃。有时早上一打开门，就发现门口放着菜，也不知道是谁送的。在这里教学两年，他从来没买过菜。当他离开这里的那一天，村子里的书记哭了，村民们哭了，孩子们也哭了。一个多月之后，他因为工作又一次回到这个村子，村头一位老大娘拉着他的手说："我的好儿哎，你可回来了！"可见大家对他为人和工作的认可。

1976年，是我国历史上非常重要的一年。那一年，毛泽东、周恩来、朱德三位伟人相继去世；那一年，唐山发生震惊中外、损失惨重的大地震；那一年，"四人帮"反革命集团被粉碎。也就在那一年，赵德发的教师生涯又一次发生改变。暑假过后，他被调往古城联合中学任教，负责教政治、历史、地理、音乐等课程，而且平时还协助校长处理校务，得到了学校的高度肯定和重用。

"这里学生多，教师多，工作环境也挺好"，然而，恰恰在这里，他的自尊心受到了极大的伤害，也更激发了他埋头工作的斗志。

最大的问题是吃饭不方便。在胡家石河小学时，他是单身一人，从家里背来煎饼，再炒一点青菜，就把自己打发了，吃好吃孬没人看见，也没人关注。然而在这所学校里，除了校长一家自己开伙之外，其他四五个公办教师和他这个代课教师都吃食堂，开饭时大家同坐一桌，一起就餐。据他本人回忆，每次吃饭，炊事员给每人盛一碗菜，然后递给公办教师白面馒头，他便摸出自带的地瓜干煎饼悄悄吃，这就有了明显差别，而且这差别就摆在桌面上。赵德发是一个心胸比较开阔的人，对这种工农之间的差别、正式职工和临时工之间的差别，他能正确理解，也能正确对待，平时总是不大在乎，别人吃白面馒头，自己照样把地瓜干煎饼啃得有滋有味。

然而，问题出在一碗面条汤上。因为吃面条就不再炒菜，赵德发吃煎饼时只好就咸菜喝白水。炊事员是一个比较有同情心的人，见他吞咽艰难，有时舀来一碗面条汤给他喝。想不到享用过几回之后，有的老师居然提了意见，说赵老师喝面条汤，应该交一两粮票。赵德发当时还是农村户口，到哪里去弄粮票呀？很显然，提意见人的言外之意，就是说他没有资格喝面条汤。这严重伤害了他的自尊心，对他的打击十分严重，足以让其怀疑人性，怀疑人生。从那时起，他真正明白了自己的"身份之卑"。

这是地位所致，也是贫穷所致。但是，地位没有影响他的追求，贫穷也没有限制住他的想象力。他依然坚持着自己的坚持，继续努力工作，认真教学，渴望有一天能够通过自己的努力转成正式教师。

幸运之神总是会垂青那些不断努力的人。1978年，当改革的春风在祖国大地上开始萌动时，赵德发的命运发生了根本性改变。

这年7月13日，山东省革命委员会发出《关于招收一万名中学教师的通知》，要求着重从那些长期从事教育工作、表现突出的民办（代课）教师中选招。《通知》规定，凡教龄满八年、获三次以上县级"优秀教师"称号的民办或代课教师具备报考资格。赵德发恰巧三次获奖，从1970年担任民办教师开始，他在乡村学校这个特殊的"战场"，已经坚持了八年。看到《通知》后，他决定报考中学语文教师。

那是一个值得追忆的日子。那年9月，考试结束"十多天后的一个晚上，管理区电话员跑到联中，说接到公社电话，让赵德发老师明天去县教育局办转正手续"。

赵德发激动得一夜未眠，第二天骑车上路，到县城办理有关手续，他一直不敢相信是真的，总是疑惑自己是不是在做梦。到了县里得知，自己真的考上了，分数还挺高，相沟公社二十多人报考，只考上三名，甚至连他的数学老师也名落孙山。这让他心里的一块石头落了地。县教育局给他办了手续，他拿着材料到公社教育组报到，到粮管所领取粮食供应本。

那天下午四点钟，赵德发彻头彻尾地成了一名具有国家干部身份的公办教师。这是组织对他八年坚持和努力的肯定，也是上苍对这个有心人的初步回报。

赵德发成为公办教师之后，并没有停止前进的脚步。他决心以更加努力的姿态、更加勤奋的工作、更加优异的成果，回报组织的信任，无愧公办教师的称号。

这年秋天，他担任相沟公社教师函授中师班辅导教师。函授期间，他对工作毫无节制，一连讲了七天课，等函授结束时嗓子哑了，一句话也说不出来。

11月份，相沟公社中心校成立重点班，高中班、初中班各一个。赵德发担任初中重点班语文教师，并担任教师组组长。次年6月，公社重点班学生毕业，有多人考入大、中专学校，其中包含着赵德发的心血和汗水。

第二年暑假过后，赵德发被公社派往古城学区，12月被任命为教导主任。

那时，学区教育基础非常薄弱，该学区下辖古城联中和八个村的小学，当时没有校长，全由赵德发一人负责。可以说，振兴古城学区教育质量的重担，基本上压在他一个人的肩上。

那时候全国教育战线正经历拨乱反正，百废待兴，赵德发所在的学区人心思齐、干劲十足。他下乡村，进学校，访家长，与广大教职工打成一片，拼搏了一年，学区统考成绩一下子跃居全公社第二，仅次于公社驻地的相沟学区，得到了公社领导的高度肯定。

古城联中的教室多是危房，孩子们在里面上课极不安全，对此，他心急如焚，如坐针毡。他到各村一次次游说、恳求，终于说服了八个大队的支部书记，他们全部同意集资建新的校舍。

他又马不停蹄，不断奔走，协调各方，催办督促。建设过程中，他亲自动手，带领老师修建院墙。有一间旧教室漏雨，需要维修，由于屋顶太高，加之是瓦顶，没人敢上，他不怕，直接爬了上去，大有拼命三郎的气势。经过他和大家的积极努力，新校舍于1980年暑假后正式启用。

他为古城教育事业的付出，古城人看在了眼里，记在了心里。

点燃梦想，一个事关重大的念头

1979年的某一个非常普通的秋夜，对赵德发的一生具有决定性意义。一切因为一本普通的杂志，一切因为一个突然产生的念头，一切因为他做出了一个崭新的选择。

多年之后，他依然对那个秋夜念念不忘。"我永远忘不了1979年的那个秋夜。那个秋夜，决定了我的一生。"

事情发生在地处山乡的古城联中，发生在夜晚的备课间隙之中，因为一本杂志而发生。几位业余作家的故事，像茫茫大海里的航标灯，照亮了他未来的旅程。

他曾回忆说："那时我正在本地一所山乡联中做教书匠，已经转正。有一天晚上备完课，我发现办公橱里有一本《山东文学》杂志增刊，便拿到手中翻看。那是一本文代会和作代会的文件汇编，上面有几位业余作家的发言，谈他们怎样走上创作道路的文章深深吸引了我。其中有一个作家叫邵永胜，他的故事让我很感动。像电光石火一般，一个念头闪现于我的脑际：他们能，我难道不能？"

他被信念之火点燃，浑身发烧，彻夜难眠，在脑海里设想了种种，展望了种种。从此，他认定自己这一辈子是为文学而生，要当作家的冲动时时激荡在他的心中。

这是一个非常重大的决定。它标志着赵德发的人生旅程，从此由自发状态转向自觉状态。此前，无论是到村中务农，还是担任老师，都是一种被动的自发行为，而随后的写作生涯，完全出于自己的选择，是一种主动的自觉行为。

他曾经说过，自己当初做出这个决定，真是有点不知天高地厚。因为自己知识的底子太薄太差了，到那时为止，自己没有任何文凭，包括小学、初中、高中和大学文凭，一个也没有。因为自己小学没毕业，后来只是又读了一段初中，也没毕业。对文学几乎一无所知，甚至连什么是小说，什么是散文都不知道。

他记得有一位同行，是语文老师，很有文化水平，参加过县教育局召开的座谈会，回来后很兴奋地谈论文学，什么"伤痕"，什么《班主任》《组织部新来的年轻人》等。那位老师曾对他说："赵老师，你以后也可以写书。"赵德发听了，将信将疑，他不知道怎样写书，写什么样的书。

那个秋夜，他终于明白了自己应该写什么书，就是要像他们一样，写小说，写散文，写文学书，写大家喜欢看的书。

赵德发那个秋夜的选择，看似偶然，看似是一时的冲动，但偶然中包含着深刻的必然，冲动中蕴含着蛰伏已久的愿望，也包含着深刻的理性思考。

毕竟，他的家族基因中，有文字和文学的因子传承。毕竟，他是晚清秀才的后人、私塾先生的后人，也是抗日军政大学教员的后人。

毕竟，他少年时代的学习、生活和工作经历，已经或多或少地展现了他文学方面的才能。

儿童时代，他就喜欢看书，到了废寝忘食的程度。有一次，吃饭时，想到书中的情节，他便忍不住笑起来。姥姥说，瞧这孩子，看书看"邪了"。

1977年，农村掀起"农业学大寨"运动高潮，农田水利建设大会战在各地如火如荼地进行。相沟公社的大会战在"向阳岭战场"举行，上万社员集中到一起，展开声势浩大的会战，深翻土地，削高填洼，搬运土石方，目的是造出一片"平原"和高等级"大寨田"。

大会战需要大声势，大会战需要大宣传。由于赵德发在学校里初步显示了自己的写作才能和宣传才能，他被借调到大会战指挥部，专门负责宣传工作。他的职责是写口号、办墙报，还充当"战地记者"，采访那些战天斗地的先进事迹，一天三次向整个战场广而播之。"战地记者"赵德发的名字一时在大会战中广为流传。

会战结束后，他被公社留下，到通讯组帮忙。他和另一位通讯员一道，继续忙着采访、写报道，每完成一篇就投给县广播站，有的还投给《农村大众》。半年下来，被采用稿子数十篇，多次被公社领导表扬。

这一切都说明，他具备一定的文字功底，也具备文学创作的应有才能。

那个秋夜，他做出当作家的决定，提出"别人能，自己为什么不能"，绝不是一时的冲动，而是基于现实做出的一个理性的选择。

那年，他已经二十四岁，从时间的概念上，这个决定看起来做出得有点晚，但文学创作是一个漫长的旅程，是否成功关键取决于信心、决心和恒心，并不在于早晚。其实，和那些退休后才开始尝试写作的人相比，他的决定还显得很早呢。

"今生晚点认识你，余生全是你。"赵德发就这样开始了对文学的长恋。

应该感谢那个秋夜，感谢那本《山东文学》杂志，感谢那几位介绍经验的作家，是他们点燃了赵德发的信念之火，照亮了他未来的前程。

第三章　坐班机关：难忘的初心

误入仕途，一笔难得的财富

那个难忘的秋夜过后，当作家的梦想便一直萦绕在赵德发的心头。然而，命运并没有按照他设想的轨迹运行和发展。

1980年8月，由于他在学区工作期间和在大会战期间的优异表现，他被调到相沟公社党委任组织干事。一年之后，他又被调到公社党委办公室当秘书。从此，他步入了仕途，这是组织对他的充分信任，也是很多人梦寐以求的事情。然而，对于一个志在当作家的人，他并不是特别高兴。

"这在亲戚朋友眼里，我是混出人样儿来了。可是，那个秋夜做出的决定不可改变。我想，当干部是临时的，我以后还是要当作家！"赵德发这样想。

世上有"临时工"之说，在赵德发这里却创造了一个"临时干部"的概念。

赵德发当作家的志向当时是没有向人公开的。因为他知道，没把文章发表出来就乱叫唤，人家肯定要耻笑；再者，公社领导与自己无亲无故，却把自己调到公社予以重用，不把工作干好实在说不过去，对不起组织，也对不起领导。于是，一方面，他对工作尽职尽责，勤勤恳恳，任劳任怨，把那个小秘书当得像模像样。另一方面,"白天当'临时干部',晚上当'预备作家'",一天到晚不忘"爬格子"。那时他的老婆孩子还在老家村里,只有他一个人住在公社大院。每到晚上,他的宿舍总是灯火长明。他或许是在为写公文而加班,或许是为当作家而"熬油"。

一个人的精力和时间总是有限的,本职工作和业余爱好始终是一对难以调和的矛盾。但赵德发一直坚持"第一位的是工作,然后才是写作"的原则,对工作高度负责,即便当"临时干部"也要切实干好,而且确实干出了非同一般的成绩。这在很多业余作家那里,是很难做到的。

他工作的业绩,从组织对他的不断重用可以窥见一斑。

他是1980年8月被调到公社党委,两年不到,1982年5月,便被调到莒南县委办公室任秘书。刚干了两年,1984年12月,又被提拔为县委办公室副主任,分管文字工作。不到一年,1985年11月,又被调任莒南县委组织部副部长,并被列为县级后备干部。1988年2月,因工作成绩优异,他被莒南县委、县政府记大功一次。记大功,这在和平年代并不多见,可见其业绩之突出、成长进步之快。

如果赵德发一直沿着这条道路干下去,而不是改行当作家,他的未来将会怎样?可以预见,他会成为一名官至高位的好干部,但是,我们也将因此缺失一位享誉全国的优秀作家。

对于长期在仕途上工作,没有更多时间进行创作,他是心有不甘的,也积极向组织争取。早在1984年3月,他便向组织提出到文化部门搞创作,组织考虑到他工作上的才能,觉得可惜,没有批准。直到在仕途上干了八年之后,他才被批准到山东大学作家班学习。

八年坐班机关,是他履职尽责、兢兢业业、勤勉工作的八年,也是他不忘初心、学习创作的八年。八年仕途经历,虽然并非其愿,但绝对是一段难得的工作经历,一笔宝贵的人生财富。

考取电大，一场学习上的攻坚

虽然在县里上班，虽然立志当作家，但赵德发依然没有忘记学习，没有忘记为自己"充电"。

1982年，山东省广播电视大学面向全省招生。为了增加自己的学识，也为了学习更多的文学知识，赵德发报考了中文专业。

既然报名，就一定要考上。报名之后，他立即投入学习和复习之中。他说："这是山东电大中文专业第一次招生，学生可以业余学习，机会难得，不可错过。考试要考语文、政治、历史、地理四门功课，我白天干工作，晚上拼命复习，十六天翻完了二十一本中学课本。"

要知道，赵德发初中都没有读完，电大考试要考高中课程，这对他来说，难度可想而知。但他依靠自己的努力，硬是啃下了一块难啃的硬骨头。

由于不清楚大学入学考试的评分标准，考完之后，赵德发心里也不是太有底。经过对照标准答案，他初步估算，大概能考上，但也没有想到会考出特别好的成绩。考试成绩公布时，才发现自己考了全县第一名。

这看起来是个意外，实际上是他"拼命式"学习的结果。

电大为期三年的业余学习，赵德发依然坚持"拼命式"学习。因为，他的目的并不是拿到一张大学文凭，而是要学到真知识。

那三年他真是拼了。他以四个不同的身份，在四条线同时作战：第一条战线是工作。他是县委秘书，整天有写不完的材料，不仅要写，还要写得好，写得快，写得领导满意。光这一项工作，就不知难倒多少"英雄好汉"。

第二条战线是学习。他是电大学员，为了真正学到东西，采取了一种近乎自虐的办法：把教科书上的主要内容整理成问答题形式，将答案全部背下来，这样每个学期的背诵量都在十万字左右。这些内容，在他的大脑里有效储存，不断形成新的"头脑风暴"。

第三条战线是农活。农忙时,特别是麦收时节和秋收时节,赵德发必须回家干活,有时要像牲口一样拉犁拉耙,从不叫苦,从不喊累。

第四条战线是写作。他是"业余作家",必须勤写勤练,他尽力挤时间练笔,创作了大量作品。

三年下来,他的努力再次得到了回报:在全县七八十名电大学员中学习成绩第一,拿到了平生第一张文凭。

他还在《山东文学》《青年作家》等刊物发表了十多篇小说,加入了中国作家协会山东分会。

他家里的责任田,也是连年丰收,呈现出欣欣向荣的美好气象。

分身有术,什么都不耽误。当年的赵德发,是人中翘楚。

笔耕不断,一个良好的创作基础

从政八年,无论多忙,赵德发始终没有忘记他的文学创作。受性格的影响,他的创作也是"拼命式"的。白天工作,夜晚写作,只要有空,就在脑海里构思。有时灵感上来,又没有时间写,担心忘了,他便用笔在手心记下最关键的几个字,等晚上有了时间才投入写作。

一篇篇美妙的文字,在他的笔下创造出来,他将其视为宝贝,一篇篇投出去,希望能够发表,变成铅字。然而,这些稿子,如同他养的信鸽,飞出去没多久,就又飞了回来。

赵德发是很爱面子的。他担心投稿屡屡被退,被人笑话,生怕被大家知道,丢不起那个脸。好在他是秘书,邮件直接送到他的手上,一般人看不到。

有一回,他将一篇小说寄往河北沧州的《无名文学》,心想,一本无名杂志,发表自己这个"无名小辈"的作品,应该没有问题吧,没想到作品照样被退了回来,这对他是一个很大的打击。他十分失望地在日记中写道:"无名尚不许,何望成名哉!"

失望过后,他并没有放弃,而是认定失败是成功之母。他不但没有消沉,反而想写大的,干大的了。

那个冬天,他写的四则"思想火花"发表在《大众日报》上。其中一则写道:"五谷中,越冬小麦总是最早向人们奉献收成。你要想知道原因,就了解一下它在寒冬里是如何顽强生存,在春光里是如何奋发上进的吧!"

这是对人们的劝勉,也是对自己的激励。

这是他文学创作的冬天,他要做奋发上进的"越冬小麦"。

1981年春天,农村改革的春风吹遍神州大地,他所在的相沟公社在全县第一个推行联产承包责任制,极大地调动了广大农民的生产热情,也极大地解放和发展了农村生产力。一个好的作家,必须紧跟改革大潮,用生动的笔触反映波澜壮阔的改革实践。赵德发经历了这场轰轰烈烈的改革,目睹了农民的欢欣鼓舞,意识到这是农村的一次历史性变革,于是产生了一个很大的野心,决定写一部像柳青的《创业史》那样的具有现实主义意义的小说。

他深入农村,开展调查研究,掌握第一手资料,经过两个月的准备,开始了这部作品的创作。这又是一次"拼命式"写作,每天都干到深夜一两点钟,他的热血始终燃烧着,支撑着他的精神,眼睛熬得通红,像病了一样。经过一百多次熬夜,稿子终于完成了,一部十万字的大中篇小说,名为《在那冶红妖翠的河边》。稿子写出来后,他自己悄悄阅读,越看越满意,于是他将其寄给了北京的一家大型刊物,希望很快能够发表。当时他想:这一篇题材新颖,贴近时代,贴近农民,发表没问题,获奖也是有可能的。没料到,这一次,他再次失望。刚做了十来天的美梦,稿子就完璧归赵。

这次退稿,既是一次沉痛打击,也是一次深刻教训。他将其视为自己的一次耻辱。为此,他对自己的创作进行了一次深刻的反思。他痛定思痛,意识到失败的最根本的原因是自己功底太差,要想成为一个好作家,切忌眼高手低,必须放弃"一口吃个胖子"的想法,一步一步慢慢来,与其临渊羡鱼，不如退而结网，他开始了扎扎实实打底子的工作。

从那以后，他不再轻易写宏大题材，而是从身边小人物、小故事写起，写出他最熟悉的东西。

功夫不负有心人，他的努力，很快便有了收获。他的一篇篇精短的小说和蕴含哲理的散文，慢慢地在不同报刊发了出来。

1982年5月3日，他的"心香篇"三则在《大众日报》发表。其中一则写道："谁老是坐着慨叹自己的不幸，我便不屑与他为伍；谁如果默不作声地挥汗创造，我就永远和他结伴。"这是他从事文学创作的心志。

1983年3月，短篇小说《童稚》在《三月》第2期发表，这是他正式发表的第一篇短篇小说，也可以看作其"处女作"。

同年9月，《长城文艺》第5期刊载思渊的《谈谈散文的表现形式——简析几篇学员的散文》，其中论及了赵德发的散文《耳坠儿》。这是第一次有人对他的作品进行评论。文章指出："山东省赵德发同志的《耳坠儿》，读来很亲切，有生活气息。这篇散文反映的是随着时代的变迁，沂蒙山区一种古老的风俗从生活中消失了，移风易俗，这也是社会在进步的一个标志。"

别看这篇评论涉及赵德发的文字不多，但对他是一个极大的鼓励。通过这篇评论，他排除了对自己文学创作能力的怀疑，坚定了沿着这条路走下去的信心。

进入1984年之后，他的更多作品陆续发表出来。5月，短篇小说《地震之后》在《三月》第3期发表。7月22日，短篇小说《鸳鸯藤》在《健康报》发表。8月，短篇小说《暮鼓》在《胶东文学》第8期发表。12月，短篇小说《清明凑豆儿》在《无名文学》第6期发表。《无名文学》终于发表他的作品了，这对他是一个极大的安慰。

1985年3月，他的短篇小说《狗宝》在《山东文学》第3期发表，同时刊载毛竹的短评。毛竹指出："作品语言质朴，人物对话富有表现力，以及白描手法的运用，这些都使作品富于清新的气息。当然，作品尚有某些值得推敲之处。"这是一个标志性的事件，意味着他的作品，得到了山东省权威文学刊物的认可。

同年3月27日，《临沂大众》刊载消息《赵德发业余创作取得好成绩》，介绍赵德发坚持业余创作，近三年来，先后在《山东文学》等刊物上发表文学作品七篇，字数达十万多字。

这标志着赵德发成功度过了文学创作的基础期，为其日后走得更远打下了良好的基础。

第四章　洪楼求学：生命的呼唤

果敢选择，一次华丽的转身

早在1985年春天，赵德发便深深地感到了对"身兼数职"的极度不适应。由于长时间超负荷运转，给他的身体和精神都带来了沉重的负担。春节前，因为既要复习应考，又要起草和修改县委书记在全县四级干部大会上的讲话，他的身体垮了下来，精神也几近崩溃。

他知道，这是他的一道坎儿，必须想法迈过去。那个春节，他告诫自己，再也不能这样拼了，必须在从文与从政之间做出抉择。虽然在仕途上很顺，但最后他还是下定了从文的决心。

只要有机会，他还是要向组织提出来。他需要一个机会，也等待一个机会。

经过三年多等待，机会终于来了。1988年春天，山东大学作家班招生。得知这一消息后，赵德发非常兴奋，机不可失，时不再来，他决定抓住这次机会。于是，他向领导郑重提出报考的请求，领导不解，他解释说，我想当作家。他的心是真诚的，眼神是热切的。他的执着最终打动了领导，对其破例放行。

对这一选择，很多人不解，为什么？放着好好的仕途之路不走，却要去当辛辛苦苦爬格子的作家。有些人想不通，怀疑他是不是脑子烧坏了。

首先表示反对的是"亲友团"，他们不是少数人反对，而是百分之九十以上的人反对；他们不是一般地反对，一般地劝说，而是坚决地反对，极力地劝说。他们说你一个庄户孩子混到这一步也可以了，怎么关键时刻犯糊涂了呢！放着光明大道不走，偏偏去走羊肠小道，你想当作家，一定能成吗？即便日后真的成了作家，又能怎样？哪有当官好？

虽然当时他自己心里也没有底，然而，他还是决定听从内心的召唤。他认真倾听大家的劝说，表现在行动上，却是丝毫不为所动。

万般无奈之下，他向大家讲述了藏在胸中多年的当作家的抱负，有人笑着说："原来这些年你是明修栈道，暗度陈仓呀？"他自己解释说："也是，也不是。我修栈道是用心修的。我虽然以后会离开政界，但并不鄙夷政界，如果我没有迷上文学，我也会在那条道上一直认真走下去，当一名恪尽职守、问心无愧的干部。现在，我暗度陈仓是顺应我生命的呼唤，即使最终失败了也毫无怨言。"

"生命的呼唤"这五个字说得真好，它从根本上说明了他弃政从文深层次原因。

它不是因一时的糊涂、一时情感的冲动，而是来自生命深处的渴望和呼唤！

身心浸润，一次向度的调整

到山大学习，必须参加成人高考。这对他来说，必须背水一战。一是要背水一战参加成人高考，只许成功不许失败；二是要背水一战参加毕业考试，一定得拿到毕业证书。那时候，他又一次地拼了。

1988年9月16日，赵德发终于如愿进入山东大学作家班，开始了为期两年的学习。入学之后，班主任老师推荐他担任班长兼党支部书记。刚刚离开干部岗位，又要当"干部"，他并不情愿，于是便找理由推辞，说自己的创作实绩并不突出。然而，班主任告诉他，你曾在县委组织部当副部长，班长兼党支部书记你最合适，而且只能由你来干。没办法，他只好接了过来。

山东大学是一座百年老校，离洪家楼很近。这里是一个人文精神的所在，也是信仰和修行的所在。老一辈文学家成仿吾、闻一多、梁实秋、沈从文、老舍等曾在这里工作和写作；《文史哲》杂志曾在这里诞生，并闻名全国。

宝钢在这里淬火，梦想在这里升华。这里的环境深深地影响了他，这里的教学极大地丰富了他。在这里学习的两年，是他身心得到文学滋润的两年，是他对文学创作重新认知的两年，也是他及时调整创作向度、不断取得创作成果的两年。

最先受益的是他的身体。在此之前，他的身体长期处于亚健康状态，各种毛病和不适迭出。此前，他曾求教于医学专家，大夫也难下结论。自从进入山大，进入这座美丽的校园，坐在教室聆听老师讲课之后，他的病症统统消失了，与常人无异。可见他的身心早已和写作紧密地联系在一起了。

他在一本书里找到了自己病症的原因，那些症状完全是焦虑所致。到了大学新的环境里，他的愿望达到了，心静了，心也安了，病症自然而然就好了。由此可见，大学不仅仅是一个学习的场所，还是一个修身养性，"治病救人"的场所。

这一变化，让他更加清醒地认识到，自己天赋有限，在这个世界上只能干一件事。有了这种自我体悟，在后来的岁月里，每当遇到需要同时干两件或更多事情的情况，他都是毫不犹豫地做出决定：死心塌地搞创作，不对别的事情动心。

这是一种新的认知，也是一种新的觉悟。

进入山大作家班之后，赵德发一方面按照学校设定的课程，认真学习文学知识；另一方面，通过对文学的最新理解，对自己的创作之路进行了认真回顾和反思，自觉调整自己的创作向度。在此之前，究竟应该写什么的问题，一直困扰着他。这一次，他终于找到了自己创作的来源和向度——写沂蒙山。

他突然意识到，沂蒙山既是他的故乡，也是他精神的滥觞，更是他创作的源泉。经过多年的追寻，蓦然回首，竟发现生他养他的那块土地何等丰腴。情节、细节、人物、风俗及蕴藏在它后面的厚重的历史与人文内涵，都熠熠生辉地呈现在他的眼前。自己对沂蒙山区生活是那么熟悉，感情是那么深厚，没有理由不将其很好地表现出来。穿过历史的烟云和现实的浮土，他慢慢找到了自认为能够写好的题材：沂蒙山区昔日的生活。

首先进入他艺术视野的是一群老妪。她们具有十分特殊的生活经历和非常淳朴的人性情怀。沂蒙山作为抗日根据地的时候，有许多妇女踊跃送郎参军，然而等到她们的"郎"成为城市的主人时，他们却不愿再做乡下发妻的主人了。20世纪50年代的干部休妻大潮，创造了中国历史上一种奇特的婚姻形式——"离婚不离家"。赵德发所在村庄宋家沟有六名"南下干部"，除了他的外祖父牺牲在河南，一个三爷爷因为年轻到了南方才成家，其余几人都甩掉了家中的老婆。那几位憔悴不堪的老太太，是赵德发童年时最感困惑的形象，他为她们的遭遇深感悲催。他决心将她们的故事写出来，告诉读者，告诉世人。

早在1983年，他曾写下一个中篇小说《苦楝情》，讲述沂蒙山区老妪的故事，但那时他的创作还处于幼稚期，写了几次没有成功。到山大学习之后，他用一种全新的眼光重新审视和打量她们，于是便有了新的发现和新的灵感。

1989年的暑假，他回到老家，拿起笔，开始写两个老妪的感人故事——短篇小说《通腿儿》。多年之后，他依然记得当时的写作心态。那份心态非常之好，之前从没有过。他一方面被自己笔下人物的命运深深打动，另一方面又保持着超然的视角。还有语言的运用。那是他第一次自觉地对语言有所追求。那种难以用语言形容的语感在心中酝酿成熟之后，他命令自己：就要那个味儿，就要有沂蒙山区的味儿。他深深地沉浸在创作之中，慢慢地写，一句一句地写。写一段读一段，感觉满意就保留，如果不满意，划掉重新写。

很快，这篇《通腿儿》出笼了。这是一篇极其成功的小说，也是他的成名作，甚至可以说，是他短篇小说的代表作。依靠一篇《通腿儿》，沂蒙老妪的故事走向了全国，赵德发本人也走向了全国。

这是他沉淀生活的结果，也是他进修学习的结果。

深刻蝶变，一段无愧的岁月

> 东临黄海，南望泰山，
> 这里是我们追求真理的乐园。
> 天行健，君子以自强不息，
> 薪火传，学子与前贤比肩。
> 志向远大，气养浩然；
> 学无止境，不畏登攀。

这首由老校长成方吾作词的山大校歌，时常回荡在校园，激励着万千山大学子，也激励着前来学习的赵德发。

山大求学两年，是他发愤读书的两年，也是他潜心创作，化蛹为蝶，插上创作翅膀的两年。两年里，他笔耕不辍，勤奋写作，一篇篇小说、散文见诸报刊，走向读者，走向社会，初步实现了他当作家的夙愿。

1988年10月，他的短篇小说《青屏山之谜》在《人民文学》函授版第10期发表。12月，他被《人民文学》创作函授中心评选为第四届优秀学员。

1989年1月29日，短篇小说《门板》在《济南日报》发表。6月，短篇小说《好汉屯的四条汉子》在《胶东文学》第6期发表。7月26日，散文《面对死神》在《山东青年报》发表。7月27日，散文《羞见"铁牛"》在《临沂大众》发表。后获得由临沂大众报社主办的1989"声乐杯"散文大奖赛三等奖。8月30日，散文《姥姥心中的碑》在《农民日报》发表，又发表于《沂蒙文艺》12月号。9月，短篇小说《钓虼蚤》在《小小说》第5期发表。9月，短篇小说《奇女村的四位女子》在《胶东文学》第9期发表。9月，短篇小说《人物速写二幅》在《海鸥》第9期发表。

这一年，《立大功的组织部长 多产的文学社长——记临沂电大毕业生赵德发》被收入山东广播电视大学《电大育英才》（山东电大十周年校庆专辑）一书。其中这样介绍："赵德发，男，33岁，临沂电大85届汉语言文学专业毕业生。学习前系莒南县委办公室秘书，毕业后任县委办公室副主任。1985年11月调任县委组织部副部长。""赵德发'文革'中只上了几个月初中，考入电大后拼命学习，六次期末考试总分在莒南教学班有五次居第一名，年年被评为三好学生。"

创作进步最明显的是1990年，其标志是他的短篇小说《通腿儿》在《山东文学》1990年第1期发表，同时配发刘玉堂的《苦难的温情——读〈通腿儿〉札记》。很快被《小说月报》选载，在全国引起强烈反响。

这一年，他先后发表短篇小说《鹰猎》《熨帖》《那个夏天》《闪电》《南湖旧事》《金鬃》《断碑》《混沌》《窑哥窑妹》《偷她一片裤子》；中篇小说《圣人行当》《小镇群儒》《地光》；散文《永恒的碑》《探视绝症患者》《姥娘》《保住这份教徒式的情感》。

这一年，他的创作，引起了《大众日报》《作家报》《山东文学》等报刊的关注，分别刊登对他的评论和讨论文章。

可以说，山大两年，他成果丰硕，没有白学，也没有辜负当初弃政从文的选择。

"总有一段时光，充满阳光；总有一段生活，情深意长。"

在校期间，他除了认真学习，勤奋写作，还尽职尽责地当好班长和党支部书记，班级举办"个性之光"演唱会，他带头上台演唱。演唱的歌曲是岳飞的《满江红》。

作家班同学徐勇毕业之后，专门撰文《班长赵德发》，记录下他心目中的班长。徐勇写道："他老成持重，不苟言笑，说话永远和和气气平平静静，与许多同学强调张扬个性因而处处表现自我的情况相反，他整天不显山不露水。这人就是班长赵德发。"

山大生活是短暂的，但也是难忘的。后来，他以在山大学习的经历为基础，构思创作了一部中篇小说，反映了主人公杨道亮对文学的追求和爱恋，小说的名字叫《蝙蝠之恋》。

那是杨道亮的爱恋，也是他本人的爱恋。

那是痛苦的爱恋，也是幸福的爱恋。

那是蝙蝠之恋，也是文学之恋，更是生命之恋。

第五章　在海之滨：毕生的修行

初入文联，一个爱得"不可救药"的人

1990年，日照市刚刚设市，作为新成立的地级市，文联还没有建立，赵德发想如果能调到那里工作，肯定能够专门"从文"，从而实现安心创作的愿望。于是，毕业前夕，他向组织提出了自己的请求，也主动联系了日照市的有关领导。看到他当作家的心愿如此坚决，这一次组织上没再阻拦，而是一路开绿灯放行，日照市有关领导也欣然同意他到日照工作。

这年12月26日，山东大学作家班学习结束，他如愿到日照市委宣传部报到。1991年1月18日，正式到日照市委宣传部上班，担任市文明办正科级秘书。虽然没有了领导职名，但他毫无怨言。有一次下乡，有人听说他以前曾担任莒南县委组织部副部长，现在却是一个普通秘书，便说"祝贺你不当部长当秘书"。他只是一笑了之，心想他们并不了解自己。

后来他回忆说："在山大作家班毕业后，我去了日照。当时的市委宣传部部长问我，是否到文化或广电部门干，去干副职，我说不去，我要等着文联成立，到那里搞创作。过了一段时间，我终于如愿以偿。"

赵德发先是担任市文联筹备组组长，后来担任市文联副主席。干了几年之后，宣传部部长又找他谈话，问他愿不愿意调换工作岗位。他问想让

他干什么，宣传部部长说可以干副部长。他又一次婉言谢绝："多谢部长厚爱，我不能放弃写作。"

对于他的这些选择，很多人不解。其实，这些人哪里明白，他早已把文学当成了自己的"宗教"，把写作当成了一种修行。

1992年，他写下了《保住这份教徒式的情感》一文，明白无误地表露了自己的心迹。

他就读于山东大学作家班时，离住处不远就是洪家楼天主教堂。每到周末，去那儿做弥撒的人许许多多。起初自己还是一种冷眼旁观的态度，后来天主教徒们庄严齐声诵念祷文时，他仰望着高高的教堂穹顶，竟然悄悄地流泪了。

由此，他联想到了自己深爱的文学。他确认，文学也是一种宗教。自己就是要做一个一心追求文学的虔诚教徒。

一个农村女孩追求文学的故事让他格外揪心。她生在他的老家莒南县城北面的一个小山村。高中毕业就在家写作，不停地写，写出来就向外投寄。经历了无数次退稿之后，破天荒接到录用通知。她像范进中举一样，欣喜若狂，让亲戚朋友看了个遍。她天天蹲在家门口等邮递员，希望能收到刊登她作品的杂志，望穿秋水。等四个月后收到杂志时，她已经没有任何反应——因为她已经疯了。

面对这个真实的悲剧，赵德发追问，让文学爱好者神魂颠倒死去活来的原因到底是什么？他的基本结论是：这与宗教有些相似。佛教以成佛求永生，基督教以进天堂求永生，道教以修炼成仙求永生——文人们以写诗撰文求永生。然而，这对大多数人来说，也只是一个美梦而已。道理虽然大家都懂，但还是有那么多人念兹在兹，不可救药。

赵德发承认，自己就是这样一个不可救药的人。无论世事如何，不管别人怎样议论，也不管缪斯是否垂青。他内心对文学的虔诚之心依旧，修行之举依旧。

因为，他努力了，终将无怨无悔。

呕心沥血，一个被事业累病的人

生活是创作的源泉。为了写出更多更好的作品，1992 年 4 月，赵德发开始了挂职生活。根据市委组织部的统一安排，他被委派到日照市第一海水养殖总场挂职党总支副书记。

"那儿原是一片荒凉的滩涂，从 20 世纪 80 年代初，一个叫陈为信的汉子带领一群人，硬是在那儿建起了 5000 亩的对虾养殖场，发展水产经济。"

对虾是经济殖物，按照一般规律，附加值比较高，效益也比较好。然而，事实并非如此。

赵德发挂职半年间，养殖场先后遭遇了三次风暴潮的袭击，场里养殖的对虾，几乎一夜之间消失殆尽。最严重的是 8 月底那天夜间，台风登陆加上天文大潮，月黑风高，浊浪滔天，世界像换了一幅景象。

赵德发第一次见识这样的场面，像在暴风骤雨中作战一样。他和全场干部职工奋起抢险，试图保住大堤，保住对虾，保住大家的血汗钱。然而，到了下半夜堤坝最终决口，几十方养虾池迅速成了大海的一部分，人们辛辛苦苦喂养了几个月的对虾全部奔向大海。全场干部职工只能望海兴叹，对天垂泪。

他目睹了大海的可怕，也真正体味了沿海农民和职工的极端艰辛。

市文联成立之后，他本以为可以更加安心从事写作，然而，没想到筹办伊始的工作需要投入更多的时间和更多的精力。

1993 年 4 月，根据日照市编委批复日照市委宣传部关于市文联编制的报告，同意成立日照市文学艺术界联合会，为市委领导下的文艺界群团组织，归口市委宣传部管理。市文联为正处级全民事业单位，编制 5 人。经费由市财政局拨至 1994 年底，1995 年 1 月起经费自理。

文联作为一个"清水衙门"，要实现经费自理，自给自足，难度可想而知。整整三个月时间，赵德发为市文代会召开所需经费四处拉赞助，求爷爷告奶奶。

为了更好地开展工作，也为了能够实现经费自理，万般无奈之下，赵德发和他的同事们走上了与文艺几乎毫不相干的道路——房地产开发。1994年9月，经有关部门批准，市文联在日照新市区征地8亩，拟建设市文化艺术发展中心。这实际上是市文联与日照西明望台村合作开发的一个房地产项目。

一个本想安心写作的人，最终成了兼职房地产的开发商。这是无奈之举，也是时代的悲哀，更是文化的悲哀。

同年9月25日，日照市文联报经市委宣传部同意，赵德发作为文联副主席兼任市文化艺术发展中心主任。其后一段时间，他一直忙于跑征地拆迁等相关手续，筹措建设资金，历经周折，几近磨破嘴皮，跑断双腿。

一个月后，日照市文化艺术发展中心宿舍楼正式开工建设。实际上为对外出售的商品住宅，但销售非常困难，资金回笼更是非常缓慢。

第二年3月，住宅楼建设遇到诸多麻烦，让赵德发颇感头疼，不仅严重影响了他的写作，而且让其掉了无数青丝，影响了其身心健康。后来几经周折，终于将住宅楼连同土地一起卖给了市粮食局，从而彻底了却了一桩压在心头的大事。

文人不能轻易经商，这是最基本的常识，赵德发不知不觉中被引入"歧途"，幸亏他醒悟得比较及时，撤出得也比较及时。迷途知返，犹未晚矣。

长时间的辛劳奔波和夜晚创作，使赵德发的身体受到很大影响。他时常感到心慌气短，疲惫不堪，当初在山大学习时慢慢滋养过来的健康状态不再。为了恢复身体健康，他开始参加气功学习班。赵德发认为，这是他生命的一个重要转折点，为他的生命重新注入了生机和活力。

他曾在《赐你以气》中回忆说："在四十岁那年，你写了包括长篇小说《缱绻与决绝》在内的50万字的小说，还为单位盖了一座楼，连你自己都觉得不可思议。这一切，都是因为你的'气'尚足。然而，这一年也恰恰是你的转折点。此后，你常常胸闷、嗳气、心慌、头晕。还有那持续了多年的咳嗽，竟是一天比一天严重。你放慢生活节奏休整一年，感觉好一些了，便又开始了你的第二部长篇《君子梦》。写第一卷时还好，到第二卷时便大不如从前：过去一天平均五六千字并不太累，为何现在只写四五千就疲倦得很？《君子梦》进行到一半时，更严重的情况出现了：写一天下来，你腰酸腿软，全身发抖，连站起来都感到艰难。……你警觉了，你害怕了，便去医院检查。然而，西医动用诸多先进仪器，总也找不出你的毛病。到了中医那儿，人家发现你舌淡脉弱，就告诉了你的病因：气虚。"

终于有一天，赵德发写不动了。蛇年腊月的一天下午，《君子梦》第二卷再有一千来字就能结尾，可他浑身哆嗦，心慌气短，无论如何也写不下去。他只好找出能够补气的西洋参冲剂，喝下一包，才总算有了一点精气神，终于把那段文字敲完……

后来，一个朋友向他介绍：练功可以补气，可以让身体好起来。他便怀着急切与虔诚，踏上了练功之路。

赵德发练功很快收到明显成效，身体状况明显改善，折磨了他十几年的鼻炎也慢慢痊愈。

在这条路上，他最重要的收获，是获得了一整套新的世界观为人处世的准则。"明心见性""修真养性""养德尽性"，儒、释、道三家的精华聚在这儿，汇成煌煌大道，让他明天地自然生化之理，合天地之妙，养德通道；让他能够止恶扬善，亲和万物，心平气和，变成一个新人。什么补气养气，什么除病强身，那只是这门功法的一部分光辉。

那一个时期，气功征服了他。他多次向朋友说，这是自己生命里的重大事件，是生命中的一次重大转折。

后来，赵德发的健康状况又经历了一次较大反复。2002年9月25日，他开始写长篇小说《震惊》。这部小说同样写得很辛苦，用了两个多月的时间，到11月13日，便完成了18万字的初稿。写完《震惊》后，赵德发出现精神抑郁的症状。那些日子里，虽然在创作上取得了很大成绩，但他感到生活十分灰暗，情绪极其低落，甚至一度产生了要自杀的念头。

这是一个非常严重的状况，必须迅速加以扭转。一个心怀梦想、乐观向上的作家，绝不能走向绝路，也绝不该长期陷入困境。他向作家张海迪诉说了自己的烦恼，张海迪非常耐心地对他进行了心理疏导，并向他推荐了一种治疗抑郁症的中成药，赵德发一方面服药，另一方面积极做好自我调整，效果非常明显，很快便走出了生命的低谷，成为一个身心"双健"的人，以更好的精神状态投入新的创作。

主动求退，一个被媒体人误读的人

2001年4月28日，中共日照市委经认真研究做出一项决定，赵德发任市文联主席。6月底，市文联向市委递交关于召开全市文学艺术界联合会第二次代表大会的请示，获批准后开始筹备工作。11月12日，日照市委下达批复，同意赵德发为市文联主席候选人。11月28日，日照市举行文学艺术界联合会第二次代表大会，赵德发当选为市文联主席。

这次职务变动，赵德发由文联副主席升为主席，表面看来似乎与其一心想做专业作家的初衷背道而驰，实际上是他主动要求退隐下赢得的一次战略主动，也为自己当专业作家赢得了真正的机会。

因为市委的决定明确指出，赵德发的文联主席职务为挂任，可以不坐班。也就是说，文联的日常工作不用参加，平时可以在家里安心写作。这是他多年以来梦寐以求的事情。市委的这一决定，不是因为对他工作不满，故意把他挂起来，而是包含着组织对他的重用，同时还包含了组织对他的照顾。一方面，组织上试图继续借助他在文坛的声望和影响，团结凝聚全市文学艺术界人士，开创全市文学艺术事业繁荣发展新局面；另一方面，给他更多的时间，让他创作出更多更优秀的作品。

需要指出的是，赵德发由副主席升职为主席，虽然顺理成章，但也实在出乎他的意料。他说："2001年，我觉得年近半百，应在有生之年多写点作品，就向市委递交报告，要求当专业作家。我向组织这样讲：如果能保留副主席职务就保留，如果不能，我就当普通创作员；如果还不好办，请批准我提前退休。领导理解我的想法，让我挂文联主席职务，但不坐班，主要精力用于创作。职务不降却升，这是我没有想到的。"

对于赵德发主动求退，只当挂名主席，业内很多人一方面表示了惋惜和可惜，另一方面表达了由衷的钦佩。但也有人对此做出完全不一样的理解，甚至完全不一样的结论。

2002年1月某报发表一篇署名文章：《可悲的"工夫在诗外"》。文章写道："某地有个搞文学的，作品'炒'得很是不错，前几年在当地文艺界干了个副职，官很悠闲，他自己也说根本没当回事儿，只是为了想体验不同层次的生活。去年在当地人事变动前夕，他突然提出要辞职，说是做官没意思，不如回家好好写几篇文章。这很让人为他的文人气质所感动。但后来当地领导把他那个官职前的'副'字去掉了，他就再也没提辞职的事。知情人后来透露，这位文人当时放风辞职，只是发发牢骚，搞个以退为进的小策略而已。"

明眼人一看便知，文章是在不点名地讥讽和批评赵德发。

这件事，说起来着实令人气愤。但赵德发表现得异常大度。道不同，不与同谋。他说："因为价值取向不同，做出这样的臆测并不为怪。"对此，他只是一笑了之，像什么也没有发生一样。

聂鲁达说，一个人试图得到所有人理解，是可悲的；一个人试图得到驴子的理解，也是可悲的。赵德发显然不是这样的人。

2002年10月21—23日，山东省作家协会第五次代表大会在泉城济南隆重举行，在这次代表大会上，赵德发当选为省作协副主席。

当选省作协副主席后，是留在日照继续安心写作，还是到省城去谋求更大发展？这对赵德发来说，似乎又是一个比较大的课题。但是，对这个问题，他心中几乎从未做过主动考虑。

当时，省作协的一些领导和同事，出于工作的考虑，也是出于善意，多次劝他到济南工作，到省作协工作。这些人包括省作家协会主席张炜、党组书记李敏、副主席王兆山，还包括老诗人苗得雨等。也有一些朋友劝他到济南来，给出的理由不是劝他来发展，来升官，而是说到全省政治经济文化的中心工作，更有利于他的学习和创作。但是，赵德发依然不为所动。他说，他不是不懂到省城工作的好处，但他深知自己能力欠缺，无法在创作之外再胜任别的工作，就怀着对领导、师友的感激，一再婉言谢绝。

有一次，在北京开会期间，当省作协副主席王兆山再次提出这一问题时，他说："如果你们还是要我去济南，那我就干脆辞去省作协副主席。辞了，也就没有让我去的理由了吧。"

他异常坚定地说："日照是我的终老之地，我不会离开那儿到别处去。"

为了防止调动自己到济南工作成为组织研究后的既成事实，自己又不能不接受，他甚至找到了在省委组织部工作的一位朋友，拜托他如果省作协党组提出让自己到省作协工作，就在其中起"反作用"，就说这个人不合适，给予否决。

社会上不知道多少人为了自己高升到处找领导、托关系，像赵德发这样，找领导、托关系不让组织对自己重用的，此前闻所未闻。

这是一个具有强烈故乡观念的人的选择，也是一个把写作当修行的作家的坚守。

对于文学，赵德发为何如此执意坚守，很多人不解。真正的原因，也许能从他的写于1995年的一篇文章中得到一些启示和答案。

在那篇《写小说的是什么东西》的文章中，他写道："我想，这也许是与有血肉之躯的人类所摆脱不掉的无数种病症一样，喜欢写小说或喜欢读小说也是一部分人类所患的一种痼疾。这是没有办法的事。""尽管现在这种存在只限于一部分人中间。而这有限的一部分对我们也就够了。因为这些人的心灵都过分敏感而脆弱，而过分敏感脆弱的心灵在这个星球上不宜太多。"

事实上，他就是这个星球上不宜太多的这类人之一。

后来，省作协让他担任省作家协会长篇小说委员会主任，他也是坚决推辞，提出长篇小说委员会很重要，应该由作协主席张炜直接兼任。无奈作协领导层已经决定，他不得不勉强接受。

2011年，赵德发参加中国作家协会第八届全国代表大会，当选为全委会委员。对于自己在中国作协和省作协的履职和作用，他自己的定位是，要创作出更多更好的作品。他说，如果写不出像样的东西，坐在主席台上会感到脸红和丢人。

赵德发虚岁六十生日之际，曾作诗一首——《六十生日戏作》，用十分诙谐的语言，形象地展示了他的人生经历和对文学事业的孜孜追求：

> 六旬光景赛尘灰，
> 铸就愚痴叟一枚。
> 农仕商文经万事，
> 酸甜苦辣品千回。
> 久依勤奋为舟舸，
> 幸赖笔资做主桅。
> 畅饮一壶花甲酒，
> 老羊沉醉不思归。

这是他花甲之年的总结，也是他真实心迹的流露。

回顾总结赵德发的既有人生经历，有两条基本线索：一是奋斗，改变命运；二是写作，追逐梦想。

奋斗，改变命运，主要是努力改变农民身份，想法脱离农村，不再长期遭受农村生活的艰苦和辛劳。这方面，他通过从小勤奋学习，务农不怕吃苦受累，当民办教师和代课教师尽职尽责，最终考取了公办教师，一步步实现了改变命运的目标。

写作，追逐梦想，主要是实现他想当一个作家的梦想，兑现他"别人行,我也一定能行"的诺言。这方面,他通过勤奋学习,进电大学习,进山大学习;勤奋写作,先写短篇小说,写散文,再写中篇小说和长篇小说,目标也慢慢实现了。

他的人生路程,可以分为三个基本发展阶段:务农阶段、从政阶段和从文阶段。当有一天,他发现"一个人一生只干一件事"后,他便选择了弃政从文,从此他的人生线索便合并成了一条线索:在文学创作的道路上不断追梦,不断奋斗!

无论是他人生的哪个阶段,也无论是他前进的哪一条线索,他的生命旗帜上,都写着两个大字——奋斗。人生因奋斗而精彩,创作因奋斗而有成。

对于他弃政从文的选择,很多人为之感到惋惜。有个老家亲戚曾对他开玩笑:"假如你当初不放弃从政的话,现在很可能当了县长,你当了县长,可以提拔我当派出所所长。"

赵德发听了,笑笑说:"选择弃政从文,我从不后悔。"

他念念不忘"一生只干一件事",可有人说他"一辈子等于别人好几辈子"。为什么这么说,有些人还为此专门做出解释:"他们说,你教学,很快当了学区负责人,我们周围很多人,奋斗了半辈子,才当上学区负责人;你从政,很快当上县委组织部副部长,我们的一些同学朋友,奋斗了一辈子,也没有当上;你改行当作家,很快成为全国著名作家。另外,你还担任作家协会主席,兼任大学教授,这些我们一辈子想都不敢想。你这一辈子,不等于别人好几辈子吗?"

这显然是对于人生的另一种解读,也是另一种角度。

赵德发听了,有些哑然。他笑着说:"事情不能这么论,也不能这么想。我只是做了自己想做的事情而已,其实并没有想那么多。"

"我们似乎在梦中比在生活中经历过更多的时光。被摧毁的帝国,所想象所爱恋的女子,衰退的激情,获得的与失去的才能,被遗忘的家庭。啊!我这一辈子经历过何等丰富的生活!生活经历这样,难道还没两百岁!"一生只生活了六十六岁的法国著名诗人维尼的这样一段话，可以作为我们理解赵德发人生价值和意义的参考。

如果说赵德发的人生更具意义更具价值，并不在于他获得了什么职位和权力，也不在于他得到了什么称号和荣誉，一切都在于他经历的丰富、感情的充沛、心灵的充实和情怀的博大。

回忆自己的过往人生，赵德发自己认为，先后经历了四个阶段：自卑阶段、自信阶段、自得阶段和自在阶段。

他说，自卑主要源于上学不多，读书不多，学历太低。在很长一段时间里，他有这种自卑心理，无论干什么，总感到自己不行，不如别人。所幸，经过艰苦努力，他摆脱了自卑，拥有了自信。

对于成功，他这样解释，正如名人所说，成功是对自卑情结的过度补偿。

他承认，有一段时间，他很自得，认为自己年纪轻轻，就当上了组织部的干部，还被记大功一次。所以，有点沾沾自喜，扬扬自得。这其实是一种不成熟的表现，也是一种无知和浅薄。

赵德发的人生第四阶段，是一种最高的境界——自在。

"自在花开花落，随风过——"

前行的道路上，我们看到他这样的身影："不管风吹浪打，胜似闲庭信步。"

卷二　短章探微：爱之情深

　　一个嘶哑的嗓子在歌唱
　　以风声为间歇，恰好
　　被我听到，我怀疑
　　那是田野或山梁的嗓子

　　　　　　　　——西川《民歌》

第一章 《狗宝》：人性的检验

短篇小说《狗宝》创作于1984年，是赵德发创作初期的一部作品，也是最先获得成功的一部作品。

这篇小说是《山东文学》杂志社编辑深入沂蒙山区时发现的一个"宝贝"。那年3月，赵德发作为文学爱好者，被莒南县推荐参加临沂地区艺术馆举办的小说创作班。当时，担任《山东文学》编辑的燕冲前来为培训班授课，一并选稿。赵德发抓住机会，斗胆将自己创作的《狗宝》呈给他，让他看看写得怎样，能不能发表。燕冲看了之后，眼前一亮，认为是一部非常不错的作品，于是将其带走，从沂蒙山带到了省城济南。

稿子被带走之后，赵德发一直在等待，直到一年之后，才有了结果。

1985年3月，《狗宝》在《山东文学》第3期发表，同时刊载了毛竹撰写的短评。这是杂志社的专门安排，体现了责任编辑燕冲和杂志社培养新人的良苦用心。

作品的发表，毛竹的评论，让赵德发喜出望外。因为，这意味着，立志当作家的他终于捅破了作品发表的窗户纸。

每每想起当时的经过，赵德总是记忆犹新："我的创作起步较晚，80年代初，比我小一岁的张炜已经成为'鲁军'主将饮誉全国的时候，我还为迟迟发不出处女作害愁呢。但是，《山东文学》给了我关爱。1984年春，临沂地区举办小说创作培训班，几十人参加，但前去选稿的《山东文学》

编辑燕冲先生最后只带走了我的一篇《狗宝》，发在次年第3期上。这虽然已经不是我的'处女作'了，但对我的鼓舞还是很大的。也正因为受了这种鼓舞，我才下定了终生从文的决心。"

《狗宝》为什么能得到编辑们的认可，并获得初步成功，最根本的在于他通过一件"狗宝"，彰显了沂蒙山区贫苦农民二虎老汉身上的美好人性。

所谓"狗宝"者，实际上不过是狗胃里的结石也。但这种东西，具有特殊之用，具有较高价值，也曾被人传得神乎其神。"牛黄狗宝，珍珠玛瑙。"在当地人们心目中，"狗宝"和牛黄、珍珠、玛瑙并列，都是属于珍稀宝物。

据传，那东西长在狗的肚子里，每逢夜深狗睡眠之时，它从狗的鼻孔里悄悄钻出来，化为一团萤火，一圈一圈围着狗头转。一有动静，它便马上躲藏回来。谁要得到它，就能发一笔大财——这东西治病可神了。即便其传说被破除之后，一个"狗宝"也能卖二三百块钱。只是这东西非常稀罕，有人杀了一辈子狗也见不到。即使杀出来不去卖钱，珍藏起来，也可以当作炫耀的资本。二虎老汉杀狗几十年后，终于杀出了"狗宝"。这是一笔意外之财，也是他面临的人生考验。

二虎老汉是沂河岸边柳庄村的村民，以杀狗卖肉为主要营生，但生活极其艰难，人生也遭遇诸多不幸。他是个孤儿，自小失去双亲，靠要饭长大，十四岁那年操起了杀狗刀。当时，杀狗是最下贱的行当，连七十二行都算不上。因为，据传杀狗人死后，不能投胎转世，要永远在阴曹做游鬼。

幸好二虎熬到二十三岁的时候，娶了邻村杀狗人家的杀狗姑娘为妻，生活过得也算和美。无奈好景不长，妻子一次被狗咬了之后，得了狂犬病去世，让二虎的生活再次跌入低谷，从此心灰意冷。解放后，队里虽然让他继续杀狗，但需要上交一部分收入，买工分参加分配，日子也还勉强过得下去。

后来，二虎与守寡的三槐媳妇惺惺相惜，彼此产生好感，也产生了结合在一起生活的懵懂想法。二虎经常给三槐的孩子狗肉打馋虫，三槐媳妇也时常送他煎饼吃。

三槐媳妇将自己的狗卖给他时，第一次体现了二虎的美好人性。当他从三槐孩子嘴里得知，妈妈卖狗是出于无奈，是为了还欠账时，二虎动了恻隐之心。他将几年来积攒的一百块钱，全部交给了三槐媳妇，谎称是从她家的狗里杀出了"狗宝"。明明没有"狗宝"，却称杀出了"狗宝"，目的只是为了让三槐媳妇能接受他的帮助。多么善良的心灵，多么美好的人性。

眼看二虎和三槐媳妇要走到一起的时候，没想到半路杀出了一个程咬金。"清理阶级队伍运动"开始了。村里老光棍王锥子借助担任大队革委会主任的哥哥的势力，当上了清理运动小组副组长。他以二虎整天带一把刀走村串户，值得怀疑的"莫须有"罪名，将其关押起来，逼迫其交代问题。二虎被关押一段时间放出来之后，想不到王锥子已经和三槐媳妇成了亲。二虎最终只能竹篮打水一场空。

王锥子之于二虎是什么人？很显然，是迫害他的仇人，是夺心中之爱的情敌。

当二虎明白自己被关押的真正原因之后，恨王锥子心狠手辣，也恨三槐媳妇水性杨花。他将王锥子视为不共戴天的敌人，也是非常自然的事情。

然而，后来发生的故事，完全改变了这一路径。

王锥子病了，为了治病，将自己的狗卖给了二虎。恰恰是在这条狗身上，二虎杀出了"狗宝"。

这是二虎几十年来第一次杀出"狗宝"。

这是二虎从自己已经买下的狗身上杀出的"狗宝"。

这条狗此前的主人，是二虎不共戴天的最大敌人。

怎么办？怎么处理杀出来的"狗宝"？

这原本不是一个问题，但在二虎这里成了问题。

当王锥子得知二虎从"自家狗"身上杀出"狗宝"，大骂着，逼迫媳妇去二虎那里讨要"狗宝"时，二虎却端着"狗宝"主动送上门来。

二虎的话不多，你们家的狗，杀出了"狗宝"，我送过来了。

二虎给出的理由，非常简单，"当家人"的病，必须治好。

这是二虎面对"狗宝"的态度，也是他对待仇敌的态度。

一个"狗宝"，检验二虎的人性。

这是普通人的人性，这是贫穷人家的人性，这是沂蒙山人的人性。

他们虽然很穷，但心很美。

他们虽然有恨，有仇，但心很善良，也很大度。

事实上，二虎的人性之美，不仅体现在关键时刻面对"狗宝"的态度上，还体现在生活日常和交易上。

当初王锥子与二虎讨价还价，因为狗太瘦，二虎出二十，王锥子坚持要三十。最终二虎给了三十。要知道，这是在与他的仇人做生意。

街柱子不解："你呀，屠子的手，菩萨的心。"

这就是杀狗人二虎的心。

这样一个人，即便到了阴曹地府，也绝不应该当游鬼。

写美好的人，心中必定存着诸多美好。读《狗宝》，完全可以这样想象。

《狗宝》写得好，第一在于象征之物选得好、选得准。作者不仅形象地阐释了"狗宝"的"宝贵"，更深刻地揭示了什么才是真正的"宝贝"。在人世之间，真正的"宝贝"，真正可贵的东西，不是"狗宝"，而是那颗善良纯美的心。

《狗宝》写得好，第二在于对比手法用得好、用得妙。二虎杀出的"狗宝"，是从王锥子家的瘦狗身上杀出来的。主动将"狗宝""完璧归赵"的，是日子过得并不好的二虎。"瘦狗身上有'狗宝'，穷人身上有'善良'。"这应该是作者的匠心和独运。

《狗宝》写得好，第三在于小说虽短，但情节曲折，信息量大。整篇小说，不过几千字，然而，小说不仅写了二虎杀狗的罕见故事，而且还写了政治上的压制之仇、感情上的夺爱之恨，爱恨情仇，跌宕起伏。

《狗宝》写得好，第四在于善于运用民间语言。"看家狗，算一口。"一句柳庄人传下来的话，便写出了狗在乡村的重要性。"牛黄狗宝，珍珠玛瑙。"一句谚语，便道出了"狗宝"的稀缺和珍贵。

《狗宝》写得好，第五在于拟人手法用得好。开头写群狗，妙趣又生动。"满街满巷，到处都有狗的踪影。它们又各具情态：在主人门前忠于职守者，端端正正坐着，虎视眈眈地注视着眼前的一切；敷衍塞责者，一边坐着一边打盹，只是狗蝇戏弄它的睫毛时才懒洋洋地睁一下眼；而那些渎职者，干脆将身子团作一团，鼻子抵住屁股大睡。"这哪里是在写狗，完全是在写人。

《狗宝》写得好，还在于结尾设计精妙，余音缭绕。"他拐过墙角，见一群人正在街口站着，街柱子正向人们指手画脚说着什么。二虎知道，大伙儿知道了这事儿，一定会找他看狗宝的，到时候怎么说呢？""对，告诉他们，街柱子胡吹海谤的，别听他瞎咧咧。谁见过狗宝？"这个结尾，妙就妙在，既写了二虎不想承认把"狗宝"还给了王锥子的事情，想当一个做好事不留名的"无名英雄"，同时，又写出了他想通过说假话来隐瞒事情真相，显示了他的某些狡黠和智慧，这就使他的形象顿时立体鲜活起来。

就赵德发而言，他对《狗宝》也格外喜欢和重视，后来收录多个版本。2018年，安徽文艺出版社出版其十二卷本文集时，赵德发将《狗宝》排在短篇小说集《通腿儿》的第一篇，可见这篇小说在他心目中的位置。

第二章 《通腿儿》：苦难的温情

有一部小说像一部黑白电影，一看便将人引入沂蒙山区，引入那段极其艰苦，又充满温情的岁月。这篇小说，便是赵德发的《通腿儿》。它既是赵德发的成名作，也是他短篇小说的代表作。

曾遭退稿，一部来之不易的成名作

这篇小说是赵德发在山东大学作家班上学期间，利用暑假时间在家乡完成的。写的是家乡的故事，也写于他的家乡。

小说的问世，也遭遇了一些波折。稿子写好后，他最初投给了《青年作家》，然而，三个月后被退了回来。

天下总有慧眼识珠人。后来，他将稿子投给了《山东文学》。编辑燕冲看了，给予充分肯定，并提出了修改意见。

听了燕冲的修改意见，赵德发高兴极了，他认为燕冲提出的修改意见十分正确，回去后立即做了修改，第二天早晨便将修改稿子送给了燕冲。

两天后他再主动打听情况，燕冲告诉他，稿子在编辑部传看后，大家都很激动，主编邱勋、副主编刘玉堂商定，不只是要重点推出这篇稿子，而且今后还要连续发表他的作品。这让他非常兴奋。

过了几天，赵德发有幸看到了《通腿儿》的清样，其中有两幅大插图，后面还附了副主编刘玉堂的读稿札记，文章开头说："正当编辑们为本期的重点稿寻寻觅觅四处奔波的时候，案头一下出现了《通腿儿》！我是含着眼泪读完这篇作品的。掩卷思之，不禁感慨万端：真是篇好东西啊！仿佛好久不曾读到这样过瘾的东西了！"

1990年1月，小说在《山东文学》第1期发表，同时配发刘玉堂的《苦难的温情——读〈通腿儿〉札记》。三个月后，《小说月报》第4期对其转载，在全国引起反响。

不要小看《通腿儿》的发表，因为，它标志着赵德发的作品，正式得到文坛的认可，他的作品开始从沂蒙山区走向全国。

令人遗憾的是，《通腿儿》这部名篇佳作的原稿却丢失了。《沂蒙生活报》曾刊载张丽华的《抱愧赵德发》，回忆《通腿儿》原稿丢失的过程。张丽华介绍说，赵德发在山东大学作家班学习期间，自己住在一个离济南很远的偏僻小镇上，他写关于赵德发作品的评论，每次赵德发都是把作品原稿寄给他。

张丽华写道："他对我十分放心，先后给我寄来两篇小说的原稿，一篇是他的成名作《通腿儿》，另一篇是他的力作《那个夏天》，但是我在后面的日子里因为情感上生活上的混乱轻易地将它们丢失了。这是我的责任。这可是赵德发很重要的两篇小说原稿，都是珍贵的手写稿，可我不经意地就把它们遗失掉了。现在每当我想起这件事情，想到赵德发先生想起这件事情时不愉快的心情，我就深感内疚和不安。这是不能挽回的损失，我只有以抱愧的心情来面对赵德发老兄了。"

然而，对这一些，赵德发并没有放在心上。

内涵深刻，一部难得的力作

所谓"通腿儿"，是指过去生活贫穷落后年代，我国北方部分地区农村老百姓，冬天共用一条被子，被子两头一头睡一个，相互通腿休息的一种睡觉方式。这种方式有两个优点：一个是节约被子，这一点在经济条件拮据的农村十分重要；一个是能够彼此温暖对方，让漫漫冬夜不再令人感到过于寒冷。这种睡觉方式，既是一种无奈之举，也是一种智慧的选择。

"通腿儿"在沂蒙山区被广泛采用，祖祖辈辈都是如此。兄弟睡，通腿儿；姊妹睡，通腿儿；父子睡，通腿儿；母女睡，通腿儿；祖孙睡，通腿儿；夫妻睡，也是通腿儿。赵德发从这种祖祖辈辈流传下来的睡觉方式中发现了创作素材，找到了创作灵感，经过认真思考，精心布局，终于将之诉诸笔端。

《通腿儿》的最大成功之处，就在于通过野槐村农民邻居狗屎和榔头之间、狗屎媳妇和榔头媳妇之间通腿儿睡觉的故事，形象地展示了艰难困苦时代，乡村农民之间相濡以沫的苦难温情，体现了沂蒙山人敦厚淳朴的民风和正直善良的心地，再现了沂蒙山区人民艰难悲怆的生活画卷。

狗屎和榔头通腿儿睡觉，是双方父母做出的决定。他们两家本是非常要好的邻居，眼看着两个孩子长大了，不能再和父母同床睡眠，又不能每家都单独添置一床新被子，于是，一家买被面，一家置棉花，共同做了一床新被子，从此狗屎和榔头便天天夜里通腿儿睡在一起。睡得久了，自然就有了感情，而且越来越深。两人约定，长大娶了媳妇之后，虽然不能通腿儿了，但还是要好下去，盖屋要盖在一起，继续当邻居，即便跟老的分了家，也要搭犋一起种地。

然而，他们的约定并没有如愿以偿。一切源于两人都娶了媳妇，一切又都源于一个迷信说法。

他们是同一天结婚娶媳妇的。按照当地人的迷信说法，新婚蜜月期，两家新媳妇不能见面，否则对双方不利，会倒大霉。如果万一不小心见面，要抢着主动给对方说话。因为主动说话一方有利，被动回应的不利。

婚后，两家新媳妇都严格遵守这一"风俗"，蜜月期决不见面。然而，问题出在那天两人到外面观看小村过队伍上，无意之中两人碰到了一起。犹豫之中，榔头家的率先向狗屎家的问话，狗屎家的不理，气哼哼地走了。

从此，两家新媳妇便成了"仇人"，两家男人也不能再像之前一样走动联系，彼此有了隔阂。

村里办识字班时，狗屎家的踊跃参加，榔头家的却唯恐避之不及，任凭村里怎么做工作，也坚决不参加，目的只有一个，躲开死敌狗屎家的。

事情在狗屎去当八路后发生了改变。这个平时连鸡也不敢杀的男人，在媳妇的动员下报名参军，不料第一次参战便死在了战场上。

噩耗传来，狗屎家的哭得昏天黑地。这时候，榔头家的实在看不下去了，赶过来劝慰，没想到狗屎家的想起那个迷信说法，将一切都归罪于两人见面时对方率先给她说话，便用荆条劈头盖脸地抽打榔头家的，直到抽得对方左眼鲜血直流，两个人才紧紧地抱在一起，哭在一起。自此两人的恩怨得以化解，变成相互理解、相互关照的好邻居。

真正的考验来自狗屎家的难以回避的生理需求。有一段日子，狗屎家的时常想起"那个事儿"，有时候火烧火燎的。她又不想离开这里重新组织家庭。怎么办？当榔头家的得知这一切之后，表现出一般人难以理解的大度。她主动提出夜里让自己的男人榔头过去，帮助狗屎家的解决生理需求问题。

当狗屎家的默认这一想法，榔头也勉强接受这一"任务"后，问题来了。无论是榔头，还是狗屎家的，总是感到死去的狗屎，好像还活着，总是若隐若现地站在那里看着他们，让他们不敢越雷池半步，从而彻底放弃了不健康的想法。

狗屎的影子一直萦绕在榔头的心头，成了他的心魔。怎么办？经过再三考虑，他们决定，让榔头也去当兵。榔头当兵不久，榔头家生下一个小男孩，取名抗战。从此，榔头家的和狗屎家的搬在一起，过起了通腿儿生活，两人一起照顾抗战，一起等待榔头归来。

故事的结局是悲惨的，也是耐人寻味的。两人等来等去，结果，革命胜利后，榔头在上海组织了新家，抗战也不小心在水塘里淹死了。

若干年后，两位老人在一起通腿儿睡觉，榔头领着一个小伙子从上海赶来，进了他们的屋。小伙子不知道两人为何这样睡觉，榔头便告诉他：这叫通腿儿。

这个故事究竟告诉人们什么？答案应该是：

通腿睡觉"温暖人"！

封建迷信"害死人"！

互相理解"解脱人"！

生理欲望"考验人"！

世事变迁"改变人"！

这是小说的深刻主题，也应该是赵德发创作的初衷。一部短篇小说，表达如此深刻的主题，这在当代文坛实属罕见，也实在难得。

好评如潮，一部现象级影响之作

《通腿儿》发表后，很快得到文坛的关注，得到广大读者的肯定，也引起了评论家的注意，在文坛形成一种广泛评论和议论"通腿儿"的现象。

1990年4月，赵德发的短篇小说《南湖旧事》在《山东文学》第4期发表。同时，《山东文学》推出"马海春、赵德发、陈占敏作品笔谈会（一）"，其中刊载丁振家的《满纸诙谐语一把辛酸泪》和卢兰琪的《清水微澜底蕴深》，对其《通腿儿》展开评论。

丁振家称赞其"发人深省、耐人寻味"。他指出："我省文学新人赵德发的短篇小说《通腿儿》，是一篇发人深思、耐人寻味的好作品。它以诙谐的语言、幽默的笔调，讲述了一个过去发生的故事，情节并不复杂，内容也较平淡，然而却给人一种凝重、深沉的感觉：幽默中蕴藏着苦涩，诙谐中饱含着辛酸；时而令人忍俊不禁，时而令人心生隐痛，真是满纸诙谐语，一把辛酸泪，不由得读者不为之赞叹。"

同年5月，《山东文学》第5期推出"马海春、赵德发、陈占敏作品笔谈会(二)",其中刊载孔范今的《我读〈通腿儿〉》。

孔范今称赞其为"一块带有鲜明个性标记的基石"。他指出:"一篇《通腿儿》,赵德发引起了文坛的注意。""不知是因为与所熟悉的置身其中且滚作一团的生活拉开了一段距离,从与生活现实性联系的枝枝蔓蔓缠缠绕绕中一度获得了解脱,从而在艺术创造所必需的主客体沟通中实现了适度的自由;还是因为增进了自身的文化修养,由对已拥有生活的新的感悟而激发了创作的激情,赵德发似乎找到了足以支撑自信心的新的创作起点,并拿出了《通腿儿》。这个一直生活在沂蒙山区的年轻人,来到省城一年半,沉默了一年半,在自甘寂寞中重新认识自己所立志献身的事业,终于有所悟,也终于有所得,他找到了在这个事业中属于自己的位置,并在今后仍然漫长的道路的起端铺下了一块带有鲜明个性标记的基石。"

同年7月,《山东文学》第7期推出"马海春、赵德发、陈占敏作品笔谈会(三)",其中刊载牛运清的《听唱新翻杨柳枝——赵德发小说印象》、震博的《难得大俗大雅——谈赵德发的〈通腿儿〉》。

一本杂志,先后三次刊载三人笔会,专门探讨一部短篇小说,这在《山东文学》历史上尚属首次,可见对赵德发等人的重视。

同年7月,《小说评论》第4期刊载陕西评论家李星的《历史事实的重新寻找——赵德发的〈通腿儿〉和〈南湖旧事〉》。《当代作家评论》第4期《文学批评信息》也报道了《赵德发的〈通腿儿〉颇受好评》的消息。

1991年1月,《小说月报》第1期刊载著名文学评论家雷达的《小说的沉潜、断层与积聚——1990年小说创作浏览》,其中论及了赵德发短篇小说《通腿儿》。这是赵德发的小说首次引起全国最著名文学评论家的关注。

2009年5月,《小说评论》第3期推出"赵德发创作评论小辑",刊载施战军的《有一种中国式叙事叫"通腿儿"——赵德发论》。

著名大型文学刊物《莽原》,曾在《当代名篇聚焦》栏目推出赵德发专辑,刊载短篇小说《通腿儿》以及衣向东的批注、评点,刘宏志的《民间视角下的乡土观照与历史反思——谈赵德发的〈通腿儿〉》。

文学评论家刘宏志称赞其《通腿儿》是"开风气之先之作"。他指出："不足万字的短篇小说《通腿儿》也许更具有特殊的意义。""《通腿儿》的成功表明了民间视角对于乡土写作的重要性。当文学作品中充满意识形态的声音的时候,该文学作品中的乡土就会多少有些僵硬和机械,只有最大限度地消弭某种意识形态和思想立场,才能更多捕捉到乡土的本真和生趣。20世纪90年代以来中国当代文学的发展表明,已经有越来越多的中国作家认识到了表现生活的复杂多元性对小说的重要性,相对于20世纪90年代以来众多的主题指向鲜明的文学写作,这种文学观念自然是一个巨大的转折。在这样文学观念的转型上,《通腿儿》显然还是得风气之先的。"

著名评论家何镇邦称赞其《通腿儿》"一炮打响,一举成名"。他说："赵德发是齐鲁文坛的一路诸侯,是名扬海内的实力派作家。自从二十多年前他毅然弃政从文以来,一直扎在背靠泰山面向黄海的美丽而幽静的日照,潜心耕耘他的文学园地,收获了五百多万言的硕果,那是多么惬意又是多么令人艳羡啊!"

与此同时,《通腿儿》先后入选多种选本。被收入"新中国六十年中短篇小说典藏"《芳菲遍野(1990—1995)》,由人民文学出版社出版。被收入舒楠、兴安选编的《'90中国小说精选》,由农村读物出版社出版。被收入《1990年短篇小说选》,由人民文学出版社出版。被收入青年文学编辑部编的《青年佳作(1990—1991)》,由中国青年出版社出版。被选入白烨、雷达编选的"20世纪末文学作品精选·短篇小说卷"《净土》,由时代文艺出版社出版。被收入段崇轩主编的《90年代中国乡村小说精编》,由华夏出版社出版。被收入《山东新文学大系》(当代部分·小说卷三),由山东文艺出版社出版。被收入小说月报编辑部编选的《〈小说月报〉第四届百花奖获奖作品集》,由百花文艺出版社出版。被收入小说选刊杂志社编选的《中国当代短篇小说排行榜(下)》,由漓江出版社出版。2008年12月,"改革开放四十年文学丛书"由作家出版社出版,《通腿儿》入选《新现实主义小说》下卷。

源自大地，一部增益信心之作

《通腿儿》发表后，先后获得《小说月报》第四届百花奖（1989—1990）、山东省新时期农村题材优秀作品一等奖等众多奖项。

1992年5月2日，赵德发在天津参加《小说月报》第四届百花奖颁奖仪式，与冯骥才、苏童、阎连科、池莉等同台领奖。在发表获奖感言时，赵德发专门说明了这部作品与沂蒙生活的关系，以及他的创新。

> 我生在沂蒙山区，是沂蒙煎饼喂大的。那煎饼多由地瓜干做成，卷巴卷巴，就着咸萝卜条儿，吃起来特别可口。
> 我多年来就养成了这种口味。读小说，也是最爱"沂蒙煎饼"。这"煎饼"，前面几代作家已做过不少，一摞一摞放在那儿，金灿灿的。
> 这年忽发奇想，也想做些"煎饼"给别人尝尝。然而，当挎着篮子去收地瓜时，却发现田野让别人几乎全收获一遍了。
> 却不死心。就去"翻二犁"——在别人收获过的土地里再用犁耕一遍，把遗落的地瓜翻出来，拾回家。这是我家乡父老的老做法。
> 于是就翻。就翻出了一些。也就做出了一些"沂蒙煎饼"。
> 感谢《小说月报》将我做的"煎饼"端给了更多的人。我渴望着大家的品评。

1993年3月，《通腿儿》获得"景阳春"杯优秀小说。3月6日在济南南郊宾馆参加纪念《山东文学》刊行四百期暨"景阳春"杯优秀小说、报告文学"孔子金像奖"颁奖大会，赵德发代表获奖作者发言。

同年6月26日，赵德发在济南参加山东省新时期农村现实题材文学作品奖颁奖大会，短篇小说《通腿儿》获一等奖。在获奖感言里，他重申了自身创作与沂蒙大地的关系。他说："站在这个领奖台上的时候，我们自然而然会想起农村，想起土地，想起我们山东绝大多数作家的根之所在。我们就降生在那片苦难深重的土地上，我们就在那片土地上度过了自己的童年、少年甚至青年时期。农村留给了我们终生难褪的烙印，故乡成为我们无论漂游到哪里也挥之不去的梦影。而随着时代的前进，那块土地上发生的巨大变化，也在时时激动着我们。刻骨铭心的自身生命体验，画面恢宏的人群生存景观，都不允许我们缄默，不允许我们手中的笔无所作为，于是，这就有了我们的那些作品。"

赵德发行进在文学创作的道路上，《通腿儿》对其具有非同一般的意义。它不仅为其创作带来了巨大的信心和勇气，同时，也让赵德发深知感恩。他在创作谈《给了我自信的〈通腿儿〉》中全面介绍了这方面的情况。

赵德发写道："在山大学习期满，我算真正踏上了文坛。其原因，有老师们的教诲，有自己的努力，更有《山东文学》的鼎力支持。众所周知，我的短篇小说《通腿儿》就是先发在1990年第1期《山东文学》上，后来获《小说月报》第四届百花奖的。我今生今世永远忘不了十年前的那个春天：在《通腿儿》发表之后，《山东文学》将我和陈占敏、马海春三人作为重点青年作家推出，从第4期开始，连续编发我们的小说，并动员了我省几乎所有的著名评论家为我们鼓吹。这种做法，在山东文学史上是十分罕见的，我想，我受到的这种礼遇，只能用'恩重如山'来形容。"

作品来自火热的生活，来自茂盛的大地，而他又深知感恩时代，感恩众人。因此，他的作品，就不可能不拥有强大的自信和感人的力量。

第三章 《断碑》：精神的守望

短篇小说《断碑》写于 1988 年底,1989 年 2 月在临沂地区文联主办的文学刊物《洗砚池》第 2 期发表。一年之后在《女子文学》1990 年第 7 期发表。

《断碑》的素材来源于沂蒙山区的一个真实故事，一个解放战争期间被误以为战死的被俘老兵从台湾归来探亲，让家人感情上难以接受的故事。

当时，祖国大陆与宝岛台湾的关系趋于缓和，两岸"三通"成为大势所趋，中断几十年的两岸来往逐渐恢复。无论是国民党老兵，还是解放军抑或志愿军"战俘"，回来探亲的故事并不鲜见，此前被家人和社会误以为早已去世，却又突然活着回来的也不是绝无仅有。

《断碑》的意义在于，它以一座烈士墓碑为基本象征物，用新乡土文学的写作手法，通过形象叙述一个出人预料的故事，成功塑造了一位新时期沂蒙大地英雄守望者的女性形象。

众所周知，沂蒙大地是一块血染的土地，一块红色的沃土。革命战争年代，从蒙山到沂河，八百里沂蒙不乏战斗英雄和支前模范，也不乏革命烈士烈属。但是，几十年之后，进入新的历史时期之后，这里的情况究竟怎样？发生了什么改变？当年的英雄精神是否长存？当初的革命信念是否还在？赵德发通过短篇小说《断碑》给出了一个形象又具体的答案。

它告诉人们，虽然几十年过去了，战争早已结束，社会发展已经进入新的历史时期，但是，沂蒙老区人民依然不忘初心，依然坚守着最初的信念,守望着当年的英雄精神。革命的信念和英雄主义情愫,并没有随着社会的发展、时代的变迁变成过眼云烟。

《断碑》女主人公郭枣花是一个勤劳、有爱、有执念的人。她是一位具有典型意义的沂蒙山区女性形象。

她勤劳、能干、肯吃苦。嫁到男人董世田家第二天,她便把从娘家带来的生辰八字撕碎,泡在婆家的水缸里,表示自己从此属于这家人。从那天起,她把自己同丈夫紧紧地拴在一起。吃饭,她让男人吃煎饼,自己只喝两碗稀粥;干活,她怕男人累着,自己抢重的干。第一次耕地没有牲口,她扶犁时故意东倒西歪,换来拉犁。绳子深深勒进肉里,汗水洒在胸前,让男人心疼得哭得像个娘儿们。丈夫当兵走了之后,她怀孕在身,依然不忘辛勤劳作。生儿子那天,他们母子两个差一点丧命。因为,半夜里她突然疼痛难忍,一个人将孩子生在了床上,自己昏死过去,醒来后没白没黑地哭,竟然哭得奶水一滴也没有了。对此,她没有一点怨言。

她很"狠心",也很明事理,顾大局,敢于自我牺牲。当根据地大参军运动开始之时,最初她并不舍得丈夫离家从军。当妇女主任对其进行动员时,她从心里明白了这些事理,"响鼓不用重锤敲",忍痛同意丈夫报名参军。虽然这显得有些狠心,但体现的则是大局意识。当丈夫被送走之时,最难忘的是他们之间的依依不舍之情。

她忠贞、坚守,甚至有些偏执和执拗,用另一种方式爱着"死去"的丈夫。丈夫在淮海战役中"死了",连尸骨也没有找到。组织上只给了她一张"革命烈士证明书"。她找了丈夫的一身旧衣裳埋了,当作坟茔。村里人专门为丈夫立了墓碑,上面刻着:"身生沂蒙,血洒淮海,卫国捐躯,虽死犹生。"这十六个字,这个墓碑,从此成为丈夫的化身,也成为她的精神寄托。她时常前来,痛哭,诉说,搂抱,祭奠,一次次,一回回,一天天,一年年,像得了魔怔。其实,她是以另一种方式表达对丈夫的思念之情。几十年过去了,她依然没有从丈夫的去世中走出来。

丈夫的去世,并不是郭枣花最大的困惑和烦恼,问题出在下一代的不争上。丈夫去世后，由于她本人没有奶水喂养孩子，村里人几十个妇女争相对其喂养，儿子小果吃"百家奶"长大。不仅如此，村里人还千方百计照顾他们母子的生活，让他们很好地享受了烈士遗属的待遇。她原本想好好教育引导孩子，让他长大以后，继承丈夫的遗志，成为一个对社会有用的人。然而，孩子的思想和行为却让她深深地失望了。因为，儿子小果对那块石碑越来越冷漠了。政府供他上初中，可他不好好念书，考高中时成绩一塌糊涂，结果又回到村里。结婚后不好好干活，整天到县民政局要求"脱产"，人家不答应就破口大骂，一点烈士子女的素养也没有。孙子长大以后，奶奶带他去上坟，他居然对石碑上的文字没有认真看一眼，只顾端着气枪去打鸟。这让她感到万分憋闷和心碎。

丈夫的意外归来，彻底颠覆了郭枣花的生活，但丝毫没有改变她的心性和执念。她做梦也没有想到，四十年后，早已"死去"的丈夫突然出现在面前，告诉她自己并没有死，而是在战场上被俘，去了台湾，在那里还有了家室。她日思夜想的丈夫还活着，而且回来了，毫无疑问这是值得庆幸的天大的好事。但对她来说，却是一个晴天霹雳，让她一时无法接受，也从根本上无法接受。为什么？因为，丈夫已死，丈夫是革命烈士，作为一种既成事实，作为她心灵的支柱、精神的支柱，就像刻在墓碑上的文字，早已深深地根植在了她的脑海里，流淌在她的血液里。几十年来，她是这样认定的，也是以此为依据思想和生活的。自从村里人立起墓碑那天起，在她的心目中，她的丈夫已经变成另一个人——立在西山口松树林里的那块石碑。丈夫的突然回归，彻底改变了他的英雄形象，彻底粉碎了她的英雄梦。她不肯接受这一现实，也不想承认这一事实，如果让她重新选择，如果让她自主选择，她宁肯丈夫真的死了，也不愿他作为一个战俘活着回来。这是她最朴素的想法，也是她心性的表现。

丈夫的突然归来，让郭枣花如坠梦中。她不敢相信，也不敢确认。不敢确认这是不是真的，是不是在做梦。也不敢确认，眼前这个人，是不是真的是自己的男人。当夜晚来临，董世田的话语将她唤醒，重新回到新婚之夜，她才相信，眼前的男人真的是自己的男人。而当她即将进入痴迷状态时，她的神志又恢复了清醒。她对自己的确认做了自我否定，这个男人不是我真正的男人，我的男人是西山口松林里的那块墓碑。夜色之中，她跑了出来，去松林里找自己"真正的男人"。当看到墓碑已经被人砸断，她的"丈夫"被人毁了，她的心碎了，她悲痛欲绝，决意追随他而去。

这是一个沂蒙女性的精神守望、信念坚守、心灵追随。在被砸断的墓碑之上，在沂蒙山大地上，在时代之河的岸边。

读《断碑》，可以得出这样一个结论：无论时光过去多少年，即便沧海变桑田，即便死去的人又重新活过来，那曾经矗立人们心头的精神之碑，永远也没有断，永远也不会断！

《断碑》的最大特点，是巧妙地利用了墓碑这一象征之物。墓碑是丈夫的象征，也是英雄的证明。高大伟岸，扎根心海。墓碑最后虽然断了，但信念不断，精神长存。

《断碑》的最大成功，在于既写出了历史，又写出了时代。既写出了变，又写出了不变。变化的是社会，不变的是初心。

《断碑》的可读性，主要体现在出人预料的结局。一个死去的英雄，突然回来；一个原本重温旧梦的故事，却拐了一个很大的弯儿。

《断碑》的语言，最美的是写照了情爱。"她不由得浑身颤抖，将自己抖成了一泓春水——""她觉得自己又成了一泓春水，任春风吹拂着，荡起一波又一波涟漪。这涟漪越来越欢，越来越欢，最后形成一阵狂涛巨浪！"有谁见过，乡村情爱，写得如此诗性，如此纯美？

小说《断碑》之外，赵德发还有一篇记述墓碑的散文，题目是《姥姥心中的碑》。这篇文章，最先发表在《农民日报》上。后来又发表于《沂蒙文艺》上，标题改为《永恒的碑》。

《断碑》和《永恒的碑》可以放在一起来读。虽然一篇是散文，一篇是小说，但两篇作品，具有异曲同工之妙。

从另一种意义上讲，"断碑"其实也是一座"永恒的碑"。

第四章 《蚂蚁爪子》：文化的悲歌

赵德发的《蚂蚁爪子》是一部几乎与《通腿儿》齐名的短篇小说，也可以看作是《通腿儿》的姊妹篇。所不同的是，《通腿儿》写的是沂蒙山区人的物质生活，而《蚂蚁爪子》写的是沂蒙山区人的文化追求。

这篇小说，创作于1990年底，首发于1991年2月。首发刊物为《山东文学》。随后选载于《小说月报》1991年第5期。

同年7月24日，《日照报》刊载邬明志的《敦诚厚重真实感人——简析小说〈蚂蚁爪子〉》。后改题为《中国农民文化命运的深刻揭示——评赵德发短篇小说〈蚂蚁爪子〉》，刊发于9月26日《大众日报》。

这篇文章，对《蚂蚁爪子》的评论非常准确，也非常到位。其标题准确总结概括了作品的基本思想主题——深刻揭示中国农民文化的命运。同时，还要看到，这是一曲略带悲凉的"沂蒙小调"，也是一曲沂蒙人的文化悲歌。

这部小说中的"蚂蚁爪子"，并不是指真正的蚂蚁的爪子。它是沂蒙山区人的一种日常用语，专指形状特像蚂蚁爪子的文字，是文字的代名词，也是文化的代名词。

小说开篇曾作如此介绍："蚂蚁爪子，就是字儿。五千年前，一个叫仓颉的老头儿造出了它，手一扬撒遍天下，沂河边一个老头儿不晓其为何物，将之命名为'蚂蚁爪子'。他的后代便这样叫了，一直叫到今天。"可以看出,这个叫法非常形象,非常传神,但也透露出山区人起初对文字和文化的某种调侃和轻视。

《蚂蚁爪子》问世后,得到了广大读者的广泛认可。"蚂蚁爪子"一词,也在当地形成更为广泛的影响。《临沂日报·莒南版》后来专门设立文化副刊,副刊的名字就叫"蚂蚁爪子"。据《编辑手记》介绍,这个栏目的名字,便是借鉴了赵德发的短篇小说《蚂蚁爪子》,由此可以看出该作品的影响。

《蚂蚁爪子》的主人公叫木橛,是沂蒙山区小村庄一个农民的后代。他到私塾念书,是老爹的主张,寄托着老一辈人的希望。因为,他们家八辈子都是不识字、没文化的"睁眼瞎"。他们深知文化的重要,也饱尝没有文化的悲催和苦恼,所以发誓即便砸锅卖铁交学费,也要让木橛进私塾学习,认识几个"蚂蚁爪子",当一个有文化的人,以此改变家族没有文化的命运。

小小木橛是背负家人的希望走进学堂的。但是,无奈他在学习上犹如自己的名字一样,长了一个木头一样的脑袋,敦实厚实,不开窍,最后被认定"果真不是学习的料儿"。

木橛学习"蚂蚁爪子"先后经历三次大的机会和考验,然而,他一次也没有过关。

第一次考验是进私塾学校读书。面对苟老秀才最为严厉的教学,最为苛刻的要求,木橛总是不开窍。无论苟老秀才怎么教,他也只能将"人之初",念成"人蜘蛛"。即便采取"老嬷嬷端灯"严厉惩戒,也还是念着念着便成了"人之初,性本善。性相近,习相远。狗不叫,去卖钱。黑牛×,黄牛蛋——"这样的孩子,学习上还有什么指望。木橛爹只能仰天长叹。

第二次考验是当地成为解放区,共产党发动老百姓学文化。这是一个非常好的主张,也是山区农民的一次新的机遇。"穷人不光要在经济上翻身,也要在文化上翻身。文化上翻身才是最可靠的。"在这样的大形势下,木橛被逼着进了识字班。然而,他在学习上依然一窍不通。青抗队要求每人必须认识五百字，木橛只能写出五百个"人"字。由于一学"蚂蚁爪子"，木橛两口子就头疼，因此成了村里的"落后分子"。对此，木橛非常不服气，也非常不理解，"人，非要学那蚂蚁爪子干啥？""不识蚂蚁爪子，难道不能活？""都是自己折腾自己。"为了摆脱"落后分子"的称呼，木橛决定去当兵，上战场杀鬼子，以此证明，没有文化，不认识"蚂蚁爪子"，也能当好战士，也能当英雄。事实上，他的这一决定，其实是在文化战场，再次当了逃兵。

第三次考验，是战争结束之后当干部。木橛参军之后，真的成了战斗英雄。屡次立功，而且升职当了排长。后来，一直打过长江，转业后担任杭州一鞋厂厂长。在这里，木橛品尝到了没有文化的苦恼，也明白了文化的重要。不认识"蚂蚁爪子"，连给家人写封信都不行，只能找人代写代读，根本不能表达自己的意思。不认识"蚂蚁爪子"，根本无法从事管理，各种文件、各种报表，满眼都是"蚂蚁爪子"，不看有失身份，看又两眼乌黑。怎么办？木橛决定求教一个小科员，跟他学习"蚂蚁爪子"。然而，没过多久，他便感觉学习比攻碉堡还难。他性子上来，一甩袖子，不干了。他悄悄上了半夜的火车，老鼠一样溜出了杭州，回到老家沂蒙山区。在文化战场上，他再一次当了逃兵。

回到老家之后，木橛总是心有不甘。他这辈子在学习上是完了，没有指望了，但他没有完全放弃希望，他把希望寄托在下一代皮缰身上，希望能把他培养成一个认识"蚂蚁爪子"的人，一个有文化的人。儿子一到上学年龄，他便将其送进学校，而且特别叮嘱老师："孩子交给你了，他不正经学，你就狠狠撸！"可是，没过多久，儿子就以现实表现证明，这孩子和木橛一样，学习根本"不沾弦"。当他教育儿子，儿子一句"反正我比你强，你不就会写一个'人'字吗"顶回来的时候，他彻底放弃了把儿子培养成文化人的努力。

虽然培养儿子的努力失败了，木橛并没有放弃未来，他将眼光放远，寄希望于孙子辈上。经过认真分析，他得出一个基本结论，就是他们家人学习不行，根本原因是基因不行。要想培养出有文化的下一代，必须从"品种改良"做起。当儿子到了婚嫁年龄，他力主儿子和地主家的瘸腿女儿雯雯结婚，原因只有一个，他们家"脑瓜好"。

木檄的"品种改良"战略果然很有成效，他们家孙子尼龙果然长了一个善于学习的好脑瓜。上完小学，便到乡里念初中，三年后又考进县城的高中。高中上完考大学，而且报考了木檄曾经工作过的杭州城里的大学。

眼看木檄望子成龙的愿望就要实现了，然而，最终却又落空了。因为，尼龙上大学之后，并不按照爷爷的愿望认真学习，而是经常向家里要钱花。为了满足孙子的要求，木檄除了四处借钱，便是趁黑夜去捉知了猴卖钱。有一天，木檄从树上掉了下来，落到水里，淹死了。家里人等孙子回来后发丧，可是木檄的尸体都臭了，孙子尼龙也没有回来。

小说最后，木檄的孙子尼龙大学毕业后在杭州城里与一红唇女子开了一个个体服装摊，两人一起高声叫卖起"大富豪！大富豪！"。故事到此结束。

一个家庭追求文化的故事，线索并不复杂，主要经过了五个阶段：

木檄被老爹送进私塾学文化，失败！

进"识字班"学文化，失败！

在工厂跟别人学文化，失败！

实施"望子成龙"工程，引导儿子进学校学文化，依然失败！

实施"品种改良"工程，全力引导服务孙子上大学学文化，最终还是失败！

这就是木檄一家学文化的"路线图"，它是一幅艰辛之图，也是一幅悲剧之图。它不仅是木檄一家人的"路线图"，也是社会的一个缩影。

从中我们可以读出，文化既是一种人文化成，也是一种艰难的修行。不可能一蹴而就，也不可急于求成，更不必望子成龙。

对它的追求，不能急功近利，也不能被时代左右，必须心怀一份虔诚。王晓梦在《赵德发创作论》中曾经这样评论《蚂蚁爪子》："日常生活里不只是乡民们的生存状态,还包括他们的文化诉求。《蚂蚁爪子》不仅是一种简单的社会批判,更是在述说一种西西弗斯式的集体无意识的宿命人生——既是西西弗斯不朽精神的展现,又是一种无可奈何悲剧的轮回。"

第五章 《闲肉》：无知的偏见

英国作家简·奥斯汀的《傲慢与偏见》描写了关于爱情的傲慢与偏见；赵德发的《闲肉》描写了关于文化的傲慢与偏见。

《闲肉》创作于1992年初，同年2月发表于《聊斋园》第2期。同年11月，在《春风》第11期发表。1993年2月，被《小说月报》转载。1993年入选《1992年短篇小说选》，由人民文学出版社出版。

《闲肉》在内容上与《蚂蚁爪子》前后联系，应该看作是《蚂蚁爪子》的深化和发展。因为，《蚂蚁爪子》讲述的是农民学习文化的故事，而《闲肉》讲述的则是民办老师传授文化的故事。

这样一个故事，来自赵德发当民办教师的亲身经历，是艺术化、形象化了的真实故事。

故事的主人公名叫金囤，是村里的一名普通青年农民，因为村里要开办小学被聘为民办老师，由此发生了一些令他极为尴尬和不解，也值得人们深思的故事。

那是一个格外重视体力劳动者的地方，也是一个格外重视体力劳动者的时代。金囤所在的村子葛子涧，对身体强壮、能出大力的青壮年特别推崇和敬重。金囤本来属于棒劳力中的一员，队里每天给他记十个工分。他和其他青壮年一起，成为葛子涧挣十分的"特殊阶层"，享受极其特殊的待遇。每逢干最累的活儿，向村外山坡送粪时，可以挑村里最水灵的姑娘为他们拉车子，一人配一个。不仅如此，他们还可以随意嘲笑那些因体弱或手拙挣不到十分的男人，说他们是"什么黄子，趁早蹲着撒尿吧！"。

很显然，这不是一种正常现象。然而，在那个年代，人们都习以为常了，也就好像成了正常现象。

终于有一天，上级要求村里要开办学校。很显然，这是一件好事，也是一个巨大进步。它至少说明，一向只重视体力，只注重培养棒劳力的农村人，也开始重视文化，也想培养有文化的下一代了。

开办学校之初，因为上级暂时派不来老师，让村里自己找。又因为金囤多少读过几年书，所以被队里选定为民办教师。对于这一安排，金囤一开始是不同意的。因为他担心自己根本不能胜任这一工作。"我肚里那几个蚂蚁爪子，早就拉屎拉光了。"后来，在队长齐麻子的嘿唬下，勉强同意"走马上任"——拾掇拾掇麦场屋子，办起了学校。

金囤当了老师之后，尤其是作为葛子涧村的第一个民办教师，论说应该更受人尊重，人们对其高看一眼才是正理。然而，谁曾料想，自从当了民办教师之后，他不仅没有得到人们的更多尊重和善待，相反还脱离了那个挣十分的"特殊阶层"，甚至成了村里人嘲笑和讥讽的对象。

一切都因为，他当了老师，就不出大力了呀！

在村民眼里，只有那些推小车送粪的人，那些下地耕田的人，才是真正出大力的人。

至于只动动嘴皮子，教孩子学"蚂蚁爪子"的人，不仅不出大力，而且冬天在屋里，夏天在树下，既冻不着，也热不着，实在是太清闲、太悠闲了。

在他们眼里，给金囤记九分也算他占了便宜。为什么？这些人居然还真的总结出四大理由：

理由之一，蹲在学屋里，风不刮头雨不打脸。

理由之二，不出大力，省饭。

理由之三，不上山干活，省衣裳。

理由之四，连铁锹锄头都省。

这些理由一出，让金囤顿时哑口无言。

不仅如此，人们还给金囤起了一个外号，叫"闲肉"。意即"清闲之肉""无用之肉"。

应该说，这个外号，起得很形象，也很有学问。别看乡下人没文化，但在这方面，在讽刺挖苦人方面，是表现得特别有文化，也特别有水平。愚昧中的智慧，是何等悲催！

村里人对金囤当教师，瞧不起，起个外号，这都可以理解。起了外号，背后偷偷叫好了，暗暗地平衡一下自己的心理，也就得了。但想不到，这些人居然公开叫出来，而且直接叫到了金囤的面上，自然也就让金囤难以接受。

更为严重的是，他们还编成歌谣，当金囤给孩子们上课的时候，漫山遍野地唱：

金囤哎！

闲肉哎！

坐在阴凉真好受哎！

而且，不止一个人唱，七八个人一起唱。

假期到了，金囤不仅不能休息，而且要重拾棒劳力的活计，而且继续遭到人们的嘲弄。

金囤哎！

闲肉哎！

再推小车难受哎！

金囤听了，又羞又恼。而那些唱歌的人，却躲在一起哈哈大笑。

这是怎样一种奇耻大辱！

在这个问题上，这些人看似嘻嘻哈哈闹着玩儿，实质上采取的是一种极其恶毒的侮辱人的方式。

应该说，金囤是值得肯定的人物。面对人们的无端羞辱，他没有特别放在心上，而是努力学习，刻苦备课，以此弥补自己知识上的不足，真心想把孩子们教好。

然而，金囤的水平和能力毕竟是有限，要想短时间内让他有大的提高也是不现实的。终于，他的真实水平在一次上级的听课中露了馅儿，他不懂装懂，有些不知道的问题，凭自己的理解胡乱讲。结果，惹恼了来听课的慕校长。很快上级便派来了新老师，他被停止当民办教师，重新回生产队参加劳动，他短暂的民办教师生涯结束了。

重新回到生产队里之后，金囤变了。不管干什么活儿，都没有像当老师之前那么出色了。会计的记工簿上他的名字下面是一串"9"字。他从此一蹶不振，每当下地时，总是遭到那些挣十分的壮汉的嘲笑："算什么黄子，趁早蹲着撒尿吧！"

好端端一个金囤，好端端一个壮劳力，为什么变成了这个样子？因为他的心死了。因为他受的打击太大了。

哀莫大于心死，悲莫过于无声。

人们只看到了他当民办教师的清闲，有谁看到了他肩负的责任，他承担的压力，他所做的努力，他的奉献和付出？

当他遇到困难，遭到非议，甚至遭到嘲笑和侮辱的时候，最终被停止当民办教师的时候，有谁关心过他？有谁关注过他？公平在哪里？正义又在哪里？

这等状况，大有"我本将心向明月，奈何明月照渠沟"的意思，大有"我为教学苦努力，教学置我于不义"的意思。

这是一个巨大的悲剧，是民办教师金囤的悲剧，也是文化的一个悲剧，时代的一个悲剧。

悲剧的根源在哪里？人们为什么对金囤持如此的偏见？金囤教师生涯为什么会以失败而告终？

一言以蔽之，一切都是因为没有文化或者说缺少文化所导致。

这是没有文化者的短见与偏见，是无知者的傲慢与偏见！

这是缺少文化者的失败和屈辱，也是缺少文化者的妥协和屈服！

问题的症结在这里，关键也在这里。

这就是《闲肉》所表达的深刻主题，也是赵德发对社会现实的深刻批判。

骂人最伤人的方式，不是骂其无法无天，也不是骂其缺乏道德，而是骂其没有文化。

赵德发通过短篇小说《闲肉》，通过对知识者的傲慢与偏见，指陈了某些没有文化或缺少文化的社会现实，希望能够警醒读者。

事实上，不独金囤所处的年代，不独金囤所在的葛子涧村，时至今日，依然或多或少地存在对文化、对知识者的傲慢和偏见。只是与金囤所处的时代表现形式不同而已。

自从不再担任民办教师之后，金囤消沉了，堕落了，不争了。鲁迅通过《狂人日记》发出呐喊："谁来救救孩子？"赵德发通过《闲肉》也发出呐喊："谁来救救民办教师金囤们？"

有人在评价《傲慢与偏见》时指出，爱是摈弃傲慢与偏见的曙光。我们希望这一结论，同样适用于对文化的傲慢与偏见。

因为，读小说《闲肉》我们还会发现，人们对金囤的傲慢与偏见，除了他们缺乏文化之外，往深处思考和分析，可能还有一点对金囤当民办教师的嫉妒，对他过上知识分子生活的嫉妒。

是那颗嫉妒之心，影响了他们的思想和行为。

这些人，最缺少的可能不是文化，而是爱！这是最深层的一点，也是最根本的一点。

第六章 《窖》：愚昧的代价

"窖"是农村人冬天储存地瓜的一种"井"。在一些地方称为"窖子"，在沂蒙山区称为"窖"，或"地瓜窖子"。赵德发在题记里介绍说，过去，地瓜是沂蒙山人的主食，村内有多少户人家，村边就有多少地瓜窖子。这是沂蒙山区的一大景观。

正因为沂蒙山区地瓜窖子众多，所以引发了众多关于地瓜窖子的故事。赵德发只是选了一些典型故事，一口气便写出五个，写成了一个系列。

这部以"窖"命名的系列小说，写于1992年底，1994年刊载于《北京文学》第12期。该作品还选载于《小说月报》1995年第3期、《传奇文学选刊》1995年第5期。

这部作品，同样得到了出版界的关注和评论界的好评。

1995年7月，《中华文学选刊》第4期刊载雷达的《读新作记》，其中专门论述赵德发的系列小说《窖》。

同年8月，《小说月报》第8期刊载周克冉的《〈窖〉,具有深度和广度》一文，对《窖》作了专题评论。

1995年12月，《窖恩》被收入《1994短篇小说选》，由人民文学出版社出版。

1996年9月，《窖》被收入中国当代情爱伦理作品书系编辑委员会编选的"中国当代情爱伦理作品书系·7"《上天自有安排》，由今日中国出版社出版。

1997年9月,《窖》被选入牛玉秋编选的《乡镇世态小说》,由北京师范大学出版社出版。

2001年9月,《窖》被收入小说月报编辑部编选的《小说月报第7届百花奖入围作品集》,由百花文艺出版社出版。

同年12月,《山东文学》第12期刊载康长福、刘德银的《温情氤氲的乡土——90年代乡土小说情感指认概述》,其中论及了赵德发的系列小说《窖》。该文2002年1月,在《当代文坛》第1期刊载。

该系列小说得到如此赞誉和好评,究竟写了什么呢?

我们说,这部系列小说,由于写的是"窖"这一特殊的事物,写的多是"地下窖子里的事情",因此,具有隐秘性、传奇性,也自然具有相当的深度。

《窖艳》——愚昧无知造成的爱情悲剧。

木叶相交的地方,就有花儿和月光。

男女相遇的地方,就有爱情在生长。

这是村里的一对青年男女,我们只知道,女的名叫英英,而男的无名也无姓。

他们偷偷相爱了。很显然,这是一种婚外情,一种不能公开、不能被人接受的爱。

既然相爱,就需要见面,就需要约会。然而,到哪里去见面,到哪里去约会,是一个大难题。

选来选去,他们选择了窖——一个不会引起人注意的"地下场所"。

他们趁着天黑来到这里。虽然是一个黑洞,虽然地处地下,但每次下降,都有腾云驾雾一般的感觉。那窖中的温存,更是令人陶醉,令人幸福。

然而,他们忘记了一点,那些看似最安全的地方,其实最危险。

他们怎么也想不到,夜色之中,有人已经盯了他们的梢儿。

他们在窖子里享受温存的时候,却不知道,盯梢的人已经将此事告诉了英英的父亲——一个早年被妻子欺骗的人。

他们在窖子里享受快乐的时候,却不知道,盯梢的人已经将此事转告给了另一家人。

他们在窖子里享受幸福的时候,却不知道,已经有人悄悄将窖子的盖板盖上,死神已经临近,他们再也不能出来。

悲剧就这样发生了。不可能逆转,他们拼尽了所有努力,也于事无补,盖盖板的人始终没有良心发现。

两条年轻的生命,两个相爱的年轻人,被活活憋死在窖子里。

"女的穿着衣裳怒容满面,男的一丝不挂血肉模糊。"

英英的父亲,看见他们,只呸了一口:"咋跟你娘一样呢?!"便拂袖而去。

又是一次宿命。

悲剧为何发生?有人指陈婚外情是罪人!

然而,罪人应该是他们二人的愚昧,让爱冲昏了头脑,缺乏最起码的安全意识和防范意识。

更大的罪人还在其后,那个悄悄盖上盖板的人,其实就是杀人凶手。理应立案查办,绳之以法。

这是《窖艳》无声的控诉!令人愤怒,令人垂泪!

《窖恩》——彰显人性的星辉。

作品的最大成功之处在于,塑造了三个性格各异的人物,从他们的身上彰显了人性的星辉。

"地主羔子":一个知恩图报的人。草庄人樊老三"天上掉下金元宝",最近总是收到台湾一个叫盖豪的人寄来的钱。这个盖豪究竟是谁呢?他为什么会给樊老三寄钱呢?这让村里人犯了嘀咕,更让村支书心生疑云。等盖豪从台湾回来之后,人们才知道,原来是大地主刘大头的儿子刘为礼,一个典型的"地主羔子"。当年村里要斩草除根时,刘为礼被关在窖子里,在他的苦苦哀求下,负责看守的樊老三偷偷放了他。后来,刘为礼跑到了台湾,先是当兵,后来做起了布匹生意,发了财。不过,这个"地主羔子"是一个知恩图报的人,多少年来,一直对樊老三的恩情念念不忘。两岸关系缓和后,他便经常给樊老三寄钱作为报答,而且还专门来大陆探望樊老三。由此可以看出,"地主羔子"并不全是无情无义的坏人。

樊老三:一个有恻隐之心的人。当年,樊老三负责看守被关在窖子里的"地主羔子"。他们都知道,当天明的时候,"地主羔子"必死无疑。面对"地主羔子"的哭声,他越来越受不了了。面对漆黑的夜,他把嘴唇一咬,对"地主羔子"说:"你跑吧。让人抓住,就说趁我撒尿跑的!"由此,救了"地主羔子"一命。由此可以看出,他是一个心地善良、富有慈悲胸怀的人。假如没有他当时放生,一个"刚刚十八岁,从来没干过坏事的人",也许早已一命呜呼,哪里还有知恩图报的人情和故事。

章互助:一个保留某些人性的人。章互助的老爹叫章运天,当初是主张将地主一家斩草除根的人,也是一个极其可怕的人。当"地主羔子"回来探亲时,面对其对樊老三的亲热,对自己的冷漠,章互助立即绷紧了阶级斗争那根弦。他召集全村人开会,重新拾起1947年的话题,而且派人将当年那个关押"地主羔子"的窖子给炸了,展示了对台湾来客的强大威慑。当"地主羔子"发现大事不好,主动给他赔礼道歉,并主动奉上五千块钱的时候,他又立马变了态度,并且将钱收下。如果故事到此为止,我们看到的是一个恶棍形象。然而,赵德发并没有让故事这样结束。故事最后,章互助将"地主羔子"送的五千块钱主动发给每一个村民,并说是刘为礼给大家的见面钱。由此,我们看到,在他的身上,还保留着那么一点最基本的人性。

《窖缘》——法制缺失造成的悲剧。

秃羊老婆和穗子、小梗本是非常要好的姐妹。她们一起劳动,一起说说笑笑,劳作间歇,一起到地头上的地瓜窖子去解手。解手期间,秃羊老婆开小梗和穗子的玩笑,没想到两人一齐动手解了她的腰带,将她的头塞进裤裆里,用腰带绑了,给她一个"狗顶裤",算是对她的惩罚。

论说,这只是一个玩笑,但这玩笑开得太大了。穗子和小梗回到地里继续种地,两个粗心大意的姑娘,居然将舍在窖子里的秃羊老婆给完全忘了。等想起来的时候，悲剧发生了。

秃羊老婆已经没有了气息，因为窖子里有一条毒蛇。

她们真的惹祸了，麻烦也大了。

人死了，应该尽快火化，但秃羊不干，要求还他老婆。

村里给加工分也不行，加多少也不行。只有一条，从害死老婆的穗子和小梗中选一个当老婆。

这一无理又过分的要求，居然得到了队长的认可。

这一无理又过分的要求，居然得到了两家家长的认可。

这一无理又过分的要求，居然最终得到穗子和小梗的点头。

于是，更大的悲剧发生了。这是第二次悲剧。

秃羊等给老婆出殡之后，选择了穗子当老婆。

而且最终商定，穗子家出人，小梗家出嫁妆。

穗子决定嫁给秃羊，面对黑牛私奔逃走的提议，"绝不办没良心的事儿"。

就这样，穗子成了秃羊的老婆，她的过失受到了所谓"应有的惩罚"。

为什么会出现如此结果？

赵德发告诉我们，从秃羊到队长，从穗子、小梗到两家家长，全部都是法盲！

杀人的过失，应按法律法规来处罚。任何人没有理由强迫她们当别人的老婆。

严格意义上讲，这还是另一种形式的犯罪——敲诈！

《窖骂》——最悲催的社会控诉。

捡是个非常悲惨的女孩，名字是"捡来的意思"。她是"不正经"的母亲在地瓜窖子里生下的"私孩子"，也是一个一出生便被抛弃的"弃生子"。只是她长期蒙在鼓里，对这一切一无所知。她被收养后，在家里和姐姐一直享受不一样的待遇。姐姐吃好的，她吃孬的；姐姐穿新的，她穿旧的；姐姐可以上学，她却不能上。更要命的是，根据双方家长达成的协议，她要给哥哥大豁去换亲，嫁给外村一个三四十岁的男人。换亲那天，她不肯上车子，非要问清楚谁是自己的爹娘不可。当她得知自己出生在窨子里之后，才同意上车。半路上，她一头奔到窨子里，破口大骂，骂娘是个浪货，是个畜生。

捡的叫骂，其实是最悲催的控诉。控诉被妈妈的遗弃，同时控诉该死的换亲习俗！

《窨殇》——知识和道德的双重缺失。

稀罕和老婆想吃地瓜，于是稀罕便一头扎到窨子里。

这一下去，就没了动静，因为窨子里缺少氧气，憋住了上不来。

窨子是个深井，当盖子盖上之后，里面空气缺失，打开之后，应该过一段时间再下去，这是基本常识，但稀罕和老婆不懂。一打开盖子，就急着下去，结果是下去之后就难再上来。

老婆的喊声惊动了旁边的二驴，这个同样缺乏基本常识的二驴，二话不说下去救稀罕。

稀罕被托上来了，二驴却再也没有上来。

二驴因为自己而死，稀罕和老婆感到了害怕，也感觉到了麻烦。于是，他们灵机一动，去村里找人，说二驴不知为什么死在了自家的窨子里。

好可怜的二驴，本来是为救他而死，结果却被他们栽赃。

如果说，稀罕被陷窨中，是因为他们无知；而他们陷害二驴，却说明，这两人不仅缺乏基本常识，而且缺乏最基本的道德。

故事的最后，稀罕和老婆再也不能刨地瓜窨子了。因为他们缺少地瓜的滋养，连女儿也生养不出，一天比一天憔悴，渐渐瘦得像鬼。这也是对其缺乏基本道德，做下亏心事的一种惩罚。

沂蒙山区的地瓜窨子，既是一种储存地瓜的窨子，还是一个会害人的黑洞。赵德发的《窨》系列小说告诉人们，这个害人的黑洞，就是愚昧无知和道德法律的缺失。

第七章 《我知道你不知道》：人性的挖掘

短篇小说《我知道你不知道》是赵德发拓展创作领域的一次新的尝试。他此前的小说，大都以沂蒙山区农村生活为题材，这篇小说虽然总体上依然属于沂蒙山系列，但写作的内容已经由乡村转到了机关，所反映的问题也从生存和文化问题转为政治和权力问题。

这篇小说创作于1994年初，当年6月在《威海文艺》1994年第3期发表。随后发表于1994年第4期《文学世界》。2006年被收入湖南文艺出版社出版的《机关算尽》一书。

"机关算尽"这个书名起得好，它非常准确地反映了《我知道你不知道》所展示的机关工作人员为谋取职位上的"进步"所做的"努力"。

《我知道你不知道》以某机关二科两位副科长张通、王达为主要人物，围绕科长调走后，两人究竟谁能提拔当科长来展开，生动形象地揭示了基层单位机关的政治生态和世道人心。小说虽短，但呈现四大特点，显示了赵德发创作短篇小说的非凡功力。

特点之一，政治生态的揭示，既准确又传神。政治生态是一种客观存在，但平时又看不见摸不着，只能通过一些小细节来体现，依靠眼睛去观察，用心灵去体会。这篇小说的可贵之处，就在于它把一些看不见摸不着的东西，通过具体的细节呈现出来，让人们十分清楚地看到，一个人是否能够得到提拔重用，不单纯看工作能力、工作业绩，还要看其处世能力，甚至伪装水平，更重要的是看隐藏在背后的特殊人际关系。这就是一个单位的基本政治生态，也是传承千年的"厚黑学"的现实应用。论说，张通和王达就工作资历、工作能力和现实表现来看，两人相差无几，用谁都没有问题，但也都不是最好选择。张通之所以被局长私下里内定为科长人选，最根本的就是他的老婆国永红和局长私下里有一种特殊关系。这是问题的关键所在。

特点之二，人物性格的刻画，既形象又鲜活。作品最鲜明的特征，是成功地刻画了张通、王达两人，既想被提拔重用，又不想太暴露；既表面看似不争，又工于心计的双重性格——一种小职员的"卑微心态"。这种性格，是通过他们各自的心理活动所体现的。赵德发准确地挖掘了其细微、复杂、多变的心理活动，非常形象地将其展现出来，极大地增强了作品的感染力。

特点之三，幕后故事的使用，既神秘又风趣。这是一个双方心中都隐藏着"我知道，你不知道"的秘密的故事。张通知道而王达不知道的秘密是局长已经提前内定并私下告知张通，准备提拔他当科长。这让他像大姑娘临近婚期一样——心中暗喜。王达知道而张通不知道的秘密是张通的老婆国永红和局长私下里"有一腿"。竞争对手被局长戴了绿帽子，却不自知，这也让他心中暗喜。由于双方各自拥有一个对方不知道的秘密，所以在心理上无形中具有一种优越感，交往起来也就具有一定的心理优势和主动性，这也使整个事情变得既神秘又风趣。

特点之四，最后结局的安排，既高妙又深刻。当张通等待局长开会回来研究自己提拔一事的时候，当王达盼望看到局长因为不希望情敌过得太好而不重用张通的时候，谁也没想到，局长却出车祸死了。由此，一切故事线索都中断了，所谓秘密也就胎死腹中了，两人的希望都破灭了，一切都又回到原始状态。这是作者的刻意为之，目的是对权力争斗的消解。他告诉人们，无论怎么机关算尽，无论多么费尽心计，有些事情，特别是权力斗争，都不会单纯以自己的意志为转移。所谓厚黑学，所谓"努力"，都没实际用处，也毫无实际意义。这是小说的最大贡献，也是最大意义。

《我知道你不知道》的故事素材，应该来源于赵德发当年的从政经历，由他对故事的成功展示可以看出，他对政治的认识和把握非常准确，非常到位，也非常深刻。

《我知道你不知道》的问世，还有另一层意义——它是赵德发小说创作理论——"我知道你不知道"的成功实践。

1997年12月，山东文艺出版社出版《赵德发自选集》，他将短篇小说集子的名字确定为《我知道你不知道》，而且专门撰写序言，阐述他的这一创作理论。

1998年，他在《大众日报》和《文学自由谈》发表《"我知道"与"你知道"》一文，全面阐述了这一理论，旗帜鲜明地提出要写"我知道，你不知道"的故事。这是他小说创作的一种选择，也是一种遵循。

赵德发将其定位为"陌生化原则"。他说："写作，其实也要处于一种'我知道你不知道'的状态。试想，如果我写的故事、我表达的情感、我谈论的对于社会人生的认识也是你早早了解、体验的，那你还有读我的文章的必要吗？写'自己熟悉的、别人陌生的'，已是许多作家的成功经验。就接受美学来说，这叫作'陌生化原则'。"

"除了极个别作家声称写的东西只给自己看，一件文学作品从酝酿的那一时刻开始，便指向了接受者也就是读者。这种指向一旦确立，那么作家所做的事情就是'我知道'了还想让'你也知道'，这里既有信息的传递，又有心灵的沟通；既有情绪的感染，又有认识的认同。凡此种种，恰好构成了文学的魅力。"赵德发如斯认为。

由此，我们看到了来自他笔下的诸多"他知道，我们不知道"的故事。这些故事深深地吸引着我们，给我们带来审美的愉悦，也带来心灵上的深思。

第八章 《选个姓金的进村委》：乡村建设的期许

短篇小说《选个姓金的进村委》的内容事关政治，与《我知道你不知道》有所不同：《我知道你不知道》写的是机关里的生态政治和权力政治，《选个姓金的进村委》写的是乡村社会的宗法政治和民主政治。

这篇小说创作于1997年2月，发表于《当代小说》1997年第4期，选载于《小说月报》1997年第6期，还曾发表于《映山红》，选载于1997年10月16日《文学故事报》。

它先后被收入多种文学版本。1998年10月，被收入中国作协创研部编的《1997年中国短篇小说精选》，由长江文艺出版社出版。

2000年5月，被收入小说月报编辑部编选的《小说月报第8届百花奖获奖作品集》，由百花文艺出版社出版。同时，收入赵德发的创作谈《讲——好故事，讲好——故事》。

同年10月，与《通腿儿》一起被收入胡平、阿蓉主编的《最精彩小说68篇》，由九州出版社出版。

2001年9月，被收入李师东、王强、卢今主编的"当代中国社会写实小说大系"《官人》，由文化艺术出版社出版。

2002年9月，被收入吴义勤主编的《中国当代文学经典必读·1997短篇小说卷》，由百花洲文艺出版社出版。

这篇小说，还获得多个奖项。1998年获《当代小说》1997年优秀小说奖；1999年5月，获得《小说月报》第八届百花奖（1997年—1998年）。

值得注意的是，由当代小说编辑部策划举办的优秀小说奖分"当代杯"和"银河杯"两种。"当代杯"为专家评议奖，"银河杯"为读者推荐奖。赵德发的《选个姓金的进村委》获得的是"银河杯"。这说明，这部作品获得了广大读者的认可。

这部小说，还引起了评论家的关注。1998年6月，《当代小说》第6期刊载林敏的《民主与宗法的怪胎——读赵德发小说〈选个姓金的进村委〉》一文，专门对这篇小说进行了分析。该文认为，这篇小说形象地反映了乡村社会长期存在的宗法政治与民主治理愿望的矛盾和冲突，可谓抓住了问题的实质和要害。

《选个姓金的进村委》以荆家沟村选举村委会为背景，围绕金姓人家试图选一个姓金的人进村委为主线展开，从选举前的焦急等待，到选举时的意外之变，到选举结果的产生，最终以理想化的悲剧结束，故事曲折，发人深省。

为什么要选一个姓金的进村委？而且一定要选个姓金的进村委？这是非常关键的问题。

在荆家沟，荆家是大姓，金姓是小姓，金姓仅几户人家，只占全村户数的百分之三，连段家、叶家、谢家也不如，属于典型的"弱势群体"。受宗法观念的影响，金姓人家长期处在被欺负和侮辱的地位。

金大头从小被村里的大姓孩子欺负。"丁点儿铁，丁点儿铜，丁点儿姓金的是孬熊！"这是村里孩子欺负他时唱的歌谣。不仅孩子被欺负，大人也同样被欺负。多少年来，金姓人家在村里，既没有经济地位，也没有政治地位，甚至没有最基本的尊严。村里大小干部，没有一个姓金的，他们只有在生产队吃苦的份儿。由于没有人在村里顶用，他们的一些基本权利便受到侵害。分自留地，划宅基地，哪块最差便注定是姓金的人的；上级调民工出去扒河，总是姓金的人被派去当壮劳力；平时干活，他们干得最多，但得工分最少。更严重的是，荆姓老支书还公然调戏金大头的嫂子——金路的娘，金姓男人一个屁也不敢放。

哪里有压迫，哪里就有反抗。面对诸多的欺压和不公，金姓人家也曾想过反抗，也曾想寻求公道，但都没有成功。

孩童时代，金大头曾召集几个金姓小兄弟试图报复，最终的结果每次都因势单力薄被大姓孩子打得落花流水。每次他们想拿出实际行动，都以失败而告终。所以他们只能忍气吞声，把不满和不平放在心里。

他们曾经寄希望于把家迁走，迁到金姓居多的金家管庄去，但因为"哪里都是社会主义的天下，在哪里也是社会主义的天堂"，被上级组织否定。

金大头也想积极上进，希望加入村组织，能为金姓人家获得一份发言权。但无论他怎么努力，也没有成功，长久的努力不成，便变成了失望。

这次的村委会选举，让他看到了希望，他想尽千方百计，推举一个叫金路的年轻人进村委。目的只有一个，为金姓人家，谋取一席之地，获得一份发言权。他将金姓人家今后能否获得公平地位的希望，全部押在了这次选举上。

这是他们为什么一定执意选一个姓金的进村委的最直接也是最根本的原因。这是"弱势群体"对民主的渴望，也是对公平正义的渴望。

他们被欺压的日子实在是太久了，他们渴望改变的心情也实在是太迫切了。他们的心情，如同等待金路从深圳归来一样焦急。

这次选举，姓金的人一定能被选进村委吗？这是一个非常现实的问题。

此前，金大头也曾努力想被选进村委，但他连提名也没被通过。后来，因为怕丢人，再次选举时，他干脆装病连会也没参加。这一次，他看到了成功的希望。为什么？因为一方面，现在民主氛围比以前浓厚了；另一方面，金路在深圳工作，已经成为一个"有出息的年轻人"，而且已经通过了候选人提名，已经有了当选的很大可能。按照常理讲，金路如果真的是一位"有出息的年轻人"，当选也算正常，毕竟，金姓人家想推举一个人进入村委，遇到问题时能代表他们说说话，要求也并不过分。但是，问题是他们金姓人家占的比例实在是太少了，目前乡村民主政治建设太不完善了。如果真的投票，即便金路能按时赶回来参加选举，恐怕最终的结果也只能是竹篮打水一场空。金大头和金姓人家也会再次受到打击。因此，可以说，金大头想选一个姓金的进村委，实在是一个奢望！

已经死了的金路最终当选说明了什么？

金大头等人一心盼望金路赶紧回来参加选举，但左等右等，还是没有等到金路的到来。选举马上就要进行时，突然来了公安人员，报告了一个非常不好的消息，金路死了，是从飞机上掉下来摔死的。是因为他为了节省飞机票钱，偷偷趴在飞机起落架上所致。

这消息太突然了，给一心想把金路选进村委的金大头一个非常致命的打击。

金路死了，自然也就不能再被列为候选人了。但是，金大头提出了一个让人不能理解的要求，让金路继续当候选人。他的理由是也许摔死的并不是金路，单凭一个身份证并不能说明问题。

这一理由，并不是特别充分，出人意料的是，选举组织人最终同意了他的请求。最后，金路出人意料地当选，而且在五名候选人中得票最多。

为什么会出现这个结果？或许在那一刻，村民的良心终于发现，或许是那一刻，人们心底的同情心占了上风。

荆家沟新一届村委会从一开始便四缺一，但每次开会都摆五个座位，其中的空位专门留给金路。每次研究问题，主持人都要说一句："不知道金路什么意见。"

这个结局，现实中几乎不可能存在，但赵德发之所以这么写，目的是为了表达其对乡村建设的期许。

第九章 《晚钟》：迟到的警钟

> 屋檐下的风铃
> 晚风中有些宁静
> 点亮心中那盏灯
> 倾听悠扬的晚钟
> 踏上回家的那条路
> 迎接终极的光明

这是歌曲《晚钟》的一段歌词。歌曲清新空明，韵味隽永，意味深长。赵德发的同名短篇小说《晚钟》，也写出了这种意境，但内容似乎更深刻，也更令人回味和深思。

《晚钟》是赵德发短篇小说的一次全新拓展。

从讲述他非常熟悉的故事，到讲述"他知道，你不知道"的故事，再到这次讲述从新闻上看到的故事。

从生活的乡村，到修心的佛门。

从现实的生存，到罪行的追悔。

从文化的追寻，到心灵的皈依。

一部短篇小说，引导读者进入一个新的领域，看到一种新的境界。

这篇小说于 2012 年 1 月 28 日创作完成。同年 4 月发表于《啄木鸟》

2012 年第 4 期，选载于《小说选刊》2012 年第 5 期。

2013 年 5 月，被收入吴义勤主编的《中国当代文学经典必读·短篇卷》第一辑，由文化艺术出版社出版。

2014 年 10 月，《晚钟》获公安部第十二届"金盾文化工程"金盾文学奖。

2016 年 1 月，《啄木鸟·公安文学专号》第 1 期刊载张静的《论新闻改编小说〈晚钟〉的叙事策略》。张静指出："赵德发的小说《晚钟》改编自《南方人物周刊》一则关于'灭门疑犯化身杭州净慈寺监院十七年后被捕'的报道。"并从新闻改编小说后的叙事学策略入手，探讨了《晚钟》在叙事结构、人物形象、叙述语言、叙事方法等方面的特点。从中，可以看出《晚钟》的素材来源和创作特点。

《晚钟》首发当年，《文艺报·看小说》栏目曾刊载付秀莹的《赵德发〈晚钟〉：晚钟悠悠，洞彻人心》一文，对《晚钟》进行了深刻解读和分析。该文认为，《晚钟》具有洞彻人心，启迪人生的意义。

"暮鼓晨钟惊醒世间名利客，佛声经号唤回苦海迷路人。"济南千佛山兴国寺大门上的这副对联，呈示了暮鼓晨钟的作用，呈示了佛声经号的作用，呈示了出家人潜心修行的作用。

赵德发的《晚钟》，也具有这样的作用。它惊醒的是世间双手沾满罪恶之客，唤回的是人生路上迷途不知返之人。因为，它既是良知之钟，也应是法制之钟；既是警醒之钟，也是自我反省之钟。

这个故事的主人公礼梵是非常特殊的人物，一个典型的"双面人"。表面上是金钟寺的法师，实际上是一位潜藏在寺庙里的杀人犯。

他曾经为恶，但也曾忏悔，也曾向善，试图通过悔过，改过自新，重新做人，主动投案自首，接受法律的惩罚，但由于自己的意志不够坚决，最终没有主动兑现。

"离地狱，出火坑。愿成佛，度众生——"只是他一时的愿望，并没有付诸真正的行动。

选择，关键时刻的选择，影响和决定着他的一生。他的人生选择，既有非常可恶可憎，应该彻底否定的地方，也有一些出于悔过愿望，值得肯定的地方。

　　十七年前，在他还年轻的时候，他做出了人生中最荒谬，也是最错误的选择。那时候，年轻无知的他，受电视连续剧《三国演义》的影响，和几个兄弟结拜成"四兄弟"，想打出自己的一片天地来。他们在准备到海南"发展"前，到镇上最有钱的人家去搞点"建国"经费，敲开人家的大门，挥刀而入，直接砍死一家三口，搜到五千元现金逃之夭夭。一帮小屁孩子，典型的小混混，却梦想"建国"，真是无知到了极点，荒唐到了极点。这个对他们来说看似轻松的选择，一夜之间让他们变成了团伙杀人犯和入室抢劫犯，走上了一条不归之路。可以看出，他们纯粹是一帮法盲，一点最起码的法制观念也没有。

　　逃亡路上，他面临多种选择，但他选择的不是最好的一种，也不是最坏的一种。当他们在九江火车站被警察发现时，他可以选择主动伏法，接受法律的惩治，然而，他没有这样做，而是拼命逃窜，跑到一条窄窄的巷子得以脱身。

　　按照一般犯罪分子的逃亡规律，逃跑路上他有可能一边逃亡，一边继续为恶，继续作案。也可能只是单纯地逃亡，逃到一个自认为安全的地方，隐姓埋名，偷偷度过余生。

　　礼梵值得肯定的地方是，他没有继续为恶，继续作案，也没有选择单纯隐姓埋名，苟且偷生，而是选择逃到寺庙，试图通过修行，通过忏悔，通过赎罪，最终得到心灵的解脱。

　　逃到金钟寺之后，他也曾真的努力过。他通过念经，通过抄写心经，通过撞钟，进行了一些自我忏悔。"每天到钟楼去履行职责，去赎罪。"但他终究孽根未除，没有实现真正的反省和忏悔。"一想到监狱，一想到刑场，他又心生恐怖，收起自首的念头，得过且过，做一天和尚撞一天钟。"

　　在这里，他依然没有经得起新的诱惑，继续干了一些增加罪恶的"孽障"。

他没有禁得住名的诱惑，慢慢当上了金钟寺的法师。对网站和报纸上对他的报道，刊登他的照片，领导对他的肯定，他的内心也感到格外高兴。对于网上"歪曲"他的帖子，他控制不住自己的怒火，还专门找官方人士想法"消除影响"。

他没有禁得住利的诱惑，从香火中谋取私利，个人还开上了豪车。他抄写的心经，非常漂亮，有人拿去画廊出售，一幅能卖两千元，有人要得到他的字，塞给他红包做供养，他便心安理得地收下。他甚至和参与重建甘泉寺的开发商相勾连，暗中收取他们给予的好处。

当看到一位农妇因没有往功德箱投钱，寺院里值守昌莲不让其给佛灯添油时，他也曾想到了母亲当年的遭遇，并主持"正义"，打了值守耳光，而且迁单将其除名。

当昌莲在网上发帖，对其指责和谩骂时，他也一度展开深刻的反省。

对于一个杀人犯和抢劫犯来说，真正的反省只有一个出路，那就是：投案自首。

那天晚上，他做出了投案自首的决定。他告诫自己，不能再犹豫了。明天回到家乡，出席过大佛开光大典之后，随即去公安局自首。

做出这个决定后，他还给方丈写了一封长信，坦白了自己的身份，自揭了杀人的罪恶，表明了自首领刑的决心。还把存着建筑商送给他的红包等钱款的银行卡拿出来，写出了密码。

应该说，这是一个不错的决定，一个值得肯定的决定。但是，就是这个已经迟到的决定，他也没有真正实施。因为，他又遇到了新的诱惑——寺院有新的事情在等着他。他再次犹豫了，最终将写给方丈的信悄悄删除了。

直到警察出现在他的面前，直到核实他的真实身份后给他戴上手铐。

这时候，他提出了唯一一个要求，"让我再撞一回钟"。警察同意了。他扶住木杵，带着满脸的决绝吟唱："离地狱，出火坑——"然后，将头一低，猛地撞向大钟。但警察将他牢牢地擒住。

他想用头颅，去撞响那座大钟。

这是一个具有深刻寓意的结局。

这是寺院里的晚钟，也是生命里的晚钟。

如果他能够早早地去投案自首，如果他真的能够去投案自首，或许，或许还能够——

一切都昭示，所有这一切，都太晚了，也太迟了。

警钟，应该在事发之前敲响。

真正惊醒世人的，不是晚钟，而是晨钟，是事发之前的提醒。

真正的忏悔，真正的觉醒，不仅要有想法，关键是要看行动。

亡羊补牢，为时未晚。但事到如今，在最后时刻，在黄昏到来之时，再去敲响警钟，为时实在是太晚了。

这应该是《晚钟》给人们最深刻的启示。

第十章 《路遥何日还乡》：灵魂的忧思

有一年，赵德发回老家参加一位长辈的葬礼，酒桌上认识了一位亲戚，得知他是一位刻碑人。出于对墓碑的敬畏，他一边吃饭，一边向他请教，得知了刻碑这个行当的一些内幕信息，以及三十年来的发展变化，感到这些素材十分珍贵。回来后，他将了解到的情况作了记录，准备有朝一日写进小说里。

2011 年春天，《时代文学·名家侧影》栏目准备为赵德发做一个专辑，要求他写一篇小说，于是他想起了当年认识的那个刻碑人介绍的故事，于是决定将它写成小说。这年 5 月 30 日，他专门到日照城西，对刻碑人进行了深入采访，回来之后开始动笔写作，到 6 月 24 日创作完成。这便是短篇小说《路遥何日还乡》的由来。

这篇小说按照与编辑部的约定，发表于《时代文学》2011 年第 9 期"赵德发专辑"上，同时刊载何镇邦的《主持人语》和赵德发的自述《余生再无战略》。后来，小说分别选载于《小说月报》《中华文学选刊》2011 年第 11 期上，并分别刊载于维文版、蒙文版、维文版的《民族文学》2013 年第 3 期。

这是一篇被收入多种选本的作品，也是一部获奖作品。2012 年 1 月，被收入小说月报编辑部编选的《小说月报：2011 年精品集》，由百花文艺出版社出版。3 月被收入《2011 短篇小说》，由人民文学出版社出版。2016

年7月,被收入商昌宝主编的中短篇小说集《路遥何日还乡》,由北岳文艺出版社出版。2017年1月,被收入石一宁、赵宴彪主编的《汉朝文学翻译双语读本:她的名字》,由中译出版社出版。

2014年12月,获得2013《民族文学》年度奖的译作奖。其蒙文版、藏文版、维吾尔文版,译者分别是加依尔别克·木合买提汗,夏才、旦正多杰,艾力·买买提。

《路遥何日还乡》给人印象最深刻的是创作"技与道"的成熟与老辣。这篇作品,初看并不像是小说,作者采取了叙事散文的写作手法,讲述"自己身边人"的故事,讲述堂叔——赵洪运和其儿子赵德配的故事。作品中的"我"虽然是一个虚构的形象,但当作品中其他人称呼其时,直接用"德发"称之,让人误以为"我"便是作者赵德发本人。实际上,这个"我",以及"我的爷爷",还有"我"的堂叔赵洪运父子二人,都是虚构的形象,"虚构的父子俩,真实的浮世绘"。如此一来,更增添了作品的真实性和感染力。特别是作者使用平实朴素的语言,娓娓道来,不着痕迹,更见其创作技法的成熟与老辣。

《路遥何日还乡》给人印象第二深刻的是反映社会"事与理"的严谨与诗性。"道远几时通达,路遥何日还乡",这是小说的主题,也是小说的文眼,最根本的,它还是墓碑碑文的最基本要求,也是行文做事的一种基本遵循。因为,按照古人的说法,过去验证某个日子或某些文字合不合黄道,要多用这十二个字,带"走之底"的字便是黄道,反之则是黑道。"过去刻碑文,要符合黄道,不然的话,阴魂就找不到回家的路。"这绝不是单纯的封建迷信,而是传达着祖先们心灵上的某种怅茫与哀愁。一句"路遥何日还乡",道出了世人"道远路遥,乡关何处"的诗性追问,也形象地揭示了逝者亡灵希望回归故里的内在渴求。文学评论家张艳梅在《雕刻历史的人》一文中认为,《路遥何日还乡》展示了一种"永恒的文化乡愁",就是表达了这方面的意思。

《路遥何日还乡》给人印象第三深刻的是反映时代"变与常"的惊人

和深刻。赵德发在创作谈中说："一百年来，中国出现了几千年来未有之大变局。尤其是1978年之后的变局，影响之深之广，更是难以言述。"《路遥何日还乡》通过刻碑行当的变化，从一个侧面形象地反映了这场深刻的社会变革，更重要的是它不仅深刻地揭示了社会的发展变化，同时还反映了那些"恒常"不变的东西，以及变与不变之间的剧烈矛盾和冲突。变化最大的是这个行当的技术工艺，千百年来，包括赵洪运时代，石碑只能用手刻凿，一锤一錾出力流汗。后来经历了三次技术革命，赵洪运的儿子赵德配及时引进"先进技术"，最初是用几百块钱买来的电磨，后来用电脑刻绘机和喷砂枪，再后来用上了大型数控刻碑机，极大地提高了刻碑效率，也极大地提高了经济效率。第二个变化是刻碑的标准，到了赵德配这里，先人们制定的与主人身份相匹配的墓碑的尺寸规格和图案标准，都统统作废，一切按客户的需求来制作，想要多大就多大，想要什么规格就刻什么规格。变化了的还有制作范围，他不仅做死人的生意，更做活人的生意。只要给钱，什么都可以做。这些变化，不仅是巨大的，也是惊人的。同时，还要看到，尽管随着时代的发展，这些东西都变了，但有人依然在对传统的观念、对传统的文化、对传统的价值在坚守。这个人就是赵氏刻碑第一代传人——赵洪运。只是，他的坚守，最终以悲剧的形式结束。他的儿子，是"变化"或者说"变坏"的典型代表。无论其在情感上的混乱，还是在经营刻碑生意上的所作所为，都无不让他伤心和痛心，甚至悲痛欲绝。他和儿子之间，人生理念不同、价值观念不同、行为规范不同，完全是两条道上跑的车。自然矛盾冲突和悲剧就不可避免地发生了。当儿子不顾礼义廉耻，在韩家人定制的墓碑上弄虚作假事发之后，他感受到了一种"奇耻大辱"，以一种最决绝的方式对他所坚持的东西进行了捍卫——将头重重磕向石碑，每一次都磕出好大的声响，最终磕成了脑震荡，变成了植物人，不久离开了人世。这是怎样一种决绝和坚守！更令人不安的是，赵洪运的去世，并没有换回儿子赵德配良知上的一点点发现，相反，他在堕落的道路上却是越走越远。即便他在为父亲立的墓碑上刻下"道远几时通达，路遥何日还乡",父亲的阴魂又怎么会找到回家之路,父亲的灵魂又怎么得到安生?

赵德配的故事,反映的是一个"德不配位"的问题。赵德发通过这篇小说,似是提出另一个更重要的问题,那就是"德配时代"的问题。

他说,时代潮流,浩浩荡荡,既摧枯拉朽,又埋金沉银。我们一边深情回望,一边随波逐流。这是我们的尴尬,也是我们的宿命。

读《路遥何日还乡》,面对汹涌澎湃的时代潮流,不禁心生一种追问:我们回望了吗?我们随波逐流了吗?伟大的时代,需要伟大的思想;伟大的时代,需要伟大的品德。我们有吗?我们的思想言行,我们的所作所为,配得上这个伟大的时代吗?

卷三　中篇赏析：深度反哺

愿乡间年年敲响丰收的锣鼓
愿年下总有人家聘姑娘娶媳妇
奉劝爷们儿少抽几口低劣的纸烟
就是喝多了也不要那么粗鲁

——食指《对家乡的祝愿》

第一章 《小镇群儒》：校园百态图

20世纪80年代，我国乡村教育还比较落后，为了尽快改变这一局面，各级政府和教育部门要求农村乡镇都要开办中学。"有条件要上，没有条件创造条件也要上。"经过一段时间的努力，各乡镇中学较为普遍地开办起来。学校是有了，但学校的真实情况究竟怎样？教学质量如何？师资力量如何？教学中有什么困难？教师们到底何思何想何为？对这些问题，除了教育部门的人，其他人都知之甚少，甚至一无所知。赵德发的中篇小说《小镇群儒》还原了那段历史的真实，形象地回答了上述一系列问题。

《小镇群儒》完成于1990年3月底，当时赵德发在烟台参加笔会，第一次见到著名作家冯德英，并受到他的鼓励。赵德发正是在老作家的鼓励话语声中，在烟台海滨完成了这部小说。

《小镇群儒》最先刊发在《山东文学》1990年第8期上。1994年10月，赵德发的中短篇小说集《蚂蚁爪子》出版时，收入了这部中篇小说。著名作家邱勋为此书作的序言《山村群儒的画卷》指出："读德发的小说，突出的第一印象是一个'真'字。感情真，细节真，人物真，场景真。艺术的'真、善、美'，'真'是基础，是起决定作用的。没有了'真'，一切都是空中楼阁。德发叙述故事，不急不躁，不温不火，娓娓道来。不煽情，不矫饰，不霹雳闪电，故作惊人之笔。我与德发接触不多，他谈话温言细语，带几分朴讷，似乎从不会高声喊叫，但让对方信赖他说的每一句话，每一个字。文如其人，其人堂正严谨，其文皇皇然，文质兼备。"其中所说的"真"，也包括《小镇群儒》所反映的校园生活。

2014年7月，商昌宝主编的《凤凰琴》由北岳文艺出版社出版。在该书的序言《那一曲曲唱不尽的赞歌与悲歌——乡村教师题材中篇小说论》里，商昌宝、王珊珊专门撰文论述了赵德发的中篇小说《小镇群儒》。不过，《小镇群儒》与其他乡村教师题材的小说相比，绝不是赞歌，也不属于悲歌，虽然它具有一定的悲歌成分，但更多的是批判，是对某些乡村教师"不志、不为和不争"的批判。

《小镇群儒》的素材，来源于赵德发乡村教学的真实经历。因此，无论是场景，还是故事，抑或人物，都具有相当程度的真实性。它以石桥镇初级中学为背景，讲述了从校长到教师到镇长的故事，生动形象地塑造了各色人物，展示了他们的所思所想所为，堪称当代乡村中学校园的"百态图"。

石桥中学的各位老师，是各有自己的心思、各打自己的算盘、各显自己"才能"的人，但也都属于胸无大志、格局过小的"利己主义者"。

师专毕业的语文教师李玉，是一个不安心在此教学的人，他走的是一条"政治路线"。他抱怨"有条件要上，没有条件创造条件也要上"的政策，抱怨学校条件太差，不能留在县城教书，连个女朋友也谈不成。他一心想调到县城里教书，工作上难免"甩大鞋"。年轻女教师宁静的到来，让他改变了主意，他想向她求爱，便决定暂时不走了。面对其他教师的竞争，他采取了"曲线救国"的方式，先争取当上教导主任——学校"二把手"，从而掌握向宁静求爱的"政治主动权"。为了能当上教导主任，他一改往日的"清高"，主动向小说《红与黑》中的主人公于连学习，找到董镇长的老婆——在学校从事仪器管理的陈大芝老师，帮她写论文，以便让其评上一级教师职称。没想到的是，他费尽心机和辛劳，却遭到董镇长的暗算和陷害，他被污蔑和陈大芝有不正当关系，还被"捉了奸"，他百口难辩，"偷鸡不成白搭一把米"。

音乐教师聂聂也是一个不安心在此教学的人，他走的是一条"艺术路线"。他对音乐有一种痴狂精神，声称自己有六只耳朵，要超过"聂耳"的四只耳朵。他业余时间除了练琴，便是写歌曲，希望有一天成为音乐名人。与李玉相比，他对宁静的追求更为直接，第一天见面就直接向其表白。当得知自己的音乐作品不能发表的原因之后，他遂采纳编辑的建议，改写厂歌，拉赞助，为肥皂厂写厂歌。他原本以为作品发表后，追求宁静能够成功，但最终也是以失败而告终。

体育教师秦小健，也是一个不安心在此教学的人，他走的是一条"上层路线"。当其他人试图通过走"政治路线"和"艺术路线"实现自己目的的时候，他假称母亲病了，私下里跑到省城找关系，试图通过上层领导打招呼调到镇武装部工作，"再也不干地位低下、人人瞧不起的教师行当了"。在追求宁静的问题上，他属于"闷头狗，暗下口"。他偷偷给宁静写信，以自己马上调走，帮宁静调动到团委或妇联作为"诱饵"和"武器"。但他最终也没有成功。

与此同时，小说还塑造了校长万其玉和"半导体"教师大老郝的形象。他们也是各有各的难处，各有各的心事。最终大老郝在老家劳动，因过度劳累致死。

应当承认，这些镇办中学教师的地位的确低一些，条件的确艰苦一些，生活也的确困难一些，他们于工作之余，考虑一些个人的事情，原本无可厚非。但他们的最大悲哀就在于，这些人心里想的、日常干的，都是自己的调动问题、升迁问题、成名问题、婚姻问题，都是个人私利问题，唯独没有如何忠于教育事业，如何提高教学质量，如何为人师表教书育人的问题。这是他们的最大悲哀，也是教育的最大悲哀。

与学校里的老师们相比，董镇长夫妇可谓镇里的两个"奇葩人物"。说董镇长奇葩，就在于李玉老师帮其妻子陈大芝写论文，他非但不表示感谢，反而将此作为摆脱妻子，娶其情人的一个机会，趁机污蔑两人通奸，甚至主动找校长万其玉前来捉奸。完全不顾个人尊严，一点做人的底线也没有了。

　　与镇长相比，其妻子陈大芝更为奇葩。人家李玉帮她，被丈夫诬陷，她应该站出来理直气壮地证明双方的清白才是正途，没想到丈夫和她离婚后，她却以此纠缠李玉，逼其与自己结婚。真可谓不是一家人，不进一家门。有什么样的丈夫，就有什么样的妻子。

　　这两个"奇葩人物"存在的意义就在于，它深刻地揭示了当时镇办中学上层的政治生态和政治环境。如此素质的人当镇长，如此素质的镇长老婆在学校，教学能搞好吗？

　　青年女教师宁静，是学校里的一个另类人物，是世俗社会的一泓清泉。面对学校里诸多老师不同方式、不同手段的追求，她全部回绝，一个也没有答应。小说最后，她说："你们别逼我了！我需要清静，从城里跑来，就是图个清静，你们懂吗？"

　　这不说明她清高，而是显示了她的境界。

　　"我想一个人，她的名字叫静静！"这句"一语双关"的当今时代的网络时尚用语，原来发明人不是别人，而是作家赵德发，他比我们普通人早使用了将近三十年。

第二章 《圣人行当》：圣人的凄苦

《圣人行当》与《小镇群儒》创作、发表于同一年，是赵德发中篇小说的姊妹篇，也是赵德发力求有所突破的乡村"校园小说"。从内容看，《圣人行当》写乡村小学民办教师生活，《小镇群儒》写镇办中学正式教师生活，两者有相通之处。从作品基调来看，《小镇群儒》是一曲"批判之歌"，而《圣人行当》却是一曲"凄苦之歌"，两者有递进关系。从作品人物特征看，《小镇群儒》里的人物是"不志、不为和不争"的，而《圣人行当》里的主要人物是"有志、有为、有争"的，两者有互补关系。令人深思的是，《圣人行当》中的民办教师们，虽然"有志、有为、有争"，但是他们并没有改变自己的凄苦命运。

众所周知，在我们这样一个格外重视教育的社会，负责"传道授业解惑"的人民教师，是理应受到社会和大众的普遍尊敬和尊重的。自古以来，教师行当便被认为是圣人行当，非一般人可为，令人"高看一眼，厚爱一层"。然而，在那个时期，民办教师作为一个特殊的教师群体，却处于一个非常尴尬的地位，过着"两难"的生活。《圣人行当》通过作品中教师李明远的一席话，形象地指出了民办教师的境遇和尴尬。他说："咱们民办教师，就像一个可怜的姑娘：远看穿着连衣裙，人模人样的，近看那连衣裙却是千补百衲、破破烂烂。再往下看，她两脚竟是陷在烂泥里，怎么拔也拔不出来。"

为什么会是这样的境况？这是民办教师的特殊身份所导致的。他们虽然属于人民教师行列，但实质上并没有改变自己的"农民身份"。一方面，他们需要千方百计教好书；另一方面，他们还不能忘记务农，忘记种地。这样一种"两边踩，不着地"的状态，既不能让他们真正安心地教好学，也不能让他们一心一意地种好地。这便让他们的处境显得异常艰难和尴尬。《圣人行当》通过三位民办教师的故事，形象地揭示了那个时代民办教师的境遇和尴尬。

李传嵯是一位对教学工作兢兢业业、认真负责且业绩突出的民办老师，但他没有摆脱民办教师的悲剧——农民身份的悲剧。当同校民办教师吴玉香和李明远有事不能来上课时，他一人支撑着整个小学，管理所有班级的学生，还要抽空督促吴玉香和李明远尽快回校上课。由于一心扑在教学上，顾不上家务和农活，妻子付出太多，自己又心怀愧疚，他采取了"精神激励"政策——每当妻子为家务和农活付出劳动时，他都将其辛苦和成果一一记录在案，并读给她听，以求获得精神上的安慰，可谓用心良苦。他认真教书，竭尽全力提高教学质量。在全乡组织的统考中，他教的班级在年级中位居第一名，由此可见他的努力和付出。可怜这个人，为了孩子娶媳妇盖房子，到乡里开会时，居然往回偷背六块砖。由于他在教学上的突出表现，组织上决定将其转为公办教师，不仅如此，还要将其老婆孩子也转成吃国库粮。按说，他是"熬到头了"，也属于时来运转。然而，谁也想不到这恰恰是他悲剧的开始。由于大儿子已经结婚，不符合一起转为"吃国库粮"的条件，儿子和儿媳妇对此不理解，以致和公公婆婆闹起了矛盾。李传嵯的妻子为了把农转非名额转给儿子，干脆上吊自杀，悲剧就这样出人意料地发生了。这是李传嵯的儿子和儿媳妇不懂事造成的吗？表面看答案是肯定的。这是李传嵯的老婆不懂政策造成的吗？表面看答案也是肯定的。但是，整体来看，这件事情总体上已经到了他们无力把握的程度，才最终导致了悲剧的产生。一个认真负责、积极努力的好教师，最终却得到这样的结果，这样的"回报"，责任不能完全归咎到他们个人和家庭身上。

其中，当时的社会，当时的政策，肯定有一些值得反思和改进的地方。

民办教师李明远和李传嵯相比，是一个充满理想和正义的人，也是一个轻易相信他人的人。他的悲剧，问题主要出在他过于理想和正直上。在爱情和婚姻问题上，他坚决反对说媒的介绍方式，"看几眼就定终身，买个牛驴还要扒开嘴瞅瞅"。对于家人张罗给他介绍对象，他非常不情愿，在多方逼迫下才勉强同意前去见面。即便见了面，家人都和对方定下来，他也坚决不同意，他要通过自由恋爱确定自己的意中人。在教学工作上，他虽然没有李传嵯那么尽职尽责，也还算能完成基本教学任务，是一个比较称职的民办教师。乡里统考时，他负责的班级考了个全乡第九名，就说明了这一点。这个人的最大好处是始终怀揣一份"理想"，教学之余喜欢写作，喜欢投稿，喜欢当业余记者。因为，他深深地懂得，"人生最重要的事，必须有一个伟大的目标"。他的最大目标就是当一个记者。因为，拿破仑曾经说过："记者的笔，能比得上三千支毛瑟枪。"他还深深地懂得，"千里之行，始于足下"。要当记者，就必须一步一步干起。他最先选择向县广播站投稿，两年下来投中六十多篇。正是这不断的投稿最终害了他。有一次，在同学铁盒的引导下，他写了一篇反映村干部陪同说书人"大吃大喝"的稿子，并很快投了出去。有一次到他乡小学监考时，他认识了另一所学校的民办教师云鹤，两人真的谈起了恋爱。正当他们的爱情朝着既定目标发展的时候，他反映村干部"吃喝"问题的稿子被公开刊登出来，结果可想而知，他被停止当民办教师，原先"爱"他的云鹤也"飞"离身边，而顶替他当民办教师的居然是当初引导他写问题稿的同学铁盒。这时候，他才知道自己上当了。造成这一结果的原因，真的是他上了同学的当吗？表面看是这样的。但这件事情实际上反映的是，当时的现实生活不允许他的正直、他的理想、他的单纯。这是他的悲剧根源之所在。

吴玉香是三人中最不尽职的一个，也是最悲惨、最悲哀的人。她是通过当村支书的丈夫李明德手中的权力当上民办教师的。由于她的文化水平有限，加之缺乏最起码的敬业精神，因此她对待教学工作非常不认真，教学质量也是非常之差，经常迟到早退不说，对学生的教育缺乏最起码的职业道德。当全乡统考即将来临时，她不是想法认真教学，提高教学质量，而是公开教导学生怎么作弊，而且让学习差的学生直接请假不参加统考。她不幸的最直接原因是当初被李明德勾引，当了他的老婆。按她的逻辑，凡是会搞对象的男人，没有一个好东西。因为，她刚结婚四个月，便生下了孩子；刚生孩子一个月，从娘家回来就发现丈夫同本村的一个姑娘睡在一张床上。后来，她还发现，丈夫与陈文典的老婆有一腿。她曾在丈夫和陈文典老婆幽会的房间门上挂上大锁，也曾为此事和丈夫闹得不可开交。当学生的家长因为她教学水平太差，强烈要求她不再担任民办教师，眼看着"男人被人偷去，老师的差事也要撸掉，一点地位也没有"时，只因为丈夫能保证让她继续干下去，提出"别整天让女儿盯他的梢"的条件时，她居然默许了。这意味着，为了继续当民办教师，她默许自己男人和陈文典老婆保持不正当关系。这是怎样一种委曲求全，这也是她最大的悲哀。

  一所乡村小学，三个作为不同的民办教师，最后都陷入悲哀的境地，这是他们个人的不争，还是谁的责任？读《圣人行当》，有必要作此一问。

第三章　《窑哥窑妹》：非个体问题

赵德发的《窑哥窑妹》，很多人将其归类为短篇小说，但就其反映问题的深刻性、故事线索的曲折性和人物性格的复杂性来看，应该归于中篇小说。这部小说与《小镇群儒》《圣人行当》都创作于1990年，同年11月在《北京文学》第11期发表。

《窑哥窑妹》虽然写的依旧是沂蒙山区题材，但具体内容已经由反映农业生产条件下的现实生存、文化追寻问题，拓展为反映个体经济生产条件下的现实生存问题，并在一定程度上涉及了农村经济体制改革问题。从更宽泛的角度看，它还是一部新时期工业题材作品。1994年4月，在山东省作家协会和山东省总工会共同举办的山东省新时期工业题材优秀文学作品大赛上，《窑哥窑妹》获得二等奖。

《窑哥窑妹》的最大意义就在于，它真实地反映了农村个体经营者令人震惊的不法经营行为，深刻揭示了个体业主与工人之间的畸形劳资关系，对于依法管理个体经营企业，保障个体企业员工权利具有一定的警示作用。

小说围绕一帮在个体砖瓦厂打工的"窑哥窑妹"与工厂主冯家福的关系和矛盾展开，斗争的主要线索是工资待遇问题。对于他们之间的劳资关系，同在一起做工的"窑哥窑妹"也有不同的认识和理解。

班长大愣的认识最为朴素："咱们是庄稼人呀。庄稼人就得干活，干活就得干好。"他认为，为砖瓦厂老板干好活是天经地义的事情。当然，这只是他最初的认识，后来随着对老板真实面目的逐步认清，他也逐渐改变了自己的看法。

狗咬却有不同的观点。他说："一不是给自己干，二不是给共产党干，你还这么拼命，咱真不明白。"

"作家"却说："可悲。你没学过马克思的《政治经济学》，所以你不明白，你正在积极地为冯家福创造剩余价值。"

在这个问题上，"作家"的认识相对深刻一些，也更准确到位一些。

或许有人会说，进入改革开放新的历史时期，为了让"一部分人先富起来，然后带动大家都富起来"，党和政府制定了一系列政策，支持个体经济和民营经济的发展。这是大的形势，也是大的趋势。

对这个问题，究竟应该怎么看？一切还是应该从法制的角度，从依法经营的角度来分析，来看待。

不错，党和政府是支持个体经济和民营经济大力发展，但那是指严格依法经营的经济实体，而不是违法违规经营的经济实体。根据党和政府社会分配制度改革的原则要求，国家允许资本按照一定比例参与分配，但绝不允许经营者不择手段地榨取工人的剩余价值。

因此可以断定，冯家福的经营行为，绝不应该在支持和扶持发展之列，而是应该在清理整顿之列。其中的理由，从作品反映的事实中可以进行深入分析。

第一，冯家福无所不用其极地榨取"窑哥窑妹"的剩余价值。为了让"窑哥窑妹"多出力，多干活，他动了很多脑筋，想了很多办法，靠私下拉拢大愣当班长，督促大家多干。为了调动"窑哥"的劳动热情和积极性，他专门找来四个"识字班"陪他们一起做工。为了提高工作效率，他实行按件计酬，让自己的老婆小黄瓢专门发票计数。

第二，冯家福无休无止地拖欠"窑哥窑妹"的血汗钱。开办个体工厂，雇用工人做工，按月发放工资是最基本的要求。但冯家福根本无视这一要求，对雇用工人的工资总是找各种理由，一拖再拖。今天答应明天，明天答应后天，就是不肯兑现,"拿大人当三岁小孩子哄"。就连平时工作表现很好的班长大愣家有困难，向他请求发一点工资救急，他也不肯。他口口声声说没钱发工资，却有钱干其他事情，对自己的虚假宣传出手大方，一篇文章就给两千元宣传费。

第三，冯家福千方百计偷税漏税。为了少缴税或不缴税，他在家里摆下宴席宴请税务所辛所长，而且让四位女工专门作陪。当辛所长看上其中的阚梅，要求留下她单独陪他时，冯家福不但不制止，反而暗自高兴，用心极其卑劣。

第四，冯家福总是用冠冕堂皇的理由哄骗"窑哥窑妹"。每当"窑哥窑妹"有不满、闹情绪时，他便打着"革命"的旗号，给大家上"政治课"，把上"政治课"作为对付"窑哥窑妹"的"有力武器"。狗咬和大愣吵架，他说："狗咬是不对的，不光揣奸磨滑，还打骂班长，这不是革命的。大愣是革命的，是一个好同志，如果大伙儿都像他那样，'四化'早实现了。"有些人劳动不积极，他还给人扣帽子："这是资产阶级思想，这种思想无产阶级是没有的。"他还为自己找理由："大家要积极劳动，因为积极劳动符合中央精神。昨晚电视上说，个体企业要大发展。"

第五，冯家福缺乏最起码的安全保障措施，无视"窑哥窑妹"的人身安全，直接造成焉瓜工作中受重伤。开办个体工厂，必须按照国家有关规定，加强安全保护设施投入，确保员工生产安全和劳动安全。但对这些，冯家福根本不管不顾，一心只想着怎么挣钱。结果，焉瓜在操作砖机时，腿不小心插进了进土口里，被机器死死卡住，怎么也拔不出来。眼看人要被卷进去，大愣只能用砍刀将他的大腿砍断。对此，冯家福不仅不自责和惭愧，反而抱怨大愣："你真是个愣熊。你当雷锋，不是让我坐蜡吗？人死了好办，顶多三千块钱打发了，这样半死不活的谁养得起？"作为一个个体老板，做人的一点良知和底线也没有。

有这样的老板，出问题是必然的。很快，辛所长因为受贿被立案调查，冯家福的个体砖瓦厂也被查了，需要补缴税款两万五千元，罚款六千八百元。对此,冯家福直接耍起了无赖:"要钱没有,要命一条!"自然,"窑哥窑妹"们的血汗钱也就打了水漂,没人再管!

《窑哥窑妹》反映的虽然是个体经营者的问题,但绝不是个体问题,而是当时较为普遍的问题。这是一个改革初期个体经济的依法管理问题,同时也是一个个体经营者雇用工人的权利保障问题。如果管理工作不及时跟上,后果将非常严重。

冯家福的不法经营行为导致的最大受害者是"窑哥窑妹"。他们是最普通的劳动者,他们身上或许有这样或那样的缺点和不足,但依然存在一些美好的东西,譬如正义,譬如抗争,譬如关爱,譬如真情。

狗咬表面看起来是个吊儿郎当的青年,但他是一个非常正直的人,也是一个敢于反抗的人。辛所长喝酒时趁机拉阚梅的手,他直接走进去,往辛所长的酒杯里狠狠地吐了一口痰,显示了他的正直。

大愣虽然最初被冯家福蒙骗,但他是一个有担当的人,关键时刻他果断地砍断焉瓜的大腿,救了焉瓜的命,这不是一般人所能为。

玉叶是一个有情有义、不嫌贫爱富的好姑娘。当她看到大愣因为彩礼问题和未婚妻闹掰,陷入绝境时,她主动提出要大愣去她家一趟,并且表示"俺什么也不要",以此表达喜欢大愣,希望和大愣在一起的心意,不禁令人刮目相看。

赵德发为什么花费如此笔墨,将"窑哥窑妹"们的悲惨遭遇诉诸笔端?只因为他始终站在他们的立场上,对这些"小人物"的不幸和苦难抱有巨大的同情心。他希望能通过自己的笔,去唤回某些不法个体老板应有的良知,引起社会的关注,进而改变普通劳动者的些许命运。这是他创作这篇小说的目的之所在。

第四章　《要命》：要了谁的命

赵德发的中篇小说《要命》反映的是一个非常"要命"的问题——计划生育问题。这个问题之所以"要命"，就在于它是一个国计民生问题，不仅关系到基本国策落实，也关系到无数家庭的幸福安康，甚至关系到传统意义上的"传宗接代"。

《要命》创作于1992年，同年5月在《黄海潮》第1期（创刊号）发表，后发表于《当代小说》1993年第5期，选载于《新华文摘》1993年第8期。1994年9月，被选入白烨、雷达编选的"20世纪末文学作品精选·短篇小说卷"《女人之约》，由时代文艺出版社出版。1999年7月，被收入野莽主编的"中国当代精品文库·幽默小说卷"《绝妙》，由中国文学出版社出版。

《要命》写了两个"奇人"和一个"倔人"的故事，但属于弘扬主旋律、歌颂党的好干部的作品。它的最大特点是可读性强，真实感人，没有丝毫牵强感。

《要命》的第一个"奇人"是一个叫毛毛的六岁小男孩。他是连山县肉联厂职工的后代，身体非常健康，并无先天性疾病，但这孩子是一个表演天才，会一独门绝技——专门表演聋子和傻瓜，而且演技非常高超，能蒙骗从事残疾儿童鉴定的专家，堪称天下最奇特、最逼真的演员。

非常可惜，他的表演才能没有用到正经地方，而是用来弄虚作假。他依靠在自己的神奇表演，得到了残疾儿童证明，他的父母也据此如愿获得县计生委颁发的二胎准生证，而且很快怀了孕。因为计划生育有关政策规定，如果独生子女有先天性疾病，准许生二胎。

这样的表演才能，如果只用一次，显然是"可惜了"。后来，毛毛在妈妈的引导下，冒名顶替别人家的孩子前去医院表演，结果屡试不爽，不仅帮助四户人家"成功"骗取二胎准生证，而且还获得丰厚的酬金。一个小小的"演员"快赶上一个演出剧团了，成了"创效大户"，不是一般的厉害，而是太厉害。幸亏他再次如法炮制时，被残疾儿童鉴定专家发现十分面熟，其"表演生涯"才得以宣告终结。计生部门发现被骗后，立即行动去"撸"那些通过毛毛表演骗取二胎准生证已经怀孕的人。

《要命》的第二个"奇人"名叫尤龙，是当地的一个书法家。他也像毛毛一样，会一独门绝技——用舌头写字，号称"舌书"。依靠这门绝技，他名震四方，成为当地的一大文化名人，不仅求字者趋之若鹜，他还被破格录用为干部，成为专业拔尖人才，当上了县文化馆副馆长，而且还混上了县人大常委会委员的头衔。很可惜，就是这样一个"奇人"，也办了一件弄虚作假的"奇事"：通过毛毛的表演，骗取了二胎准生证，而且让妻子方娟再次怀孕，决心无论如何也要将孩子生下来。

很显然，要做通这样一个名人和"奇人"的工作，让其带妻子去流产，仅靠县计生委主任出马是不可能完成的。于是，这块"最难啃的骨头"，便"历史性地"落在了分管文教卫生和计划生育工作的副县长郁世夏身上。面对这个"奇人"，郁世夏敢于迎难而上，主动找上门来做工作，而且态度异常坚决。无奈尤龙要起滑头，当面答应三天之内让妻子去流产，转身却让妻子藏了起来。郁世夏并没有将其放过，而是依然紧盯不放。

在"奇人"尤龙眼里，郁世夏不肯放自己一马，非要逼妻子去做流产手术，无疑是要自己的命。怎么办？既然你要我的命，我就先要你的命——要你的仕途之命、政治之命。这个"奇人"果然有过人之处，他动起了歪脑筋，想出了一个"奇招"：利用县人代会即将召开，县政府班子换届选举的机会,发动人大代表将郁世夏选下来。他发誓说:"要不把你这个×县长撸下来,我不是人生父母养的!"

主意已定,尤龙立即采取行动。他看准文化局局长顾尧有当副县长的想法,也有一定的关系和实力,便主动找上门来,劝说他参与竞选副县长,并主动请缨担任"竞选办公室主任",亲自负责拉票工作。为了把郁世夏选下来,把顾尧推上去,尤龙可谓用心良苦,费尽心机,也真是不辞劳苦。他志在必得,连日奔波,又是请客,又是写字,又是送礼,忙得不亦乐乎,也真的取得了一些效果。然而,事态的发展并不以他个人的意志为转移。

与毛毛和尤龙相比,郁世夏并没有特异功能,也没有独门绝技,不属于"奇人",但他也绝不是一般人物,不是一般的干部。从某种意义上讲,他是一个"倔人"——倔强之人,也是一个格外认真的人。

郁世夏之倔,首先倔在对待尤龙一事的立场上。最初,当县计生委主任前去找尤龙做工作时,尤龙以自己是县人大常委为由,声明只有县级干部才能跟他对话。当时他想,自己作为县里的名人和"有功之臣",按常理来说,在副县长郁世夏面前可以通融一下,对方也肯定会给他面子,不会强迫他做妻子的工作去流产。没想到郁世夏这个人非常倔,根本没有丝毫商量的余地。"只要我当一天副县长,你就休想把孩子生下来!"立场之鲜明,态度之坚决,脾气之倔强,远远超出尤龙的预料。"×他姐,我尤龙为连山县做了那么大贡献,他郁瞎子却一点面子也不给,真他妈混账!"

郁世夏之倔,其次倔在对自己的决绝上。在县保健站里,他遇到了被陈家洼支部书记带来做流产手术的陈二愣夫妇,他们原本已经有了六个闺女,却又怀孕。好不容易被村支书带到了医院,不料陈二愣现场变卦,抢了拖拉机的摇把要拼命,任凭大家怎么劝说也不行。这时候,郁世夏主动过来,对陈二愣说:"你看你堂堂一个大男人,裤子露着腚,怎么有脸在这里咋呼?"众人一看,陈二愣那裤子果然遮不住羞,就一起发笑。陈二愣的脸立时臊红起来。郁世夏又问他的女人:"叫男人穿那样的衣裳,你这女人怎么当的?"女人低头喃喃道:"俺、俺没钱。""没钱还要再生?再生一个小叫花子?"陈二愣又说:"县长,只要你把你的儿子给咱,咱就不再生了。"这时候,保健站站长刘彩凤说出一番话,才让大家知道,郁世夏的儿子,十年前就死了,至今一个孩子也没有。他对自己就是这样决绝。

郁世夏之倔,再次倔在对亲属的态度上。有一天,他老家二叔和叔伯兄弟铁锁找上门来,要他写个条子,不要让村里人逼铁锁去做结扎手术。理由只有一个,铁锁虽然有两个孩子,但都是女儿,一旦做了结扎手术,他们郁家就将绝后。但无论叔叔和铁锁怎么说,怎么哭,他也没有答应,相反却想法做他们的工作,劝铁锁早日去做手术。这是何等无私,又是何等决绝!

正是他的认真、他的负责、他的倔强,他在工作上才取得了上下公认的实绩。尤其是在计划生育方面,三年前连山县是一塌糊涂,自他上任以来,不光堵上了"漏子",各项指标还跃居全区上游。然而,就是这样一个对党的事业高度忠诚、极端负责的人,却遭到了尤龙等人的幕后算计,面临着十分严峻的政治危机。

令人钦佩的是,当有人提醒郁世夏,尤龙等人在背后"做工作",劝他不要只忙于工作的时候,郁世夏并没有放在心上,而是泰然处之,该怎么干还怎么干。因为,他相信组织,相信人大代表,相信正义。

尤龙们的"努力"差一点取得胜利。县人代会初选,按得票多少统计,郁世夏果真排名在顾尧之后,大有被差额掉之势。看到这样的结果,郁世夏晕倒在会场里。

故事最后,尤龙的妻子方娟到医院看望住院治疗的郁世夏,十分惭愧地对他说:"是我丈夫害了你,真对不起——手术在哪里做?我这就去。"

这是郁世夏对尤龙的胜利,是"倔人"对"奇人"的胜利,也是正义对不义的胜利。《要命》的意义或许就在这里。

第五章 《止水》：无声的细雨

赵德发的《止水》，是他到目前为止写得最好的中篇小说。它在其中篇小说中的地位，犹如短篇小说中的《通腿儿》，属于上乘之作或者说是代表作。

《止水》好就好在故事的叙述不动声色，让人于无声处听惊雷。

这是一部有关"文化大革命"的作品，但写得沉静似水，充满理性。

这是一部歌颂正面人物——村支书的作品，但不着一点痕迹，像润物无声的细雨。

它以极其沉静的风格，验证了一条至理：真水无香。

《止水》讲述的是沂蒙地区某村支书（爹）如何教育管理家人和村民的故事，以一家四口人（爹、娘、姐姐和"我"）为主要人物展开。它涉及的是一个乡村治理问题，从根本上来说其实是一个人心教化问题。

世界上最难的事情，莫过于人心的管理和教化，尤其是在那个特殊的年代。"你说世界上什么最难管？""告诉你吧，是人心。"这是小说中父子俩的一段对话。

故事发生在"文化大革命"初期，也是经济比较困难的时期，贫困和饥饿是那个时代的主题。越是这样的时期，人心越容易出现问题。面对一个个饥肠辘辘的村民，如何统一大家的思想，让每个人都能做到"大公无私"，是一个非常重要的课题，难度也是可想而知的。

当时，伟大领袖毛主席开给全党的"处方"是要经常开展"斗私批修"。具体到实践层面，如何"斗"，如何"批"，里面有很大学问。不"斗"不"批"，显然不行，那是一种失职；但方式方法不对，过分"斗"过分"批"，也会带来一些问题，导致适得其反；只"斗"只"批"别人，不敢于解剖自己、"批斗"自己，也会引起人们的反感和不满。

《止水》主人公村支书（爹）的可敬之处就在于，他运用更多的是精神感召的力量。"斗私批修"，先从解剖自己开始。教育村民，先从教育自己的家人做起。他的身上，处处体现着"三严一爱"（严自己、严家人、严管理、爱村民）的无私精神、过硬作风和宝贵品质。

他的"严"，首先体现在严于律己上。每次开"斗私批修"大会，他都是第一个站出来，带头批自己，批自己灵魂深处的"私"。他说："一天不学'老三篇'，'私'字就要往外钻。我是整天学'老三篇'不错，可是还没学到家呀。你看，'老三篇'我至今还背不全，你说我思想能纯吗？"对于自己到公社开会，因为去供销社问买化肥一事，多转了一圈，耽误了回村干集体活儿，他也当众进行了自我反思和剖析。有一次儿子想吃村里招待来人剩下的菜，其实在他的阻止下并没有真吃，他为此提前召开"斗私批修"大会，痛心疾首地检讨自己管教孩子不严，致使孩子干出那样的事情。他对自己的严厉，简直到了一种近乎苛刻的程度。

他的"严"，最突出的体现是严在孩子上。女儿裤子屁股位置破了，补补丁时没有照以前的方块形状补，而是补成了圆形，他担心影响不好，非要她将裤子换下来不可，而且直接剥夺了她"斗私批修"大会上领背"老三篇"的资格。儿子想吃招待来人剩下的菜时，他过去给儿子一个耳光，同样剥夺了儿子领背"老三篇"的资格。最大的考验是城里招女工，公社给了一个名额，女儿很想去，妻子也很支持。这是一个多么好的机会啊！但他不徇私情，召开全体村民大会讨论谁该去。当有人提出他的女儿最具备条件时，他当众让女儿表态说自己不合适。最终，将唯一的名额让给了外村人，让本已失恋的女儿遭到又一次打击。对自己女儿的严厉，有些近乎不通情理。

他的"严",还体现在对村民的管理上。他虽然坚持以身作则,注重精神的感召,但丝毫没有疏于对村子和村民的管理。针对招待来人容易出现剩菜问题,他提出了将剩菜标价,谁愿买谁买的解决办法。每到夜晚来临,忙了一天的他总是悄悄出去"管理"村子。当发现冯自堂夜晚偷偷去东岭二队的地里掐谷穗之后,支书(爹)让儿子将他叫到家里,对他进行教育,直到他承认错误为止。

他的"爱",主要体现在对村民的爱护和关心上。他对村民不是一味地严,而是严中有爱,严中有尊重,严中有理解,严中有帮助。当他发现冯自堂夜里外出偷粮食后,他要求其在"斗私批修"大会上做检查,但是同时又说:"在会上做检讨,不要说是我发现的,就说你觉得做错了,主动检讨的。"这体现了什么?体现了对冯自堂人格和尊严的充分尊重。闹饥荒时,自家粮食本来就不够吃,但他还是坚持让妻子将仅有的地瓜干子送给更需要的人,以致妻子都忍不住和他吵架。村民冯秋昌是全村出了名的"尖头怪",在生产队里从不下力气干活,偷奸耍滑,还有些偷偷摸摸的毛病。虽然冯秋昌因为偷牲口棚的豆料吃被罚款,但作为支书的他,考虑到其实际困难,依然让儿子把自家的粮食送过去。这是何等的胸怀和爱心!

《止水》最令人赞佩的是,故事一开始埋下了两个伏笔:一个是支书(爹)夜晚经常离家出去,究竟去干什么?儿子("我")纳闷,娘并不告诉他。一个是每当女儿(姐姐)梳头时掉了头发,支书都捡起来夹在书本里,他捡头发究竟干什么用?女儿和儿子都很纳闷,但父母没告诉他们。这两个问题,不仅是故事中"我"——儿子和姐姐的疑问,也是读者的疑问。直到最后,姐姐将长发剪掉,全部给了父亲,儿子再次追问,父亲才带他将谜底揭开:

我急忙问:"你拿它干什么?"

我爹说:"我想试一下全村人的人心。"

那天上半夜，支书（爹）带领儿子在全村每家大门的两个门鼻上，各拴上一根头发，然后打一个死结。

快天明时，他们按照上半夜走过的路线，去摸一家一家的门鼻子。

第一家，发丝完好无损。

第二家，完好无损。

第三家，还是完好无损。

摸了一家又一家，全部摸完了，全部完好无损。

要知道，饥饿正折磨着全村一百多户五百多口人，而村庄的后面，是满岭满坡即将成熟的庄稼。

全村庄的人，都心如止水。这便是故事的主题。

于无声处听惊雷，惊雷就在这里！

春雨润物细无声，春雨就在这里！

用细细的发丝，检验世道人心。

最初，他只是检验那些令他怀疑的人。

这一次，他检验了全村所有人。

他每晚出门，就是这个目的。

他捡女儿的头发，就是这个用途。

这是怎样一种智慧？又是怎样一种责任？

如果他不这样做，将会怎样？

为什么是头发，而不是其他，譬如绳子，譬如长草？

如果不是头发，被村民发现，将会是怎样一种尴尬？

一个尽职尽责的人，一个心细如发的人，一个深深地懂得尊重他人的人！

自古以来，路不拾遗，夜不闭户，是民风淳朴的表现。

赵德发的《止水》告诉我们，还有另外一种境界——饥饿时代，家家闭门，夜不外出，是人心无私的最好证明！

细微之处见精神，一根发丝见人心！

赵德发说，关于头发的故事，是他听到的另一个村子的真实故事。但我们更愿意相信，《止水》里面有他曾经当过村支书的父亲的故事。

第六章 《嫁给鬼子》：鬼子与骗子

赵德发的中篇小说《嫁给鬼子》，初看题目，容易让人误以为写的是抗日战争时期的历史故事，实际上写的是当代农村青年婚姻和爱情的故事。虽然它写的依然是乡村生活和乡村爱情，但因为它涉及了跨国婚姻，而且隐含了全球化的大背景，所以说它标志着赵德发的创作领域又有了新的拓展。

这部小说创作于2004年5月，同年发表于《时代文学》第4期。这也是一部在文坛有一定影响、被广为转载的作品，先后选载于《小说选刊》2004年8月下半月刊、《小说月报》2004年第9期、《北京文学·中篇小说月报》2004年第9期、《中篇小说选刊》2004年第5期、《中华文学选刊》2004年第10期、《上海小说》2004年第6期。2004年12月21日—2005年1月25日在《作家文摘》对其进行连载。

2005年1月，该作品被收入中国作家协会创研部编选的《2004年中国中篇小说精选》，由长江文艺出版社出版。3月，被收入百花文艺出版社编选的《小说月报第11届百花奖入围作品集》，由百花文艺出版社出版。该小说还被收入施战军编著的"大地之魂"书系，由重庆出版社出版。

2005年4月，赵德发接受《燕赵都市报》记者宋燕、侯莎莎的专访，介绍了《嫁给鬼子》的创作情况和创作目的，指出这是一部反映全球化情势下价值观移位问题的小说。

这部作品的婚恋故事具有很强的戏剧性和讽刺性。可以称为一出全球化形势下追求物质婚姻的滑稽剧和讽刺剧。

《嫁给鬼子》的主要故事线索是：从日本打工多年归来的农村青年高秀燕，早已与在北京打工的同村青年吴洪委确立了恋爱关系，而且正在装修婚房准备结婚，他们每天晚上都通过打电话保持联系。这时候，高秀燕在日本打工时的监工、死了老婆的池田突然打电话过来，表示对其印象很好，很喜欢她，想和她确立关系，还想娶她。最初，高秀燕对这个年龄又大，长得又丑，脾气又不好的"日本鬼子"印象并不好，也很反感，并且当即回绝了他的"好意"。后来，高秀燕的表姨知道了这一事情，认为嫁给日本人是高秀燕摆脱贫穷命运的一个绝好机会，劝说她一定要抓住这个机会，和吴洪委断了，嫁给池田。面对表姨的劝说，高秀燕的心动了。当然她的思想上也展开了激烈的斗争，一方面是和吴洪委多年的感情，另一方面是跟池田去日本过优越的跨国生活，最终她决定和吴洪委分手，答应池田的请求。虽然父亲坚决反对——"生是吴家的人，死是吴家的鬼"；虽然吴洪委一万个不同意——"我×鬼子他亲娘，我×他祖宗"；但是高秀燕还是下决心斩断与吴洪委的情丝。相爱多年的人要舍我而去，嫁给"鬼子"，吴洪委遭受严重精神打击，他一把火将正在装修的婚房烧掉。后来，在他人的调解下，高家以赔偿五万元人民币了事。处理好前男友吴洪委的问题后，高秀燕一心等池田来正式向她求婚。没想到，这时候事情发生了戏剧性变化。原来这个池田，并不是一个值得信赖的人，而是个"脚踩三只船"的大骗子。他在向高秀燕表达"爱意"的同时，还私下里联系和考察另外两个女孩，而且这两个女孩都是和高秀燕一起去日本打工的小伙伴。最终，池田选择了郑蕙，淘汰了高秀燕和小吴。眼看就要鸡飞蛋打，所幸对她一直钟情的吴洪委还在等她，最终他们又走到了一起。

从故事内容和表现手法来分析，《嫁给鬼子》具有三大特征：一是鲜明的时代性；二是尖锐的冲突性；三是强烈的戏剧性。

它的时代性，重在揭示物质主义在现代社会的地位作用和消极影响。随着时代的发展，市场经济的推进，人们的价值观念发生深刻变化。物质至上，金钱至上，不仅在经济领域占主导地位，而且还直接影响甚至决定爱情和婚姻的取舍。高秀燕之所以选择抛弃吴洪委，要嫁给池田，根本上是听信了表姨的"金钱逻辑"：咱看他年纪干啥？看他二婚不二婚干啥？咱看的是这跨国婚姻的含金量！含金量高你懂不懂？燕燕嫁过去了，小汽车有了吧？大把大把的票子有了吧？在这种理论和逻辑指导下，婚姻的选择，不再是人，不再是感情，而是物质和金钱。

它的冲突性，主要表现在两种不同婚姻的对立上，两种价值观念的冲突上。从对立的双方来看，有两大阵营。一方面是以吴洪委、高秀燕父亲为代表；另一方面，以池田、表姨为代表。从价值观念上，一方面，以感情、良知为代表；另一方面，以物质、金钱为代表。以表姨为代表的一方奉行的是物质原则。他们认为，现在谁还讲良心，良心值几个钱？以父亲为代表的一方坚持道德和感情原则。他们认为，什么时候，做人也要讲良心。高秀燕的选择，是两种对立冲突现实较量的结果。表面看来是婚姻的选择，实际上是价值的判断。在真情和假意之间，在爱情和金钱之间，在道义和不义之间，她选择的是后者。选择嫁给池田，实际上意味着选择嫁给金钱，选择嫁给物质。选择抛弃吴洪委，实际上等于选择抛弃爱情，抛弃道义，抛弃良知。最为可悲的是，当两大阵营发生矛盾和冲突的时候，坚持道德和感情原则的一方，不仅没有得到应有的尊重，反而被讥笑为"老封建！"。

它的戏剧性，主要体现在故事的发展演变上。高秀燕一心想嫁给"鬼子"，结果被"鬼子"给骗了。选择物质，选择金钱，最终等于选择了骗子。这是一个很好的寓意。因为它向人证明，物质是靠不住的，金钱也是靠不住的。最后，当高秀燕面临着鸡飞蛋打、人财两空的时候，吴洪委没有嫌弃她，而是又回到她的身边。这个结局的设计同样具有一定寓意：关键时刻，还是真正的感情和人的良知更靠谱。

《嫁给鬼子》的最大意义就在于，它以戏剧性、讽刺性的故事提醒人们，千万不要鬼迷心窍，被某种假象，被物质和金钱迷了双眼。因为，物质和金钱之外，还有更重要的东西，那就是蕴藏人心间的真情和良知！

第七章 《跨世纪》：诱惑与守静

20世纪90年代末期，时代即将进入新的千年和新的世纪。在这个特殊的历史节点上，人们较为普遍地产生了一个"世纪末情绪"。"看破红尘"，今朝有酒今朝醉，"何不潇洒走一回"，成为一种弥漫在社会大众中的普遍心理和主流情绪。这种"灰色"情绪的蔓延和发展，无形中对社会发展起着一种既看不见摸不着，又非常强大的腐蚀作用。作为社会良知的赵德发，及时洞察了这一问题，并写出了反映这一问题的中篇小说——《跨世纪》。

赵德发在《跨世纪》创作谈《在21世纪即将到来之际》一文里说："生年不满百岁。人有旦夕祸福。我们这些正活着的人有许多可能'跨'不了的世纪，但人类这个整体毕竟要跨，并且前面还有许许多多的世纪在那里等着。为了人类的整体利益，为了人类的未来前途，我们毕竟还需要一些认真，需要一些严肃。"他直接表明：这就是写作《跨世纪》的动机。他还说，但愿我们的社会多一些"跨世纪"的优秀人物，但愿即将到来的21世纪充满良知和正义。

在这里，认真，严肃，是关键词，它们既是生活态度，也是人生态度。与它们相对应的：是跟风，是随意，是跟着感觉走，是何不潇洒走一回。《跨世纪》所反映的就是，在较为普遍的"世纪末情绪"里，如何活得认真一些，严肃一些，无论何时何地，无论遇到什么诱惑，都始终保持一份笃定，心存一份良知和正义。

《跨世纪》的主人公田申是连山县委办公室负责文字工作的副主任，妻子芸芸是某公司经理，儿子关关正在上小学。他们一家三口原本非常和睦，其乐融融。田申在工作上也是格外认真，格外负责，格外安心。论说，他们应该过一种相对比较安定，也比较幸福的生活。然而，一切都似乎因为新世纪的到来发生了改变。这是一个日新月异的时代，外面的世界很精彩，外面的世界多诱惑，田申和他的家人经受着来自多方面的诱惑。

学跳交谊舞是最初的诱惑——像一剂精神上的毒药。这个诱惑，田申扛住了，但妻子芸芸没有经得起诱惑。她几乎每天晚上都去跳舞，很迷恋，也很投入。丈夫不去，自己去。丈夫不在家的时候，她也不顾照看孩子，偷偷去。跳来跳去，最终跳到了人家的怀里，上了别人的床。对此，她不仅不反思自己的错误，反而抱怨是丈夫对自己照顾不周，关心不够。

"跨世纪年轻干部"是最大的诱惑——像一张政治上的支票。风华正茂的田申，被推荐参加"跨世纪年轻干部培训班"，这是很多人梦寐以求的事情。因为，参加这个培训班，意味着将有一个美好的"前程"。"人类的文明史至今只有四五十个世纪，而我们这一代人就面临两个世纪的交替。在 20 世纪里，我们的党创建了伟大的人民共和国，那么 21 世纪交给谁呢？就交给跨世纪的年轻干部。在座的各位，就是担此重任者！"培训班上阚书记的一席讲话，更是充分调起了大家的胃口，也引起了大家心理上的躁动。田申身在其中，也难免处于这种亢奋之中。

纸醉金迷的生活是现实的诱惑——像一贴止痛的膏药。这种诱惑，主要来源于同学屈尊的生活。这位同学，原来是地区商业局的一个科长，后来下海经商，当了新亚大酒店的总经理。出门坐豪车，随身带手提，吃饭喝名酒，夜晚洗桑拿，而且还和部队合作，办了一个合资企业，不光开军车，还有军籍，挂军衔，享受正团级待遇。这样的生活和田申的生活，有着巨大的差别。所幸田申对此并不感兴趣。

人际关系是有效的诱惑——像一服灵丹妙药。田申到"跨世纪年轻干部培训班"参加学习之后，很多同学课余都不在学校，他不知道他们忙什么。后来老同学屈尊告诉他，大家都趁着靠近地委，在拼命活动，忙着走访请客拉关系，以便在下一步的人事调整中得到重用。屈尊还主动提出，要他也这样做，自己提供一切便利条件。起初，田申也想像那些人一样，请请有关领导，希望在换届时给予关照，但想来想去，总觉得那样太下作。当官要凭真本事，怎能这样蝇营狗苟？当屈尊表示不解时，他说，我相信组织的眼力。我以前没做什么工作，这个学习班不也照样参加吗？

婚外情是最危险的诱惑——像一枝有剧毒的曼陀罗。在田申的生活中，无意中遇到了一位美女的诱惑。她就是同办公室的美女同事罗梦。罗梦年轻，漂亮，不仅学历高，是大学生，而且无论是在工作上，还是在对社会对人生的认识上，两人有着惊人的相通相似之处，属于"知音知己"系列。他们两人还在工作之余，合作撰写了《试论中国农业的潜在危机》，发表在《中国农村经济》杂志上。这样一个人物，是田申多年的"梦想"。更要命的是，罗梦暗中喜欢他，而且当他参加培训时，专门打电话过来，只为告诉他"我想你！"。这就不能不让田申心动。对田申最大的考验是在罗梦专门来看他，那天他们一起在新亚大酒店吃了饭，喝了酒，屈尊专门给他留了房间，给了他们钥匙，而且罗梦已经明确告诉他，想当他的情人，他也曾犹豫，也曾想拥她入怀，但最后他还是把罗梦送回了家。那时候他已经和妻子初步达成了离婚约定，但他依然没有放纵自己。后来，罗梦告诉他，如果你真的离婚，我就嫁给你，但最终他还是没有离婚。

人是有弱点的动物，面对各种诱惑，产生一些活思想，并不为过，也可以理解。田申的可敬之处就在于，他虽然一时有些心动，甚至有一些骚动或躁动，但毕竟只是停留在心中，并没有付诸实际行动。他的内心深处，始终有一个砝码，像一座警钟，让他最终没有超越底线，没有越过雷池半步。依靠他心中的砝码，田申平稳地跨过了新世纪的门槛。

如果进一步追问，假若田申面对诱惑，没有守住，结果将会怎样？如果他和妻子离婚，与罗梦结婚，或许会度过一段"幸福时光"，但当他遇到比罗梦更漂亮的女孩的诱惑，会不会又重蹈覆辙？如果他通过关系得到更高的提升，或许会享受到更大权力带来的某种满足，但当他丧失了最基本的做人底线之后，在新的世纪里，会不会突然有一天被立案审查，或者被依法查办，走进深渊？这个问题不得而知，不能不引起人们的深思。如果真的如此，将是何等悲哀！

第八章 《挠挠你的手心什么感觉》：被撩拨时代

众所周知，当今时代无论是现实社会还是网络社会，都可见"撩妹"高手。

赵德发的中篇小说《挠挠你的手心什么感觉》告诉我们，曾经还有一个"撩汉"时代。那个时代，一切都那么心急火燎。正如作品主人公所感叹："这个社会真是越走越快了，一个女人还没死，就有人急吼吼地给她的老公提亲了。"

《挠挠你的手心什么感觉》创作于2002年6月中旬，后发表于《太阳河》2003年第4期、《长城》2003年第6期，选载于《小说选刊》2004年1月下半月刊、《小说月报》2004年第2期、《中篇小说选刊》2004年第2期、《上海小说》2004年第3期。

2004年3月，小说被收入中国作协创研部编选的"新时期争鸣作品丛书·2003年卷"《水随天去》，由时代文艺出版社出版。同时还收入张艳梅的《真实的感觉——读〈挠挠你的手心什么感觉〉》、张云峰的《谁在挠我们的手心——读〈挠挠你的手心什么感觉〉》等评论文章。

2004年9月，"苹果文丛"中短篇小说集《被遗弃的小鱼》由敦煌文艺出版社出版，收入小说《挠挠你的手心什么感觉》、马兵的《序言》和作者的《〈挠挠你的手心什么感觉〉创作谈》。

《挠挠你的手心什么感觉》线索其实很简单，写的是在某机关担任副局长的中年男子,妻子被查出了癌症晚期后,周围人急于"挠他的手心",想当他后续"夫人"的故事。

这里的"挠",类似现今的"撩",都是撩拨人心的一种方式。只是,"撩"可能更多地表现在明处,"挠"则更多地隐藏在暗处。

最简单粗暴的"撩"来自妻子——它给薄元带来强烈的心理暗示。医院确诊"非何杰氏淋巴瘤"的当天晚上,妻子苏连红便恭贺薄元说:"又一件大喜事砸到你头上了。""人家都讲,中年男人有三喜:升官发财死老婆。去年你刚考上了副局长,这是一喜,今年又来一喜了。"妻子病了,薄元本身处在伤心和痛苦之中,根本没有心思去想妻子死后怎么办的问题,但心直口快、口无遮拦的妻子主动提出这个问题,反倒是提醒了他。苏连红随后对薄元的叮嘱,更对这一心理暗示起到了强化作用。她请求丈夫:"等娅娅考上大学,你再找个女人结婚吧。"薄元答应之后,她又说:"什么话也别说了,反正你已经答应了。我也是念过几天书的人,有些道理不是不明白。这夫妻吧,凑在一起是缘分,半道上分手也是缘分,谁也没有资格霸着对方一生一世。我不在了,自会有人顶上,前客让后客嘛!"论说,苏连红这些话,并没有什么错误,关键是没必要说那么早,也没必要说那么明白。到了后来,苏连红病情恶化,特别是疼痛难忍的时候,她对薄元在这个问题上的一再追问,她的歇斯底里,与其说是在无意中强化这种心理暗示,不如说是真的把薄元向其他女人怀里推。

最急于求成的"撩"来自妻子的同事高瑛——它让薄元根本无法接受。有一天,高瑛突然来访,直截了当地对薄元说:"农行的一个姐妹,比我小多了,人也长得漂亮,今年才三十三,叫刘蒙蒙。她男人去年车祸死了,撇下她和一个七岁的女孩。她托我问问你,如果万一苏连红不行了,你能不能跟她一起生活?"这让薄元非常生气:"你这是递的什么话?苏连红正躺在医院里,你又不是不知道!"没想到高瑛如此解释:"苏连红躺在医院里不假,人家说的是万一。再说,这个时代就是要面对现实。"高瑛还进一步解释说:"早点是吧?早一点你好有些思想准备。"可见其急不可待的程度。

最突如其来的"撩"来自同事崔蕙——它让薄元始终保持一份警惕。崔蕙是薄元的同事,也是一个非常年轻漂亮的女孩,在这之前,他从不知道,这个女孩会对自己有意思。与高瑛"当托"的直截了当不同,崔蕙对薄元的"撩"始终在暗中悄悄进行。她先是给薄元一个电子邮箱地址,希望他能跟她联系。见薄元长时间没有动静,她便以"幽兰"的名义主动发邮件和他联系,而且发的邮件是自己制作的动画,在美丽的风景中,一个仪表堂堂的中年男子,驻足空谷幽兰,配乐是动人的《婚礼进行曲》。一个动画,将其意思表达得明明白白,让薄元一时有些感动。如果说崔蕙的动画"撩拨术"有一定艺术水平的话,接下来的一个举动,却是大失水准。在她随后发给薄元的邮件里,是一张带有"凤城市人民医院妇产科"红头的公文纸,上面用钢笔写着:"经检查,崔蕙同志系处女,特此证明。"后面还盖了妇产科的印章。一时既让薄元感动,又让他感到悲哀。

最工于心计的"撩"来自一位神秘女人——它差一点让薄元误入歧途。这是一个极其神秘的女人,是一个颇具艺术细胞的女人,也是一个极具耐心的女人。她第一次联系薄元,是给他发了一个短信:"你好!冒昧打扰,请原谅,但我真诚地祝你有好心情。"随后,她采取若即若离的方式和他联系,夜晚来临,让他主动给她打电话,听她弹琴,就是不肯告诉他自己是谁。在对薄元的"撩"上,她花了很大的功夫。她每天只给薄元发一个字,五十六天下来,连成一首诗歌:"我本凤城一瑶琴,嫁与莽汉误终身。孽缘斩断影茕茕,苦调拒弹意沉沉。时来运转遇薄郎,丝振弦鸣起风雷。月上柳梢羞容似,问君何时约黄昏?"这样的诗情,薄元再也无法抵挡,终于有一天,他们人约黄昏。那天,薄元认识了这个叫丛雪的女人,和她做了一次深情的缠绵,也知道她曾是一位教师,三年前曾经见过他,并对他留下深刻印象。他们见面时最后时刻的发现,让薄元大吃一惊,原来这个神秘的丛雪,是在医院照顾妻子苏连红的雇工苗青青的表妹。真是一个工于心计的女人,被她们姊妹俩算计了,自己还蒙在鼓里。

当初,薄元与苏连红谈恋爱的时候,苏连红曾趁人不注意挠过他的手心,并悄悄问他:"挠你的手心,什么感觉?"薄元回答:"痒。"苏连红问:"哪里痒?"薄元说:"心痒。"苏连红拉起他的手说:"那我再给你挠挠心去。"

由此可见,她们对薄元的"撩"与当初苏连红的"撩"是不同的。她们只是"撩"了薄元的皮肤,而当初的苏连红真正"撩"到了薄元的心。一切只因为,她们"撩"的目的不纯,心术不正。

苏连红后来之所以"撩"他,是从内心怕他真的找另外的女人;高瑛之所以"撩"他,是为了她的小姐妹不要错失这个"绩优股";崔蕙之所以"撩"他,是因为他是副局长;丛雪之所以"撩"他,貌似是因为崇拜,是因为喜欢,想不到还是一个专门做的"局"。

第九章 《入赘》：人性的弱点

正如太阳有光明也有黑子一样，人性有很多优点，也有很多弱点。赵德发的中篇小说《入赘》就是一篇反映人性弱点的作品。

《入赘》写的是农村青年瓜瓢入赘到邻村寡妇吴春花家当上门丈夫的故事，其间有几多悲催，几多哀叹，集中反映了瓜瓢和吴春花身上的软肋和弱点。

瓜瓢是一个非常不幸的青年。他的不幸是因为六岁那年，两个眼皮下各长了一个疖子，因为爹娘忙于在生产队里挣工分，根本没管，结果他的两眼很快发成了鲜桃，最后落下了两道疤瘌，从此成了疤瘌眼儿，不仅成了村里很多人的嘲笑对象，更要命的是成了有名的相亲困难户，逐步演变成一个光棍儿。

瓜瓢人性的弱点，首先体现在高度自卑上。因为相貌的丑陋，特别是几次相亲不成，让瓜瓢完全丧失了人生自信，变成一个极其自卑的人。这种自卑心理，引发了两大问题。

一是让他变得怨天尤人。抱怨父母当初没有及时给他治疗眼上的两个疖子，造成如此后患。当母亲伤心落泪时，他不仅没有劝慰母亲，相反心里恨恨地抱怨她："你还有脸说？有你这么养孩子的吗？"他不仅抱怨父母，还抱怨老天。他曾咬牙切齿地想："如果这会儿能见到老天爷的话，我一定把那老驴头的臭××蛋狠狠地扯下来，扔到村里的狗群里，让它们疯狂地撕抢去。"他恨死了老天爷，因为老天爷并没有真正在这世界上实行种瓜得瓜、种豆得豆的政策。因为他看到身边许多品行并不咋样的人过得比他都好，老天爷对瓜瓢不够意思。他甚至认为，老天爷设置过年，也让他格外难堪，好像是故意与他作对。

二是让他变得高度自闭。过年本来是欢天喜地的时刻，但瓜瓢总是感到无脸见人，每当这个日子来临，他不得不逃离人群。春节那天，他既不去别人家拜年，也不和家里人一起度过，而是一个人跑到山上，躲在上面躺一天，直到天黑了，街上没人了才肯回来。弟弟娶媳妇，本来是好事，但他也感觉非常难堪，别人庆祝时，他也一个人悄悄躲起来。

瓜瓢人性的弱点，其次体现在毫无尊严上。瓜瓢长期陷入对女人的极度渴求，无法自拔。对于自身的条件，以及能不能找到合适的女人，瓜瓢理应有一个客观正确的认识。他的最大悲哀就在于，明明缺乏追求女人的基本条件，却对女人有着极大的渴求。一方面，他对女人充满渴望，充满幻想，甚至性的幻想，有时居然幻想自己的弟媳妇刘纪英，在幻想中和她做爱，满足自己的性的需求。另一方面，对所有给他介绍女人的人，无论介绍给他的女人条件如何，都是来者不拒，即便是瘸子也无所谓。有一次，李爱爱在河边挑水时，对他说，要把娘家村里的一个大闺女介绍给他。瓜瓢听了，也不分析一下真假，便急不可待地说："好呀！好呀！"李爱爱说："就是长得黑点儿。"瓜瓢说："黑怕啥，黑皮人能干活。"李爱爱说："耳朵大点儿。"瓜瓢说："耳朵大点怕啥，耳朵大有福。"李爱爱又说："嘴长一点儿。"瓜瓢说："长就长，咱还能挣不上她吃？"李爱爱笑着说："还有一条，奶子多一点儿。"瓜瓢一愣，问道："几个？"李爱爱咯咯大笑："十八个！"瓜瓢这才明白了，这是一个母猪。可怜的瓜瓢，为了讨一个媳妇，变得一点尊严也没有了。

瓜瓢人性的弱点，最突出地表现在容忍对他的背叛上。为了讨一个媳妇，瓜瓢放弃了一切条件。起初，李爱爱第一次给瓜瓢介绍寡妇吴春花时，吴春花是看不上他的。时过多年之后，吴春花又同意瓜瓢入赘，瓜瓢并没有分析其改变主意的原因，便立即答应了她的入赘要求。入赘之后，吴春花对瓜瓢并不好，而且与他分居。这时候，瓜瓢本应离开，但他没有。当吴春花勉强和瓜瓢同居，而且表明是为了让他外出挣钱，给孩子交学费时，瓜瓢已经明白了自己被利用的事实，论说也应该离开吴春花，但他没有。当瓜瓢突然从外地回来，发现吴春花与三叔包世颜有不正当关系时，他更应该愤然离去，但他依然没有。故事最后，当瓜瓢要回工钱，发誓离开吴春花时，山梁之上，瞅见吴春花家那棵大槐树，向瓜瓢发出了无声却有力的召唤，瓜瓢全身心地响应着，身子一耸一耸地向它奔去了。这是怎样一种苟且？

体现人性弱点的，不仅瓜瓢，还有他入赘的对象吴春花。她明知与三叔包世颜在一起不对，为了生存，依然长期在一起。这是她人性弱点的体现。她明明知道是为了利用瓜瓢，而且知道这样做不对，却依然这样做，也暴露了她人性的弱点。

赵德发将瓜瓢和吴春花人性的弱点展示出来，这不是目的，他真正的目的是为了呈现一种立场和态度，这也是鲁迅大师的立场和态度。那就是：哀其不幸，恨其不争！

或许有人会说，遇上瓜瓢的不幸，又能怎样？我们说，长得丑不可怕，遇到不幸也不可怕，可怕的是丧失了自信，丢失了尊严，放弃了底线。如果活得有信心一些，活得有尊严一些，活得有底线一些，真正活出一个人样来，即便相貌丑，即便疤痢眼儿，也会有人主动找上门来，也会有人喜欢，有人爱！因为，所谓爱，所谓真爱，爱的一定是有出息的人，而不是爱没出息的窝囊废！

卷四　史诗展读：大地行吟

  我全部的诗歌
  总是与土地一脉相承
  所有的承诺与追求
  点点渗入泥土的肌髓
  凝结成我的田园与笔犁

——崔俊仁《轻吟土地》

第一章 《缱绻与决绝》：究天人之变

时光进入 1994 年，赵德发的文学创作进入新的发展阶段。此时，他的文学梦想已经点燃了五年的时间，也已经创作了一系列以沂蒙山区为背景的短篇小说、中篇小说和散文随笔。经过一个时期的积累和磨炼，他决定在文学道路上继续掘进，开始创作一部有分量的长篇小说。

1995 年 2 月 1 日，春节过后的第一天，吃过饺子之后，他拿起手中的笔，在一本淡绿色稿纸上写下了"缱绻与决绝"五个字，正式开始了长篇小说的创作。这是他第一部长篇小说，是他最成功的长篇小说，也是被写入中国当代文学史的长篇小说，体现了他为文学创作付出的艰辛努力，也体现了他文学创作所达到的高度。

钟情大地，一部以农夫精神写就的力作

1996 年 9 月，《文学世界》杂志第 5 期刊载著名文学评论家施战军的《农夫本色——〈缱绻与决绝〉读解》一文，对《缱绻与决绝》展开全面解读，认为其创作体现了赵德发的农夫本色，展示了农夫的情不自禁，叙说了农夫在大地上播种的故事。施战军的这一评论，可以说准确地把握了赵德发创作的情感来源、精神动力和创作向度。

第一，对土地独有的感情是赵德发创作这部小说最重要的原因。他说，

"我是在乡间土地里滚大的。我与土地的感情无法用语言说清。"当初,他刚调到县城工作时,看到大街上的"扒路军"扒出那么多黄土都成了累赘,居然产生一个念头,如果能把这些土弄回村里垫猪圈就好了。他第一次进省城时,不是感叹省城里的高楼大厦,而是奇怪为什么看不到土地,那里的所有土地都让硬邦邦的水泥给糊上了。当时他想,这样人还有法子活吗?在那里住了几天,他心里一直惴惴不安,一心想赶紧回来。后来,他住进了城市里,住在了高楼上,但他依然心有不甘,也心有不安。每逢写作一段时间,便有一种强烈的欲望,必须赶紧下楼走走,最好到小区外面的土路上去。到那里漫步一会儿,身与心的疲惫便无影无踪。最初他不明白,后来才领悟:这是接了地气的缘故。这实际上是他作为一个山区的儿子独有的土地情缘。

第二,生命契约形式是赵德发创作这部小说最强大的动力。赵德发后来在《赵德发自选集》序言里回忆道:"我的写作已经有些年头了,也发了一些小说。但我一直感到那些都不是最值得让我投入、不是最能显示我生命价值的东西。那么到底写什么呢?在五年前的一个秋日里我明白了。"那一天,他回老家,与父母说了一会儿话之后,便信步走到村外一道地堰上坐了下来。他的眼前是大片土地,祖祖辈辈赖以生存的土地。那个时刻,他看着她,她看着他,四周一片静寂,就这么久久的,久久的。他在想她几十亿年的历史,想几千年来人类为她所做的争斗。这是一个非常奇妙的时刻,既充满幻觉,又那么真实。赵德发感到,大地顺着他的思路,显示她的真身给他看,让他在恍惚间看到了浸润她全身的农民的血泪。这时他的心头翻起一个热浪,眼泪夺眶而出:"你是希冀着我来写你呀!"就这样,一个契约正式形成。为了这个契约,赵德发决定,把自己的整个生命都押上。他想,如果能把这部作品写出来,死而无憾!

第三,吃苦耐劳的农夫精神是赵德发创作这部小说的最大支撑。赵德发知道,这是一个很大的构想,也是一个非常沉重的题目。那时,他那稚嫩的笔杆子,一时担不起它的重量。没有任何捷径可走。唯一的办法是好好积累，好好磨炼。从那时起，他开始了多方面的准备：一是搜集素材，二是学习理论，三是看大师的作品。他下定决心，不写便罢，要写就写成同题材中拔尖的。这是怎样一种决心，怎样一种气概？赵德发曾经追忆："三四年的准备，三四年的构思，1994年秋天，作品的主人公——一个一只脚大一只脚小的农民一歪一顿地在我眼前出现了，他的身后接着出现了一群。小说从1927年写到现在，跨度太大，一直让我不知所措。当我在这年冬天去广西参加笔会回来，在桂林飞往上海的飞机上，俯瞰傍晚正在阴阳交割之中绵绵的山、茫茫的地，我一下子捕捉到了写这部长篇应有的感觉，并找到了解决结构问题的钥匙。"

创作这部小说，赵德发几乎用了整整一年的时间。这一年究竟是怎么过来的，连他自己都觉得有些不可思议。因为，那时候，他并不是全天候创作，而是要主持市文联的工作，写作只是利用业余时间，一般都是用双休时间。那一年，为了文联的生计和生存，他和同事还日夜奔波，从事房地产开发——盖大楼。

没有真情的投入，就没有感人的作品；没有艰辛的努力，也就没有非凡的成果。《缱绻与决绝》之所以能够取得成功，根本上就在于他对大地的那一份钟情，在于他以农夫精神所坚持不懈的付出与耕种。

直面沧桑，一部究天人之变的力作

"土生万物由来远，地载群伦自古尊。"——这是赵德发写在《缱绻与决绝》卷首的一副对联。这句话既是国人对土地与人类关系的朴素认识，也昭示了这部小说的文心基点和创作向度。赵德发正是基于对中国农民生存状态和命运的关注，基于对人类与土地关系的考察与理解，基于对近百年来中国农村政治经济生活的了解和体察，创作出了这部沉甸甸的力作。

《缱绻与决绝》的创作，应该看作是赵德发文学创作道路上的一块里程碑，一个大的转折点。这不仅仅是因为《缱绻与决绝》是他的第一部长篇小说，作品本身又充分显示出他驾驭长篇小说的功力，且预示着他的文学创作进入长篇期，更主要的是这标志着，赵德发已由一般意义上的乡土小说作家向"人类学家心灵和头脑"的哲理乡土作家转变；他心灵和笔触的焦点已由关注乡村个别人物、典型事件向关注乡村人类群体、必然事件过度。当然，这一转变有一渐变过程，是他多年思考和创作积累的结果。一个不是哲人思想家的作家，一个单纯以形象思维的方式观察和反映生活的作家，终其一生可能只会成为一般的写家、艺术工匠，难以成为大家、大师或巨匠。尽管词语崇拜者马拉美坚持"作家不是用思想来创作的，而是用词语"，但词语毕竟只是楼房的建筑材料。要知道，思想，只有思想——设计图纸——才能使建筑材料成为楼房，思想能使词语的石头成金。赵德发的成功之处在于他在灵活使用乡土文学语言丝毫不损害文学作品艺术形象的同时，把作为人类学家的思想自然而然地灌注作品之中，使其具有一个富有沧桑感的灵魂，从而增加了作品的厚度和含金量。

《缱绻与决绝》是载道的。它是哲理化的乡土小说，因此它的道是成系统的，仅仅认为他只是形象地阐释了人与地的关系，是不太全面的。事实上，赵德发所阐释的是天、地、人之间的完整关系。可以肯定地说，天牛、天牛庙在小说中以背景物和生活舞台出现，肯定是有所象征的。那寓意就是天，这个天并不仅是自然的天，而是社会的天，用毛泽东的话说叫"目前的局势"。小说实际上反映的是典型形势环境（天）下，典型人物与土地的关系。当然，土地也是典型人物赖以生存的环境之一。由于土地直接决定着人的生活状况，因此，地便格外突出，与天和人构成三角关系，从而形成一个比较完整的乡村社会区域。在这个社区里，天是一个充满变数的令人吃惊的天：西方入侵，晚清新政，辛亥革命，农民运动等。这些从天而降的"天牛"虽由外界而来，但与土地相撞击，在当地产生着广泛而深刻的影响。人们为"天牛"立庙，足见外界形势对本地的影响和侵蚀。天牛庙在该社区的作用，实不亚于北京的天坛。这些天外来客，严重地冲击和左右着小农经济的发展。同时，这时的土地，也已经不是以前的土地，人口增长，城镇化的推进，土地数量的相对减少，土地神改变本质偷偷调戏妇女。这对靠天吃饭，以土地为生的农民提出了严峻挑战。中华传统文化自古就有"天时地利人和"之说，无论干任何事情，要上得天时，下得地利，中有人和。然而，进入近代社会，长期以来中国农民是既不得天时地利，又难得人和，因此也就不可避免地如庞岸先生在《如何缱绻怎么决绝》中分析得那样："中国农村及广大小农在社会运动、政策整合、经济发展、时代变迁的巨大变革面前，一方面仍然执着地温习着对土地占有的梦想，这种缱绻缠绵之情已成为中国小农集体情结，并形成巨大的惯性，对乡村的发展起着重要的规定性；另一方面，中国的小农又在巨大的社会发展过程中无法把握自身的命运，被迫而又无奈地走向乡村土地的祭场。"这便是"缱绻与决绝"所展示的道及其巨大的悲剧力量。

匠心雕龙，一部实至名归的扛鼎力作

《缱绻与决绝》初稿是 1996 年 1 月 1 日完成的。同年 5 月，其第一卷在《大家》1996 年第 5 期发表。同年 12 月，小说由人民文学出版社正式出版。

同年 5 月 30 日，由人民文学出版社、山东省作家协会在北京文采阁联合举办《缱绻与决绝》研讨会，研讨会由何启治、魏绪玉主持，林为进、蔡葵、白烨、牛玉秋、陈骏涛、胡德培、何西来、张志忠、雷达等专家和评论家先后发言，对该书给予了高度评价。

这部作品在得到广为好评的同时，还获得诸多奖项，1998 年 2 月获得山东省第四届精神文明建设"精品工程"文学作品奖。

同年 4 月，在《作家报》邀请全国 196 名作家、学者评选的"1997 年全国十佳小说"中，《缱绻与决绝》位列长篇小说第一名。同年 9 月，《缱绻与决绝》入围第五届茅盾文学奖，为 25 部候选作品之一。

《缱绻与决绝》为何会获得如此好评，为何会获得这么多奖项，又为何被写入当代文学史教材？主要原因大致有三个方面：

第一，它在文学史上的历史承继性——这体现了作者的贡献和作为。进入新时期以来，当代文坛出现了以《古船》和《白鹿原》为代表的优秀现实主义作品，但这种作品并不多见，而且一度出现后继乏人的局面。《缱绻与决绝》的出现，一举打破了这一局面。它沿着张炜、陈忠实开创的当代农村题材新现实主义道路，继承了他们的优良传统，形成了当代农村题材优秀长篇小说创作的链条。著名作家白烨在《缱绻与决绝》研讨会上指出："在当代小说中，《缱绻与决绝》是继《古船》《白鹿原》之后最重要的一部作品。"

第二，它反映内容的史诗性——这体现了作者的责任和担当。作品所写内容，不是一个时段，不是一个局部，它涉猎上下长达百年，是中国农村社会的一个缩影，是近百年来中国土地的变迁史，是中国农民命运的发展史。蔡葵在《缱绻与决绝》研讨会上称赞说："它具有史诗和百科全书一样的风格。"它的内容非常厚重，正如《缱绻与决绝》研讨会发言纪要所概括的那样，它是"一部像土地一样浑厚凝重的力作"。该书在人民文学出版社出版时的责任编辑胡玉萍认为，它是"农村变迁史的一幅长卷"。

第三，它塑造人物的鲜活性——这体现了作者的功力和水平。《缱绻与决绝》塑造了一大批生活于这片土地的人物，他们个性鲜明，有血有肉，给人留下了深刻印象，让人过目难忘，极大地丰富了当代中国文学农民人物群像。特别是一大脚一小脚的形象、绣绣的形象、费文典的形象，可以说是他的人物标签和代表。评论家翁寒松曾指出："作为写农村题材的作品，小说堪称最优秀的经典作品之一，它对中国农村人物的刻画是生动、成功的，也是成熟、准确的，就像陈年的酒禁得住细品，就像略带潮湿的大树可以长久地燃烧，再燃烧。以这部小说的问世为标志，中国文学界获得了文学艺术的光荣，也获得了社会哲理的光荣。"评论家陈志强也曾在《文学报》发表文章，认为《缱绻与决绝》"为中国农民立此存照"。我们看到，这"存照"写照着中国农民的精神风貌、岁月刻痕和百年沧桑。

第二章 《君子梦》：究伦理之变

《君子梦》是赵德发的第二部长篇小说，也是他"农民三部曲"的第二部，再版时曾改名《天理暨人欲》，是第一部的延伸和发展。如果说，《缱绻与决绝》主要写农民与天地人的关系问题，是经济问题，是百年农民的命运史；那么《君子梦》主要写农民与社会的关系问题，是道德问题，是百年农民的心灵史。

为什么要写这部小说？从自发到自觉的创作/文化反思精神的深化/内心渴望的呼唤。

赵德发早在写作《缱绻与决绝》的时候，便萌生了创作《君子梦》的念头。1995年12月31日夜晚，他阅读《台湾农村的黄昏》一书，产生了创作"农民三部曲"的想法。因《缱绻与决绝》写的是"农民与土地"，计划另两部分别写"农民与道德"和"农民与政治"。

赵德发介绍第一部长篇小说《缱绻与决绝》时说："这部作品打最后一个句号的时间是1996年的元旦。这天夜里，我思考着我的这本书，突然感觉到对于农村、农民的表现，我应该，也完全可以继续做下去。《缱绻与决绝》写的是农民与土地，我可以再抽两条线，再写两部长篇，这样合成

'农民三部曲'，全面而深入地表现20世纪中国农民的历程。"

为了创作这部小说，他做了大量准备工作，也花费了很多心血。1997年3月12—25日，他按山东省作家协会安排到省作协文学创作基地青州市北关村体验生活，开始为创作长篇小说《君子梦》积累素材，同年5月10日，正式动笔开始创作。1998年3月27日，他又去五莲县公家沟体验生活，9月17日专门到曲阜采访。其间，他拜访曲阜师范大学孔子文化研究院骆承烈教授等，回程途经临沂，又到临沂市档案馆查阅有关档案资料。1999年4月18日，他完成长篇小说《君子梦》初稿。

赵德发花费如此大力气创作这部小说的内在动因是什么？1998年12月，大型文学杂志《当代》在第6期发表其第一卷时的"编者的话"或许能寻找到某些答案。

编者说："作者赵德发是个写农村的高手。《君子梦》，是他的'农民三部曲'的第二部，而第一部《缱绻与决绝》，则名列'1997年全国十佳小说'中长篇小说的榜首。

"由于世情变迁，农村题材小说不被看好，而能在此坚持并取得瞩目成就的便格外显得不易。

"赵德发的成功之处在于通过写农村而对我们的文化进行全面反思。《缱绻与决绝》反思的是农民与土地的关系；而'缱绻'与'决绝'恰恰是半个世纪以来，农民在对土地的态度上发生的巨大变化，《缱绻与决绝》正是农村历史与农民命运的真实写照。

"这部《君子梦》，反思的是农民与道德的关系，其实也就是中华民族与儒家文化的关系。"

由此可以看出，赵德发之所以创作这部小说，与他对中国文化的深度反思精神有关。

赵德发自己曾介绍说，《君子梦》创作的契机，是自己注意到在中国农村的漫长岁月里，一些优秀农民在苦耕勤种以求温饱的同时，也在不懈地做着道德方面的追求，传统的伦理道德，尤其是儒家的一些主张，在深深地影响着他们,规范着他们的言行。许正芝就是他们的代表……他的嗣子许景行是他的精神的继承者,但他所处的时代变了。面对着史无前例的"文化大革命",他联想到嗣父向他讲的"千古圣贤只是治心",于是自觉地带领全村人"斗私批修",建设"公字庄"。那种真诚,不能不令人深思。总之,他们父子俩是两代君子,他们的形象有光辉的一面,也有反人性的一面。

在《君子梦》创作谈《永远的君子 永远的梦》一文的最后,赵德发写道:"尽管不能人人都做君子,但社会还是多一些君子好。我想喊这样的口号:君子万岁!众人百岁!小人十岁!当然,这又是一个梦。"这是赵德发的一个希冀,也是来自心灵的一个呼唤。

这部作品究竟表达了什么?心灵家园的守望/揭示君子之道的悖论/永不放弃的梦想。

赵德发始终以农民守望者的姿态,卓立于当代文坛上。在《缱绻与决绝》里,他守望农民赖以生存的土地;在《君子梦》里,他试图守护给人慰藉的心灵。

中国作为一个农业大国,农村是一个非常重要的社区,而农村社会的伦理道德问题,也始终是困扰人们的一大课题。千百年来中国农村遵循的是儒家文化的孔孟之道。孔孟之道作为传统社会伦理道德的代表,长期被治人者奉为法典。它们作为一种天生深恶肮脏的、丑恶的东西的感情,作为对仁、义、礼的追求,对加强人性修养,维护社会正常秩序,特别是乡村治理秩序,确实起到过积极的进步作用。但是它们作为调节和约束人们行为的律条,有时像极端苛刻的法律一样,严重限制着人的发展,制约着人对自由和尊严的追求。孔孟伦理道德就是这样把人们置于悖谬的境地。人们既想遵从它合理的成分,又试图砸烂它的桎梏。

《君子梦》正是从解放前农村宗法社会盛极而衰的时代开始，通过对鲁东南沭东县律条村近百年发展变迁，特别是人们伦理道德演变的描述，揭示了人们的这种悖谬状态，并以形象和事实宣告了"道德理想国"的破灭。作品主人公许正芝是位传统伦理道德的代表，是传统利益的维护者和实施者，他借鉴先人"半部《论语》治天下"的经验，试图用一部《呻吟语》感化众生，把律条村建成他心中的"道德理想国"。然而，此时，作为孔孟伦理道德所赖以存在的社会经济基础逐步瓦解，而且恶作为善不可缺少的对立面的长期存在，最终决定了他的努力成为一种徒劳，呈现出一种悲剧性结局。因为，近代社会不再需要孔孟之道这件"中华民族幼年时期的漂亮衣服"，而是呼唤新的伦理道德，呼唤新的《论语》和《呻吟语》。完全寄希望于君子，完全寄希望于儒家伦理道德，只能是梦想，远离中国农村的现实。这就是《君子梦》的巨大思想内涵。这一内涵不仅对文学家有启示，对社会学家也有重要的参考价值。

但是，这绝不意味着，在道德追求上，作者持虚无主义态度。他的潜在寓意是，优秀传统伦理道德，需要完善，需要继承；新的时代，也要建立新的道德伦理规范；在强化伦理道德建设的同时，千万不要忘记法制建设和法律的规范。

这部作品有何思想艺术成就？广阔的视野和站位/直抵内心矛盾和纠葛/中国特色的魔幻现实主义。

《君子梦》1999年12月由人民文学出版社出版后，立即在文坛引起强烈反响。

2002年7月20日，由山东省作家协会、人民文学出版社联合举办的赵德发长篇小说《君子梦》研讨会在济南举行。与会人员对其给予充分肯定和高度评价。

2002年10月,《君之梦》获得山东省第五届精神文明建设"精品工程"奖,赵德发同时获得1998—1999年度"山东省十佳文艺工作者"称号。2003年3月,《君子梦》与《缱绻与决绝》同时获第三届"人民文学奖"。一名作者在同一个奖项中两部作品获奖,这在人民文学奖历史上为数不多。2003年,《君子梦》获得首届"齐鲁文学奖长篇小说奖"。

《君子梦》为何会获得如此好评?根本上取决于他的思想内涵和艺术特色。如果说,《缱绻与决绝》是扎根于沂蒙大地上的一棵高大挺拔的白杨的话,那么,《君子梦》可以看作是生长在这块土地上散着幽香的君子兰或夜来香。品高、深邃和神秘,是它最突出的三大艺术特色。

所谓"品高",是指其站位立意高远。通俗上理解,长篇小说的基本要义在于,"大处着眼,小处下笔,往深里说说"。《君之梦》通过来自沂蒙山区律条村的故事,成功地展示了农民与道德这一既是历史性,又具现实性的大问题,并试图给这个既异常复杂,又充满悖论的问题一个形象的答案。在《君子梦》研讨会上,文化学者牛运清指出:"道德是一个永恒的主题,是一个老话题,《君子梦》在触及这个问题的时候,有着自己独到的思考和追求。"应该看到,赵德发对这个问题的反映和揭示,不是局限于一时一地,而是站在几千年历史高度,站在整个中国农村的纬度上来思考,来分析,来反映。这也就决定了它思想的高度和品质。

所谓"深邃",是指其思想内容深刻。从大的主题上来看,它不是反映和研究问题的浅层和表面,而是从深层次、根本性、关键性上看问题。该书责任编辑胡玉萍在《完善道德人格的君子梦》一文中对此曾做出深刻分析:"《君子梦》是一部从历史渊源和深层的文化心理积淀中探讨道德与人的关系、道德自身困境的作品,在这一层面的探索上它达到了独特深邃和独树一帜的境界。"从具体写作手法上来看,它不是仅仅满足于对人物言行的刻画,而是更注重心理活动的描写。对于伦理道德问题,直面对心灵的拷问,直抵人物内心的矛盾和纠结,从而既强化了作品的思想内涵,又极大地增强了作品的艺术感染力。

所谓"神秘",是指其艺术色彩玄幻。它艺术上最大的成功之处在于魔幻现实主义手法的运用,无论是对雹子树的描述,还是对"蚂蚱"死去活来的展示,都承接了《缱绻与决绝》中对"天牛"的描写手法,具有强烈的魔幻色彩。重要的是这种魔幻符合推理的真实,譬如对只有遇冰雹侵袭过雹子树才会焕发生机的描写,完全符合园林里必须养狼鹿才能强壮的理论。而且这种魔幻色彩放在传说众多、对鬼神半信半疑的中国农村大背景里,显得十分真实,没有任何外来色彩和嫁接痕迹,是地地道道的中国故事,也是地地道道的"中国货"。

第三章 《青烟或白雾》：究时政之变

《青烟或白雾》是赵德发的第三部长篇小说，也是他"农民三部曲"的收尾之作。

早在1998年9月18日，他便对该书进行了构思，初步确定书名为《青烟或白雾》。

"谁家祖坟冒青烟？"自古以来，"青烟"就是一个具有特殊含义的词，它与发达、与仕途、与政治相联系，有俗约而成的既定内涵。赵德发之所以取这个书名，既有形象上的寓意，也有形而上的思考。

这部书从1999年6月13日开始创作，到第二年5月7日创作完成，历时近一年。2000年12月，该书由人民文学出版社出版。该书的出版，不是以单行本的形式，而是将"农民三部曲"《缱绻与决绝》《天理暨人欲》（原名《君子梦》）和《青烟或白雾》一并出版的。该丛书封底推荐语写道："厚重文化背景下的新奇故事，一方美丽水土上的生动人物，对深刻主题的诗意表达，农民三部曲——堪称田园之绝唱。"可见人民文学出版社对这三部书的高度认可和极端重视。

《青烟或白雾》出版，标志着赵德发完成了"土地三吟"的庄严使命。"农民三部曲"从不同侧面真切关注中国农民的生存状态和命运走势。按照作者的介绍和评论界较为一致的观点，《缱绻与决绝》反映的是农民与土地的关系问题，《天理暨人欲》反映的是农民与道德的关系问题，《青烟或白雾》反映的是农民与政治的关系问题。如果说,《缱绻与决绝》旨在把脉天人之变,《天理暨人欲》旨在把脉人伦之变,《青烟或白雾》则将考究的重点集中体现在政治上,旨在把脉时政之变,揭示了特殊政治在生命中的不可承受之重,也形象地反映了其在历史发展中的过眼烟云之轻。

《青烟或白雾》帮助读者形象地追忆了那段特殊的历史,客观上引导人们对当年一系列政治运动进行深刻反思和自省。

作品通过对鲁南平州地区山邑县支吕官庄农民妇女吕中贞在无从把握的政治大潮中,痛失真爱,甘心受辱,自觉不自觉地追逐权力,一步步攀上权力的高峰,最后又被权力无情抛弃的人生经历的艺术再现,深刻地触及了政治这个沉重话题,令人掩卷长思。可以说,历史的青烟虽已散去,思索的白雾长绕心头。

作品触目惊心地再现了过去五十年不同时期的特殊政治,引导人们对那段特殊历史进行追忆和反思。《青烟或白雾》的出现,再次勾起人们对那段历史的回忆。它以现实主义的笔法,把对"四清""文革"的描写和反思推向了极致。山邑县的"四清""文革"是全国的一个缩影,也是它们的真实面目的再现。在这里,我们真正认识了什么是"四清",什么是"文革"。读后,让曾经经历过的人们有了更深刻、更彻底的认识;让没有经历过的人们有了最初步、最真实的了解。它几乎让所有的人对那段历史进行回忆和思考。应该真诚地感谢作者。因为,对伤痛的回忆,是为了帮助我们不再被伤害;对罪过和罪恶的回忆,是为了对它们进行更好地反省和避免。在回忆中,曾经体验过的痛苦和欢欣会得到强化,曾经闪现过的思想和希望会得到升华。

《青烟或白雾》真实生动地塑造了一个个权力追逐者的悲剧人物形象，客观上引导人们对人生价值观念进行深入思考。

中国有句俗话："做官一时，强似为民一世。"这一说法，长久以来被人们奉为普遍价值准则。在官本位的社会里，做官情结，一直萦绕在一代代农民心里，哪个家族都希望自己的祖坟上能冒出青烟，出几个光宗耀祖的大官。支吕官庄的人们也不例外，因为祖辈曾出过一个大官，这里的人做官情结也更为突出、更为严重，几乎人人都想搭一下做官的独木船。然而，对权力的追逐，并没有给他们带来真正意义上的幸福，相反，一个个被推向了痛苦的深渊。作品主人公吕中贞是这方面的典型代表。她原本是一个纯真美丽的农村姑娘，对生活和爱情有着自己美好的向往，然而，当政治大潮汹涌而起时，她被自觉不自觉地推进了政治的旋涡，踏上了追逐权力的不归之路。为此，她失去了真爱——因说话不注意出卖了支明禄；失去了做人最基本的良知——诬陷工作组成员江妍和巴一鸣；失去了做人的真诚——为了出名不惜在发言时夸大其词；失去了做人的方向——糊里糊涂地上了穆逸志造反的贼船；失去了贞操——为了职位不惜忍受冯谷南的奸污。付出巨额代价后，虽然一度达到了做官的目的，但是最终还是从权力的巅峰上被狠狠地摔了下来。可以说，她的一生几乎没有任何幸福可言。作品中的其他很多人物，也是权力追逐的牺牲品。江妍对官位有一种献身情结，一心想找个大官，结果"宏愿未了身先死"；穆逸志呕心沥血追逐权力，到头来落了个"茫茫大地真干净"；冯谷南为了权力出生入死，最后开枪自尽。人们追逐权力，本意是为了权力能够给自己带来幸福，为什么最终都成了失败者？反思这一人生话题，我们看到，除了特殊时期虚假政治的不可预测性和不可把握性外，很重要的一条，就在于这些人追逐的是治人之权。记得高尔基曾说过："世上再没有比治人之权更卑鄙的毒素了。"对治人之权的追逐，必然以牺牲别人的幸福为代价，自然自己也就绝对不可能从中得到真正意义上的幸福。对仕途上的人来说，应该追求为他人谋福之权；对大多数人来说，不应该追求治人之权，而是应该追求做人的权利。这是我们深入思考得出的结论。

《青烟或白雾》满怀热情地描写了新一代人的理想和追求，客观上引导人们对政治文明建设进行深入思考。

"沉沉百年权力之梦，一朝觉醒，石破天惊。"《青烟或白雾》的下卷，描写的是新时期以来的农村生活，它虽然没有上卷厚重，但是它代表了全书的创作向度，是赵德发对社会、对政治、对农民未来命运深入思考的结晶。在这里，作者以吕中贞的儿子白吕为主要人物，展现了他作为新一代人的人生理念和不懈追求。作品以支吕官庄村民委员会换届选举大会隆重举行，饱受屈辱和苦难的吕中贞满面春风为大结局，寄托了作者的民主政治理想。的确，虚假政治的完结、为官情结的被唾弃，仅靠农民个体思想道德的自觉、人生观念的转变是远远不够的，还必须从法制和民主两个方面寻找治本之策。唯有加强政治文明建设，才能打破百年噩梦，这是历史的必然选择。这是赵德发给出的答案。

《青烟或白雾》以一个极其深刻沉重的话题为"农民三部曲"画上了一个圆满的句号，客观上引导人们对百年中国农民命运做终极思考。

第一，"农民三部曲"是社会大变革时期的一个宏大制作。赵德发在《青烟或白雾》后记《土地三吟》中，明确阐述了他的历史站位。他思考和反映的是世纪之交的问题，是农业文明和工业文明交替的问题，是中国农民的命运和走向问题。

"一二十亿农民站在工业文明的入口处——这就是20世纪下半叶社会科学提出的问题。"

赵德发的贡献在于，社会科学家提出的一个事关千年的大问题，他以文学家的角度给出了自己形象化的解答。

第二，"农民三部曲"是当代文坛不可多得的宏大制作。赵德发的这三部作品，总字数达到120万字，从经济到道德到政治深刻展示中国农民的百年命运和沧桑，在当代中国文坛具有广泛的影响，并占有一席之地。

《缱绻与决绝》《君子梦》曾同获第三届"人民文学奖"，《君子梦》还获首届"齐鲁文学奖"，《青烟或白雾》获得山东省第七届精神文明建设"精品工程"奖长篇小说奖。"农民三部曲"还入选中央文明委等单位组织的"万村书库工程"，由人民文学出版社再版。

中国作协书记处书记、著名评论家吴义勤曾在《当代作家评论》发表《难度·长度·限度——关于长篇小说文体问题的思考》，对赵德发的"农民三部曲"创作付出的艰辛和劳动，以及对当代文学的贡献给予高度评价。

第三，"农民三部曲"是充分显示赵德发创作实力的宏大制作。赵德发曾说，"农民三部曲"的创作，是他"一个很大的野心"。经过多年的艰苦努力，他让"野心"变成了现实。这一方面证明，他是一个"言必信，信必行，行必果"的人；另一方面也证明，他具备兑现诺言，实现"野心"的实力和能力。著名作家张炜在《山东文学的功勋人物》一文中指出："德发的创作实力，是通过系列长篇小说'农民三部曲'（《缱绻与决绝》《君子梦》《青烟或白雾》）全面展现的。这三部作品在人民文学出版社出版，前两部还发表于重要文学刊物，很快在阅读界产生了广泛影响。德发几乎每完成一部作品都让我先看，令我阵阵惊喜。他毕十年之功，完成了对中国近百年农民生活、农村现实的广泛观照和深沉反思，气势恢宏，视野阔大，底蕴深厚，在当代长篇之林中显得十分突出。"这些话，绝不是赞美之词，而是张炜发自内心的客观评价。

第四章 《震惊》：究灾氛之变

《震惊》是赵德发继"农民三部曲"（《缱绻与决绝》《君子梦》《青烟或白雾》）之后的第四部长篇小说。由于它表现内容的特殊性，似乎游离于"农民三部曲"之外，但是就其探究问题的角度来看，也有一些关联之处。如果说，《缱绻与决绝》是究天人之变，《君子梦》是究伦理之变，《青烟或白雾》是究时政之变的话，《震惊》则是侧重究灾氛之变。灾氛，指不祥之气；灾异的征兆。

赵德发写作《震惊》，缘于他当年对"地震慌"的记忆。1976年唐山发生震惊中外的7.8级大地震，24万人在地震中丧生，成千上万的伤员在废墟中呻吟。由于余震不断，在全国许多地方引发了过度反应，对地震的惊恐情绪笼罩全国。赵德发所在的临沂地区位于郯庐地震带上，属于国家地震重点监测地区，那里的人们更是人心惶惶，家家都在地震棚里睡觉，人人觉得大难临头。这导致人际关系发生了诸多改变，人性有了种种扭曲，发生了一些平时不易发生的事情。2002年，他根据这段经历写出了这部小说。

2003年3月，《震惊》由山东文艺出版社出版；5月，在《中国作家》2003年第5期发表。2004年5月，《震惊》获2003年度中国作家"大红鹰集团杯"文学奖长篇小说奖。

《震惊》以20世纪70年代中叶的大地震为时代背景，以鲁南地区沂东县池家庄子村叶从喜及其一家人为之实现大学梦的追求和叶从喜与池明霞的爱情故事为主要线索，生动真实地再现了那个时代特殊的社会政治经济环境和多灾多难的农民生活，有力地鞭挞了"文革"后期政治的动荡，特别是被人为扭曲的教育制度。大量罕见的生活资料和触目惊心的描写，为人们打开了一个既曾熟悉又十分陌生的世界。如果说，"农民三部曲"体现了赵德发农村题材创作的丰厚和博大的话；那么，《震惊》则体现了他对农民命运的关注的真切和深刻。就反映生活的深刻和彻底程度而言，《震惊》是当代文坛农村题材文学和反思"文革"文学不可多得的力作。

《震惊》深刻而鲜明的主题，显示了作品沉甸甸的质感和分量。

作品的基本主题，在于对"文革"时期某些黑暗现象的形象揭露。这一主题在其他作品中并不罕见，但是赵德发赋予它更大的力度，使它在更形象、更真实的同时，也更加彻底和触目惊心。池长耐作为池家庄子的书记，早已背离了一个党员干部的最基本守则。作品对其政治流氓嘴脸和卑劣行径进行了着力刻画和塑造。他是村里的土皇帝，村中大事，几乎他一个人说了算，为数很少的大学生推荐名额，他说给谁就给谁，先是给自己的近亲，近亲照顾完了，谁家姑娘和自己上床就答应给谁家的人；他是个地地道道的流氓，三天两头地睡村里的姑娘，有时甚至胆大妄为到不顾任何廉耻钻进人家的防震棚里发泄淫欲的程度；他还是个十恶不赦的大恶霸，季老三妨碍了他的"好事"，他居然用强行往耳朵里灌蜡的卑鄙手段整治老人。作品对其进行了无情揭露和鞭挞。黄海沿岸和苏鲁交界处，地质活动比较活跃，是我国重点防震区之一，作者独具匠心地把地震作为大背景来写，不仅符合历史的真实，而且有着极为深刻的含义。多震的岁月，恰恰是中国人民多灾多难生活的真实写照；"三天一小震，十天一大震"，既是"文革"后期社会政治动荡不安的真实反映，也是大治前大动乱历史规律的科学预言。

《震惊》强烈的悲剧意识，使作品充盈着巨大的震撼力量。

"悲剧就是把美好的东西毁灭给人看。"《震惊》之所以令人震惊，具有震撼人心的力量，就在于它生动鲜活地展示了对美好事物毁灭和践踏的巨大悲剧。叶从喜本来是个善良聪明、好学上进的好青年，他和他的家人拥有一个美好的理想，就是像池长耐家的近亲一样能够上大学。那时要想上大学，靠的不是学习成绩，而是和队长家的关系，无奈他们和队长家没有天然的近亲关系，只能靠后天培养。在池长耐"你想上我的大学，我先上你家的床"的潜规则下，这一美好理想遭到了无情的蹂躏和践踏，并最终走向破灭。先是叶从喜的姐姐为了能够实现弟弟上大学的梦想，不惜以出卖身体、毁掉自己的一生幸福为代价，换得池长耐的口头许诺；后是叶从喜为了这一梦想，在思想极度矛盾的情况下，被迫和池长耐又老又丑的老婆萝卜花保持不正常的男女关系。最为可悲的是，他们的这些努力，到头来都化为泡影。池长耐在把叶从喜的姐姐搞怀孕，使她不得不临时嫁人之后，又睡了同样怀揣上大学梦想的叶从红，然后又把空头支票给了她；而萝卜花也没有给叶从喜带来任何实质性帮助；最后，在大地震来临之际，叶从喜彻底绝望的姐姐把池长耐推下了山崖。就这样，一个美好的梦想毁灭了，叶从喜的完美人格毁灭了，姐姐的一生毁灭了，叶从红的青春也毁灭了，那个专制政治制造者和参与者池长耐的生命也因此毁灭了。在另一条线索里，叶从喜和池明霞演绎了美好纯真的爱情故事，他们有着对美好爱情和美好生活的共同向往和追求，然而，他们的故事最终也以失败和毁灭而告终。池明霞这位美丽善良的姑娘，尽管深深地爱着叶从喜，叶从喜也深深地爱着她，为了保持他们爱情关系的纯真，她多次克制自己，拒绝叶从喜的心理和生理要求，始终没有提前把自己奉献给心爱的人。不曾料想，面对大地震即将来临的动荡局势，两个丧失人性的青年强奸了她，她感到无脸再活下去，跳水自杀。这又是一出巨大的人生悲剧，毁灭的不仅是池明霞的生命，还有她和叶从喜的真挚爱情和全部梦想。正如作品简介中所说的那样，这些巨大的人生和社会悲剧，"让我们对自然、生命以及人生种种命题不得不做出深沉而严肃的探究和思考"。

《震惊》成熟老到的艺术手法，折射出作者的非凡功力。

赵德发是描写农村生活的行家里手,因为他对农民生活太熟悉了,他的生活积淀太丰厚了。自然,《震惊》采用了他最惯用的自然朴素的表现手法和"清水出芙蓉,天然去雕饰"的语言。在作品中的很多地方,他甚至采取了自然主义的一些表现手法,像池长耐与叶从喜姐姐的不正当关系,像邴寡妇的自由和放浪,像叶从喜和萝卜花的无奈交媾,等等。在这里,他保留了生活的本色,表面看来,好像不需要特别的艺术加工,只是忠实地记录下来就足够了。"学问深时意气平,精神到处文章老。"可以说,没有多年的修炼,绝对达不到这般炉火纯青的程度。在作品里,赵德发还采用了另一种白描手法,轻轻眉,淡淡妆,描山绘水,表情达意,特别传神。像他对叶从喜与池明霞初恋的描写:"她露着小白牙向你一笑。她眨着小毛毛眼向你一瞥。她那小辫儿一甩。她的小腰儿一扭……美姿娇态,纤形丽影,无时无刻不向你重现着,生动着。"真是如在眼前,活灵活现。尤其他那关于池明霞称叶从喜为"有些人"的既娇嗔又含蓄的叫法,体现着大家圣手的非凡功力,令人拍案惊奇。

卷五　文化反思：信仰之光

　　钟声　经书　木鱼　檀香
　　是寂寥中的福祉
　　每一句精粹
　　每一次叩头与跪拜
　　都让大地为之震颤
　　合掌，便是世上最美的双手

　　　　　　——张海梅《复活的经典》

第一章 《双手合十》：考察世道人心

2004年，赵德发继"农民三部曲"（《缱绻与决绝》《君子梦》《青烟或白雾》）和《震惊》之后，又推出了一部长篇力作——《双手合十》。这部作品以当代汉传佛教为题材，重在考察世道人心，关注当代人心灵的痛苦与救赎。与作者以前的作品相比，它是一部全新的著作，从农民到宗教，从土地到文化，代表着他的创作开创了新的境界，达到了新的高度。

虔诚问道，勇于突破，一部用宗教情怀写就的"跨界"和"转型"作品。

《双手合十》从采访到写作，历时五年才最终出手，是赵德发的呕心之作，也是一部难产之作。这部著作的完成，体现了赵德发的勤奋好学精神、勇于突破精神和潜心修行精神。要知道，赵德发并不是一个佛教徒，他对佛教知识原本知之甚少。要实现"跨界"和"转型"，绝非易事。这部著作的字里行间，无不浸透着他遍访佛教名山时的心血，浸淫着他饱读佛教经典时的静美，让人深深地感受到他的虔诚，他的投入，他的努力。

这部著作的灵感，也是来自一次阅读。2003年10月7日，赵德发夜读凌波居士的《向智识分子介绍佛教》一书，灵感突然来袭，产生了写一部反映当代汉传佛教小说的想法。小说最初拟名为《金刚》,后定名为《双手合十》。10月14日,他阅读中国广播电视出版社出版的《中国思想宝库》,这一想法得到强化和深化,准备先写佛教题材的《金刚》,然后再写一部道教小说,并称"佛道姊妹篇",与长篇小说《君子梦》合成"传统文化三部曲"。有了想法,就有了行动。随后,赵德发有意识地开始了对佛教的采访和考察活动。

> 累世修得凡尘身,敢挥拙笔临佛门。
> 东奔西走访衲子,南海北岳习梵音。
> 芙蓉山顶僧指月,清凉谷畔尼剪云。
> 书成呼友喝茶去,解得禅味有几人?

赵德发写在《念佛是谁》开篇的这首诗,形象地描述了他创作这部书的经历和心境。

那年10月17日,赵德发应邀到五莲山光明寺与觉照法师商讨如何挖掘五莲山佛教文化之事。当日在寺中借宿,真切体验到了佛教文化的魅力。他在散文《光明寺的半边月亮》里,记录过当时的情景:"至光明寺是十二点整,法师早已准备好六个素菜招待我们。我们边吃边谈,光明寺地藏殿考证事,阿掖山废寺修复事,一碗米饭下肚,话题也差不多说了个明白。饭后至方丈室喝茶,我看着那一橱经书,心中忽然一动,便向法师提出能否在寺中借宿一晚,法师立即点头应允。"那一夜,光明寺的半边月亮,清澈了他的心,浸入了他的梦。

10月25日,赵德发到五莲县采访当过和尚的汤姓老人,以及五莲县政协原主席王丕合、潮河唐运宽老人,他们都熟悉当年的光明寺。同时,开始大量阅读佛教书籍。

此前,他曾到过五台山参加活动;随后,他和妻子杜翠娟先后到杭州、宁波、普陀山、绍兴等地参访寺院。他还独自一人,南下扬州、镇江、南京、九华山等地参访寺院，实地进行采访和考察。

这种采访和考察特别不容易。要想了解那个陌生而幽深的领域，充分地占有素材，靠走马观花不行，靠记者式的采访也远远不够，赵德发尽量让自己成为寺院的一分子，和僧人们"打成一片"。他去南方一座佛教名山，那儿当时正办着一个文化节，如果到组委会报到，肯定会有优厚待遇，可以住星级酒店，出席一些庆典活动。但当时他想，那样的话，只能得到一些浮光掠影的东西，非自己所愿。于是，他隐瞒自己的作家身份，冒充居士悄悄住进一家寺院，早上四点即起，随僧人们一起上殿做早课。当地电视台直播文化节开幕式盛况的时候，他正在一个小小的寮房里向一位老僧请教佛学上的问题。他不是佛教徒，但进入寺院之后，虔诚地和他们一起做功课，一起吃斋饭，一起"出坡"劳动。每次住进寺院，基本上是与世隔绝，与僧人一样过着最简单的生活，听着寺院里的打板声早起晚眠，一日三餐都是很简单的素食。他以自己的真诚与尊重，进入了一些一般人进不去的地方，看到了一些一般人看不到的场景，同时也结交了一批僧人朋友。扬州高旻寺是中外著名的禅寺，那里的禅堂全国一流，并且完整地保存着传统的仪规。他以一个禅学爱好者的身份向知客僧提出要求，通过了考试，才得以进去。在那个禅堂里，他和众多僧尼一起烧香、吃茶、坐禅、参话头，尤其是在参"念佛是谁"这个话头的时候，他也像一个禅僧一样，反反复复地追问、拷问着自己。在这里，他真切地体验到了禅宗文化最核心的一些内容，体验了禅僧们的内心世界。所以，才能在作品中较好地塑造了休宁与慧昱师徒二人的形象，并借青年知识僧慧昱之口，提出了"平常禅"的修习主张。在南方一所佛学院里，他像学僧那样认真听课，取得了讲课法师的信任，因此能够走进他的方丈室，与他进行了关于佛教当今现状、如何建设"人间佛教"的长谈。他在和僧人们一起生活与劳动时，通过融洽而深入的交谈，了解到了许多僧人的俗世经历、出家因缘、僧团生活甚至隐秘的修习体验。

2004年5月1日，在经过大半年的积累之后，赵德发开始动笔写作

《双手合十》,至 10 月 22 日完成第十六章。后发现前十六章慧昱形象不突出,情节分散平均用力,决定从头重写。历时一个月,至 11 月 26 日将前十六章改为十四章。已经写完了,又要重写。这是创作上的难产,更是自我要求的严格。

2007 年 1 月,《双手合十》在《中国作家》(小说版)2007 年第 1 期发表。同时选载于《长篇小说选刊》2007 年第 1 期。

这部作品的出版费了一些周折。小说完成后,赵德发最先投寄给人民文学出版社,但因其系佛教题材,人民文学出版社迟迟不能确定是否出版,遂转投河北教育出版社,河北教育出版社领导也不同意出版。7 月 25 日,马明博将小说推荐给十月文艺出版社,直到 11 月仍无消息。11 月 11 日,赵本夫又将它推荐给江苏文艺出版社,14 日得到了江苏文艺出版社决定出版的消息。后经江苏省新闻出版局审查,终于在 2008 年 6 月由江苏文艺出版社出版。历尽周折才得以面世,这是出版上的难产。或许正是因为它的难产,才体现出它独有的价值。因为,世界上最难的事情,是前人没有干过的事情。最有价值的事情,是具有开创意义的事情。

直面时代,关注心灵,一部用入世精神写就的"左手"与"右手"相统一的作品。

《双手合十》从僧侣生活的角度深刻揭示当今时代生活,体现了作者不回避、不逃避、不规避的入世精神。在他这里,出世和入世,像人之左手和右手,只有有机地合在一起,才能组成完美的人生和世界。

《双手合十》所塑造的佛家弟子惠昱,是一个当代青年,生活在这个市场经济大潮汹涌澎湃的时代,他离我们很近很近,近到我们可以感受到 SARS(非典型肺炎)、"9·11"的气息,近到仿佛他就是邻家那个大男孩。这无疑增强了作品的时代感和新鲜感。尤其可贵的是,作者通过惠昱出家、修行、求成的人生经历，以及僧侣世界与世俗世界发生的种种联系和纠葛，从一个极其特殊的视角，深刻地揭示了这个时代的真实面貌和本质特征。无论是作者对"佛教本来就处末法时代，再赶上当今的经济大潮，什么样的怪事儿都出来"的批判，对政府官员腐败行为的揭露，还是对社会商人投机行为的深入展示，都使人们对当代生活的分析、观察和认识，有了一种新的参照，有了一种振聋发聩的真实的感受。从这个意义上讲，《双手合十》做了一项填补空白的工作。

《双手合十》全面展示了主人公惠昱思想修炼、成长、成熟的过程，显示了作者由关注人与外在联系向关注人的内心世界的转变，在人生终极意义的思考和探索中开辟了一个新的途径。

惠昱从一个历经挫折的青年，到佛学院高材生，最后成为飞云寺主持的过程，是他抵御社会歧视、铜臭污染和情爱诱惑的过程，也是他的心灵真切感受世界、精神不断坚持、灵魂不断完善的过程。在这个过程中，惠昱的内心世界不断向人们呈现开来。在这里，有犹豫，有彷徨，也有自责和追问。追问的是"佛"，追问的是"念佛者是谁"，追问的是"拖死尸者是谁"，换言之，也就是"我是谁？""我从哪里来？""我到哪里去？"的人生终极意义的思考。从惠昱发明的"寻常禅"里，可以发现似乎作者找到了一些答案。有时想，作者赵德发从《缱绻与决绝》一路走来，一直走到《双手合十》，这位社会问题和心灵问题的求索者，走得是多么艰辛！《缱绻与决绝》里，面对无从把握的、动荡不安的社会演变，周而复始的互相残杀，他试图从文明建设中寻找出路，结果得到的是"乌托邦"；《君子梦》中，面对残酷的社会现实和异常扭曲的人性，他试图从传统伦理道德中找到依据和办法，结果无疾而终；《青烟或白雾》中，面对非正常的政治运动和一系列人格畸形，他试图从法制框架内找到杠杆，最终成效也不大。如今，他把目光投向大山，投向宗教，投向人的内心世界，这是否意味着他要执意做一位人生终极意义的求索者？

《双手合十》以丰厚的知识储备反映当代僧俗生活，品格高雅清新，显示了作者由民间写作向知识分子写作的转变。

赵德发以前的小说,以故事性和趣味性见长,作品中散发着浓厚的乡土气息和民间色彩。由于佛学的博大精深和社会大众对佛教的相对陌生,要求赵德发写作《双手合十》必须有足够的知识储备。这一点,他做到了。遍访四大名山,坐读经书百卷,使他成了这方面的专家,也使他的语言风格和小说构成发生了很大变化,知识性、思想性、文学性特征更加显著,自然也就增强了作品的质感和分量。这个转变应该是文学创作从"自由"向"自觉"的转变,也应该是一位文学大家创造之路新的起点。

《双手合十》中有言:"右手圣洁,左手不净,'双手合十'构成世界本相。"依据这个原理观察和分析世界,佛门之地有精神求索者,也有自甘堕落者;同理,世俗社会里,有自甘堕落者,也有精神守望者。这些人,虽然生活在红尘滚滚的社会里,但是总以自己独特的方式,坚守自己的领地,从他们的身上也会放射出难得的人性光辉。譬如《双手合十》的作者,就是这样一个人。如果作品中对这类人有所塑造,也许会使作品内容更丰富,更全面,也更富启迪价值和意义。

理性思考,形象展示,这是一部用智慧大脑写就的"形上"与"形下"相结合的作品。

第一,它试图揭示内在规律。赵德发说:"这几年,我走近佛门,走近僧人,一边参访一边思考着这个问题。佛教进入中国两千年来,事实上已经成为中国人的精神支柱之一,成为中国文化的主角之一。进入当代,汉传佛教在中西文化的冲突融会中兴衰,在社会的急剧变革中嬗变,其形态与内涵更加丰富多彩。因此,我试图通过这部小说将寺院的宗教生活和僧人的内心世界加以展示,将当今社会变革在佛教内部引起的种种律动予以传达,将人生终极意义放在僧俗两界共同面临的处境中作出追问。"

第二，它注重强化信仰的力量。评论家贺绍俊在《跟着德发喝茶去》中指出："小说通过寺庙内外的活动，让我们看到因信仰而生的敬畏之心，终究会抑制人们无限膨胀的私欲恶行。其实无论我们是否皈依佛祖，都不应该泯灭心中那盏信仰之灯。一个缺乏信仰的民族是没有希望的民族，一个没有信仰的人只能度过行尸走肉的一生。小说中的觉通就是一个没有信仰的人，他何止没有信仰，甚至在亵渎信仰，他的死当然不全是一种'报应'，应该是一种咎由自取。"说到底，这部小说不仅仅谈的是佛教，也是关于人生的智慧和人生的境界，像慧昱沏出的茶沁人心脾，这就是一种人生境界。

第三，它深度体现人性的悖论和矛盾。著名评论家孟繁华指出："在我看来，这是一部兼具形上与形下，关乎世俗欲望与终极关怀，俗僧两界同在的作品，是一部探索红尘与彼岸、浅近与高远、节操与情怀的作品，是一部真实表达两个世界复杂性的作品。它并不是要讲述佛魔两界的故事，也不只是呈现神秘世界的奇观。小说要表达的是，在当下的语境中，虽然人心无皈依心灵无寄托，但信仰是一件多么艰难的事情。尘世间有世俗欢乐，但欲望无边就是苦难；信仰让人超然度外心灵安宁，但又可望而不可即。这是悖论也是矛盾。"

《双手合十》后来获得山东省首届"泰山文艺奖（文学创作奖）"。这是对其思想价值和艺术水准的充分肯定和褒奖。

第二章 《乾道坤道》：追问生命意义

《乾道坤道》是赵德发的第七部长篇小说，这部33万字的作品，因反映社会转型期当代中国道教问题，且系作者历时长达五年积累和创作才完成，而使其凸显真实、深邃和高雅。

"卧底"道观：一部源于生活的高逼真小说。

> 合十写罢玄门唤，俗骨凡身访洞天。
> 南北双宗展易觅，乾坤大道义难参。
> 白云漫漶仙家渺，碧草葳蕤古观寒。
> 梦里希夷生紫气，琼花似雪舞翩翩。

这是赵德发完成《乾道坤道》初稿后，专门撰写的《七律〈乾道坤道〉杀青闲咏》，非常形象地再现了他创作这部小说的景象和心情。

《乾道坤道》最大的特点是逼真性，在人物塑造和故事性上，具有高逼真性质。它的主人公石高静并非凭空虚构，而是有现实生活中的原型。2007年3月28日，赵德发确定道教小说《乾道坤道》主人公以天台山张高澄道长为原型创作。赵德发自己说："准备写《乾道坤道》时，我看到天台山桐柏宫住持张道长的博客，印象很深，便与他联系，想去拜访他。他是从美国回来的'海归'道士、博士道士，经历很有传奇色彩。我们见面后长谈过多次，让我深受启发，于是他就成了《乾道坤道》主人公的原型。"

《乾道坤道》的素材，来源于作者在道观的"卧底"生活。《济南时报》曾刊载韩双娇对赵德发的访谈：《山东省作协副主席推出新作〈乾道坤道〉，揭秘中国道教生存状态》，文章介绍赵德发为了写好这部小说，曾长期"卧底"道观。在该书后记里，赵德发自我介绍说："为了写好这部书，我去过北京、上海、杭州、成都、延安的一些道观，去过泰山、崂山、茅山、天台山、青城山、白云山的'洞天福地'，在很多道观长期居住，结交了不少道教界人士，领教了无量妙道玄理。山中云烟，庙内经声，至今时常萦绕在我的梦中。"

《乾道坤道》主要讲述了道家传人、旅居美国的生命基因科学家石高静，受大师兄应高虚之托回国接替她担任琼顶山简寥观住持，因师兄卢美人用不正当手段窃取这一位置，其本人在极其困难的情况下，坚持留在国内，通过长期"性命双修"和不懈努力，最终重建仙逸宫，同时突破家族病史局限，延展生命长度的故事。应该说，这个故事是独特的，为绝大多数世人所未闻和未知，特别是江道长对未来的预知，应高虚、石高静屏息功的修炼和表演，石高静与露西乾道坤道双修的奇特感受，等等，不仅是独特的，更是充满传奇色彩，甚至带有一定的魔幻主义色彩，不仅让人有耳目一新的感觉，更是让人不时拍案称奇。但是，就现实性和逻辑性来看，是真实的、可信的；就细节来看，也是逼真的、感人的。

关注命运，一部书写情怀的高境界小说。

《乾道坤道》成功塑造了信奉科学、忠于道教、情操高洁、积极向上，集科学家和道士于一身，既充满理性又属性情中人，既可敬又可亲的石高静主人公形象。同时，还塑造了一生虔诚向教，但不能适应社会发展，导致道教名观日趋衰落式微的大师兄坤道应高虚；背叛道教，与官场勾结，利欲熏心,最终害人害己的师兄卢美人;混入商界,虽在商海获得成功,但身心得不到安宁,灵魂找不到归宿,最终因玩惊险刺激的滑翔游戏死去的师弟祁高笃;虽系洋人,热爱道教,起初心性不定,但在修炼道路上终有所成的美国女孩露西;命运多舛,天真无邪,被师父欺骗的阿暖;以及被世俗所害,最终皈依道教的女大学生燕红等人物形象。他们与石高静互为联系,互为补充,构成一组个性鲜明、栩栩如生的当代道士群像,表现了道教在当今时代的际遇和嬗变。

该书不仅写出了独特而传奇的故事,塑造了个性鲜明的人物群星,更重要的是描写了主人公的人生追求和情怀。石高静因家族有高血脂遗传病史,年轻时便陷入对人生和生命的深入思考。他拜道家高人为师,成为一个地地道道的乾道,从此开始修身养性,试图改变看似不可改变的家族男人短命的噩运。他的入道,不是消极逃遁,不是贪生怕死,更不是像俗人一样对金钱、地位和荣誉的追求,也不是对健康的简单追求,而是对生命的追求,是一种终极修炼和追求,是一种大的情怀。因为这一切的一切,都源于他对世间最可宝贵的生命的热爱。按照文学评价的标准,低等小说写故事,中等小说写人物,最优秀最上等的小说写情怀。《乾道坤道》将故事、人物和情怀有机地融为一体,不能不佩服其创作的功力和水平。

石高静对生命的热爱与追求,对家族生命魔咒的突破和改变,不是通过单一途径来实现的,而是坚持"两条腿"走路。也就是说,他并不因为自己的无奈命运而变得偏执和单一,只是去信奉道教。一方面,他通过入道修炼来改变自己的命运;另一方面,他通过选修生物学,到美国参与基因研究,试图通过科学研究发现和根治导致家族短命的罪魁祸首。这说明他是一个高度理性的人,具有较为完善的知识结构和完备人格。如果仅仅写一个道士,这很简单;如果仅仅写一个科学家,也并不复杂。将一个宗教徒和一个科学家集于一身来描写,则属于一种全新的尝试和探索。石高静的可敬与可爱,就体现在这里。赵德发的高明和睿智,也体现在这里。

深度挖掘，一部直面本土宗教的根柢性小说。

道教是唯一由国人创造并不断发展完善的宗教。鲁迅先生说过，"中国的根柢全部在道教"。英国皇家博士李约瑟也说过，"中国如果没有道家与道教，就像大树没有根一样"。道教对国人的影响，既源远流长，又广泛而深远。从某种角度来看，道教完全可以称为我们的"国教"，也是我们极其重要的非物质文化遗产。同其他优秀传统文化和非物质文化遗产一样，道教的生存和发展在当代中国面临着极其严峻的挑战。在这样一个历史时期，道教能否继续生存发展下去，不仅关系道教本身，更关系日益浮躁的人的心灵和身体的健康。《乾道坤道》写道教，实际上是在写一个根柢性问题，一个方向性问题。写作要写在根本上，其意义就在这里。它通过"海归"道士石高静回国重建仙逸宫的经历，真实地再现了道教生存和发展在当代所面临的窘境和困难，提出了如何发扬光大道教文化，用道教文化滋养现代人的心灵，以及如何发挥道教文化在新世纪人类文明中重要作用的重大课题，不仅令人深思，也值得有关部门和社会学专家深入研究。

《中国文化报》曾刊载鲁文恭的《文学梦·中国梦·齐鲁情——山东作家的当代回答》，其中对赵德发的访谈中说："作家一定要具备宗教文化中那种特有的悲悯情怀，要充分认识人世间的苦难，思考人类的问题与出路，让作品释放出善意和良知，让读者感受到心灵的抚慰。农村题材和宗教题材，这两个领域看似不相关，但还是有内在一致性的。这个一致性，就是对人的关注。写人生、写人心，是作家的首要任务。"这里的写人生、写人心，实际上也是根柢上的写作。

《乾道坤道》是描写和反映道教的小说，但它又是一部反映社会现实的现实主义小说。这本三十多万字的著作，不仅反映了改革开放早期市场经济新形势下社会的进步与发展，同时也反映了在某些地方宗教活动的商业化和异化。它不仅反映了道教问题，还反映了生育问题，甚至环境问题。其中最突出的是反映了曾经的官场的内幕和潜规则。卢美人与市政府周秘书长之间的关系和交易,便是曾经的官场的一个缩影。周秘书长利用卢美人为自己设牌位祈祷,为自己找"干女儿"为自己享用,甚至不惜把自己的女儿奉献出来;卢美人则利用周秘书长手中的权力和影响,获得简寥观住持的权力和地位,从中获取不法利益。在这里,政客和宗教人物相互勾结,互为利用,令人瞠目。

文学作品首先具有审美功能,但优秀的文学作品还要具有一定的教育功能。《乾道坤道》在给人以审美愉悦的同时,较好地承担了教育和教化功能。它既是一部小说,又是一部非常形象的教科书。该书通过故事的发展,人物之间的对话,非常巧妙地让人们了解到道教的起源、流变和发展,以及颇具神秘色彩的道士们的日常起居、修炼的内容和程序,更重要的是让人了解到乾道坤道男女双修等一些鲜为人知的秘密。此书读罢,即便此前对道教没有多少了解的人,也会对这一"国教"的基本情况有一个较为全面的了解,并产生浓厚的兴趣。作品所展示的道教的有关知识,无论广度和深度,都达到了一定程度。如果说,张承志的《心灵史》是回族人的心灵史;那么,《乾道坤道》可以说是中国道教的一部百科全书。

道教是一门非常高深,也不易读懂的学问。但《乾道坤道》写得非常简明和透明,深入浅出,让人一看就懂。与作者此前的长篇小说相比较,《乾道坤道》故事情节更加纯粹,语言更加清澈,更加注重灵魂感受。在这个异常浮躁的时代,静下心来读这本书,既是一种难得的享受,也是一次令人心灵澄明的旅行。赵德发自己曾说,写作是一种修行。从这个意义上讲,《乾道坤道》是他的又一个修行成果。赵德发之所以能写出如此境界,大概是他怀揣一颗宁静致远之心,真正入道,以潜心修行的心境投身写作的缘故吧。这是一种水准,更是创作优秀作品所需要的心态。

体系构建,一部经验之外的自觉性小说。

赵德发之所以创作这部著作,不是自发行为,不是一时冲动,而是一种自觉行动。自从他开始长篇小说以来，先后撰写了"农民三部曲"。随后，他调整创作方向，聚焦中国宗教文化，创作了宗教题材小说"姊妹篇"：《双手合十》和《乾道坤道》。由于《君子梦》本质上反映的是儒教文化，所以《乾道坤道》问世后，它们与《双手合十》一起，构成新的"传统文化三部曲"，形成中国儒、释、道三大宗教文化的全景式画卷。

《乾道坤道》由长江文艺出版社出版后，出版界已经注意到赵德发传统文化题材创作的体系性建设。在第二十届北京国际图书博览会中国作家馆举办的山东主宾省活动中，有关方面专门举办了赵德发传统文化题材作品研讨会，将《君子梦》《双手合十》《乾道坤道》作为其新的三部曲进行讨论。随后不久，安徽文艺出版社将《君子梦》《双手合十》和《乾道坤道》作为"传统文化三部曲"同时出版，这三部著作得以以整体形象向读者展现，对当代文坛也是一种特殊贡献。

评论界有关专家也将"传统文化三部曲"作为一个整体来研究。雷达指出："赵德发的《乾道坤道》是一部以道教文化为背景的小说，与他的《君子梦》《双手合十》并称'儒释道三部曲'。"吴义勤曾在《光明日报》发表《营造一个独特的文学世界》，专门论述赵德发传统文化题材创作的意义。吴义勤指出："赵德发的传统文化题材创作，呈现出认识、阐释当代世俗生活的崭新视角与维度。他对儒、释、道的理解与阐释，不仅具有宗教百科全书式的知识学和谱系学的意义，而且深入到精神与伦理的维度。"张丽军曾指出："90年代末赵德发创作的'农民三部曲'呈现了百年乡土中国社会变迁下的农民心灵史。其中的《君子梦》和近来创作的《双手合十》《乾道坤道》，构成了中国宗教文化三部曲，对儒家文化的现代化、佛教文化的人间化、道教文化的生态化等重大时代思想问题做出了探讨，力图为新世纪中国伦理文化重建提供来自传统文化的精神维度。"

文学评论家王晓梦曾在采访赵德发时提问："如果说，把您的小说分为三个时期，以《通腿儿》为代表的早期小说写作，以'农民三部曲'为代表的史诗般写作，以及《双手合十》《乾道坤道》的宗教书写。您是否同意这样的划分？您如何看待您写作的这种变化？"赵德发自己解释说，他的写作分为三个时期。第一个时期，可以看作"不自觉的经验写作"；第二个时期，是一种"自觉的经验写作"；第三个时期，便是"自觉的经验之外的写作"。因为佛教、道教，对他来说都是陌生领域，有关书籍读得很少，宗教界人士更没接触过，一切都在经验之外。但他写作时是自觉的，那就是要通过大量读书和深入采访，努力写好这两部书，填补当代长篇小说的空白，让当代汉传佛教和当代道教的存在形态在笔下得到生动而具体的展现。同时，倾力塑造宗教人物群像，对宗教与人类的一些问题做出思考。他的写作之所以有这样三个时期，原因在于想不断超越自己。由此，可以认定，《乾道与坤道》的创作，是他"自觉的经验之外"的创作。这种自觉体现在两个方面，一是明知是陌生课题，是经验之外，依然勇于尝试，勇于突破，勇于挑战自我。二是这种写作，不是追求在某一个方面进行尝试和突破，而是从系统性上力求全面突破，不仅写儒教，而且写佛教和道教，形成一个完整的体系和闭环。

还应当看到，赵德发的"农民三部曲"和"传统文化三部曲"之间，也不是相互独立和完全分开的。它们之间有一定的内在联系和内在逻辑，具有承继和递进关系。一方面，由于《君子梦》一书的"共有性"，使两大"三部曲"存在内在交集。另一方面，从作品的时代背景和反映内容看，也有递进和深化关系。"农民三部曲"以社会变革期经济转型为时代背景，重在文化和精神的守望；"传统文化三部曲"则以改革深化期文化转型为时代背景，重在文化和精神的重建。

繁荣文学创作，必须提倡自觉与自信的文学。如何发展自觉与自信的文学，作为一位具有强烈社会责任感的作家，赵德发以实际行动提供了最好答案。

第三章 《魔戒之旅》：破除内心之魔

赵德发创作的十三万字小长篇《魔戒之旅》，被他自称是一次"出轨式"写作。因为这次他的笔触离开了大山，也离开了大海，偏离了"正常"轨道，来到了海外，来到人烟稀少的南半球。

作品描写的是一帮电影《魔戒》（《指环王》）的发烧友到该电影的拍摄地新西兰旅游探险的经历。因为它事涉电影文化、异域文化、宗教文化和旅游文化等方面，聚焦偶像崇拜文化，所以从反映内容来看，依然可以归属于文化系列创作。从这个意义上讲，它并不能算是真正意义上的"出轨"或跑偏。

《魔戒之旅》的创作，源于赵德发一段真实的旅行经历。2004年10月19日，赵德发启程赴新西兰看望在那里读书的女儿，其间，他曾到新西兰南岛游览，在那里开始收集资料和素材。从新西兰返回日照后，于11月27日开始创作，至2005年2月完成。9月，该作品在《作家·长篇小说秋季号》发表。2006年7月，《魔戒之旅》与部分中短篇小说合集，由新世界出版社出版。

"选择了冒险，就有了故事。"电影《魔戒》中的这一句台词，反映出这次旅行是一次探险之旅，也是一次有悬念、有期待、有故事的旅程。

这是由电影《魔戒》的一群发烧友组成的特殊旅行团队。他们来自不同的国家和地区，有着不同的年龄、不同的性别、不同的经历、不同的信仰和不同的性格。其中，包括来自中国大陆的一对年轻的恋人蒲丰、冉丹，来自中国香港地区的大老板老聂一家人，来自美国的基督徒孟老两口子，来自英国的一对"女同志"戴纳和布莱尼，带"小蜜"一起旅游的天津老板杨跃进，前来陪在新西兰读书的儿子的母亲齐跃进，当然还有来自中国台湾地区、阅历丰富、风趣幽默的导游兼司机老邱，等等。

他们组成一个临时性团体，也形成一个临时性小社会。他们一路走来，一路探险，一路交谈，也演绎了一路值得深思的故事。

"新奇、悬幻、刺激和瑰丽"是这部作品的突出特点。惊险的旅程、奇特的风光、不同的文化、出人意料的故事，像一幕幕"快闪"电影，构成文学作品中奇特而罕见的画面，充满蒙太奇效果，让人目不暇接，给人强烈的感官刺激。但这部作品最大的成就不在这里，而在于通过这次"魔戒之旅"，人们内心发生的变化，在于人们"心魔"的驱除。

"明知山有魔，偏向魔山行！"一趟"魔戒之旅"，有惊险，有意外，但最重要的是几乎每个人都有意外收获，都获得了旅行和探险之外的附加值。那就是"心魔"的驱除！

这是一群"追魔"的人，也是一群各有"心魔"的人。不同人有不同的欲念，不同人有不同人的想法，不同人有不同人的表现。这既涉及世界观，也涉及人生观和价值观。

蒲丰是个有"心魔"的人。他的"心魔"是胆小，懦弱，缺乏担当。最突出的表现是自小患有恐高症。在皇后镇附近的蹦极项目世界发源地，蒲丰一开始并不想去做这一冒险性游戏，当恋人冉丹说"只有敢去蹦极，才能证明爱她"时，他无奈走上蹦极高台。但是最终他试了几次，也没有敢跳下去。由此，他引起了大家的哄笑，也被冉丹嗤之以鼻，羞愤交加地骂为"胆小鬼"。

然而，正是这个被人瞧不起的"胆小鬼"，一路下来发生了很大改变，成为一个敢于出手，敢于担当的人。

当蒲丰得知杨跃进头一天晚上把女朋友约出去，喝酒之后试图想强行与之发生关系后，一改往日的胆小和懦弱，直接对其严厉教训。"蒲丰突然起身过去，抬手就给了杨跃进一耳光！""杨跃进捂着腮帮子一愣，接着扑上来要打蒲丰，蒲丰却一闪身，抓住他的一只胳膊，把他甩出了一圈趔趄。""杨跃进色厉内荏，指着蒲丰说：你行，你行，你他妈敢打我！""蒲丰眼里喷火：我当然敢！杀了你我都敢！"

为了女朋友出手打人，这还不能算真正的男人，也不算真正的勇敢和担当。杨跃进突然发病之后，蒲丰的做法才真正体现了他的改变和担当。

杨跃进被打的当天，在汽车上突然发病，歪在秘书的身上，闭着眼睛，嘴角还流着涎水。当大家联系好飞机送医院时，蒲丰主动把手一举："我也去。老杨出事，与我今天早晨那一巴掌有关。这责任我来担！"说着就一步登上飞机。论说，蒲丰完全不必这样做。但他这样做了，体现了他绝不再是"胆小鬼"。

特别是故事最后，杨跃进在医院里确诊为脑部有问题后，蒲丰要求："老邱，你把我的也退给我，我也在这里守着杨老板。"他说："人是被我打坏的，我不能一走了之呀！"聂先生说："责任到底是不是在你，这事以后再认定。反正你们一个在北京，一个在天津，再见面也容易。"蒲丰挺一挺胸脯："那好吧，我走。小宫，等杨老板醒来，你首先代我向他道歉，然后告诉他，他如果要追究我的责任，哪怕是提起诉讼，我随叫随到，决不逃脱！"

由此我们可以看出，经历了这些事情，蒲丰的"心魔"已经彻底解除。

冉丹也是一个有"心魔"的人。她的"心魔"在于过度"发烧"，在于过度痴狂，在于一味想选择冒险。她信奉一句话："选择了冒险，就有了故事。"完全不考虑选择了冒险，究竟会发生什么样的故事，有什么后果。面对杨跃进请她到他的公司当子公司经理的诱惑，她明知道可能是个坑，也想去试一试；面对杨跃进通过"女秘书"约她喝酒，明知对方在"钓"她，也没有拒绝和推辞，而是亲自去试一下。她此次旅行的最大收获大概就是觉悟和明白了这样一个道理："人生在世，不一定要老是选择冒险，他也有选择不冒险的权利。"

　　杨跃进是一个有"心魔"的人，而且"心魔"很重，可以说有点鬼迷心窍。他是天津某企业的老板，一个很粗鄙的人，典型一个"土老帽"。他因为整天忙于"工作"，被同事偷偷报名，由秘书陪同前来旅游。一路上，总是大吵大叫，不停地打电话布置工作，晚上有时还要开电话会议。他的口头禅有两句：一是"拿下"，二是"什么破信号"。他的所谓雄心壮志是：奋斗三年，进入福布斯中国富豪排行榜前一百名！这个人还是一个不知羞耻的色鬼。旅途之中，明明有"小蜜"宫雯雯陪伴左右，还全然不顾冉丹有男朋友，不择手段勾引冉丹上钩。结果不仅没有得逞，反而被蒲丰暴揍。

　　这次魔戒之旅，对杨跃进是一个很好的教育，有助于他"心魔"的破除。教育之一是聂先生的低调。杨跃进平时十分高调，没想到旅行团中来自香港的聂先生，早就在福布斯榜上有名。蒲丰笑着说："杨老板，你不是要进福布斯富豪榜吗？聂先生就是上了榜的，你好好向人家学习吧！"杨跃进满腹狐疑。蒲丰说："你不信？××电器就是他的品牌。"杨跃进睁大两眼，看了聂先生片刻，然后扑上去紧紧握住他的手说："哎呀，你就是聂路锦先生？久仰久仰！都在一起三天了，真是有眼不识泰山呢！"这件事，让他在懂得低调的同时，还懂得了尊重。接下来，他保持了三天的傲气荡然无存，毕恭毕敬地和聂先生攀谈起来。教育之二是蒲丰的拳头。别看蒲丰胆小、懦弱，但事关重大的事情上，决不怯懦。它告诉杨跃进，做任何事情都不能太过分，不能欺人太甚。教育之三是他本人突然得病。杨跃进得病后，詹女士说："他如果真是脑血管意外，不管是脑溢血，还是脑血栓，治疗起来都很麻烦。即使一时治好，今后都要随时随地地注意，不能劳累，不能生气，而且一定要控制住血压，再随心所欲是不可能了。"但愿杨跃进醒来后能够觉悟。

　　杰克的妈妈齐跃进也是一个有"心魔"的人。她的"心魔"在于和丈夫一样，都是望子成龙的人，一心想把孩子培养成肖邦第二。儿子刚出生时，齐跃进发誓要把他培养成中国的肖邦，为他起名邦邦，刚满周岁就教他学琴。谁知孩子并不喜欢，也不争气，到新西兰留学后，不仅不好好学习，还和坏孩子混在一起，整天花着父母的钱逍遥自在，即便在旅途之中，也花心不改，同时和"双性恋者"布莱尼、来自香港的又又交往。

戴娜也是一个有"心魔"的人。她深深地爱着布莱尼，但殊不知布莱尼是"双性恋者"，短短的旅途，她就爱上了杰克，而且半途之中又与一位白人小伙扯上关系，还偷偷说戴娜是"一个丑陋的中国女人！"。但愿这次旅行能换回她的醒悟。

又又也是一个有"心魔"的人。她的"心魔"在于，本身在香港有男朋友，却一心在旅途之中找艳遇。当她私下和杰克偷偷见面后，告诉匡且："姐姐姐姐，我的计划实现啦！"匡且说："什么计划？"又又说："在新西兰南岛要有一次艳遇呀。"匡且说："我知道你这鬼念头，可是你说实现了是什么意思？"又又说："就是实现了呗。"匡且笑着拿指头戳一下她："你还真是爱上他啦？你把他带回香港去吧，看不把你那个阿峰气死！"又又说："我带他回香港干什么，我不是跟你说了嘛，这次出来旅游，我一定要有一次艳遇。明白了吧，仅仅是艳遇而已。你看看这团里，能和我发生故事的还能有谁？只能是他！我不愿让他在这几天里爱上别人！"匡且说："只霸他六天？"又又说："只霸他六天！呵不，只剩下不到四天了！"只为了一次艳遇，只为了霸占他六天。这是何等的"心魔"？

导游兼司机老邱也曾是一个有"心魔"的人，但他是最早的觉悟者，也是生活得最充实、最开心、最快乐的人。他告诉大家说："富豪榜，富豪榜。《魔戒》里不是有一个著名的魔咒吗？要当富豪，要进富豪榜，其实就是人生常常念叨的一个魔咒。这魔咒我曾念叨了许多年，折磨得我好厉害！"冉丹问："魔戒显灵了吗？"老邱一笑："如果显灵，我今天还给你们开车当导游？"老邱之前还有一个"心魔"，就是自己长得丑，很自卑。但他自己主动解除了"心魔"，生活得开心幸福，也很有品位。老邱从十几岁到二十几岁，不知砸坏过多少面镜子，也不知在爹妈面前埋怨过多少回。

后来等他生下儿子，看见孩子也像自己一样丑时，便一下子明白了：长相是爹妈给的，你无法选择，你再埋怨也没有用，你必须自己面对这个世界，自己去走你的人生之路。所以，从那以后他就再不因为自己丑陋而自卑，而是积极地去交朋友，去干事情。詹女士曾说："那你这工作也好累。"老邱摇摇头："不累。我喜欢这工作。一方面，是因为干这工作能够与来自世界各个地方的人交交朋友；另一方面，是我喜欢大自然。我尤其喜欢新西兰的南岛，你别看这里面积不大，却组合了世界上最好的风景。有的时候下了大雪，山上的雪一直铺下来，铺下来，直铺到公路边，铺到你的车轮下。那雪即使大得让你走不成路，你也觉得那是一种美，你心里也没有一丝的怨恨。因为，这一切都是上天赐予你的……"这一番话，深深地打动了车上的一些乘客。冉丹向蒲丰小声说："想不到，这老邱还挺有品位！"老邱为什么生活得如此开心有品位？只因为他早早地解除了"心魔"。

在《魔戒之旅》里，没有"心魔"的人，大概就数老聂和孟老夫妇了。聂先生是国际知名电器品牌的大老板，但他一点大老板的架子也没有，整个旅游过程一直很低调，而且始终陪在母亲左右，甚至给老人家洗脚。一个有名的香港富豪，在旅游团里不显山不露水，只让人看到了一个孝子的形象，这不能不让人肃然起敬。为什么会这样？因为他没有"心魔"，也深知"孝敬父母，使你得福"。最虔诚的是孟老夫妇，他们是最忠诚的基督徒，无论到了哪里，无论遇到什么问题，他们都会真诚祈祷。他们不仅为自己祈祷，也为他人祈祷，甚至主动为他人祈祷，他人并不知道。他们为同行者解除"心魔"提供了最好的参照。

一次短暂的"魔戒之旅"，发生了很多事情。当他们归来，很多人悄悄地变了，像换了一个人一样。为什么会是这样？只因为，旅行路上，他们破除了蛰伏在身的"心魔"。

《魔戒之旅》告诉我们，"心魔"不除，终被套住！

卷六　纪实寻踪：心灵烛照

> 我站立在低矮的屋檐下
> 出神地望着蛮野的山岗
> 和高远空阔的天空
> 很久很久
> 心里像感受了什么奇迹
> 我看见一个闪光的东西
>
> ——艾青《时代》

第一章 《小老师》：可贵的品质

赵德发的《小老师》又名《1970 年代，我当乡村教师》，是他当乡村教师生涯的自述，属于非虚构性纪实文学。

2018 年 1 月，该作品开始在《时代文学》第 1 期《国民记忆》栏目连载。2019 年江苏文艺出版社出版时，改为《一九七〇年代：我的乡村教师生涯》。

这部作品带有强烈的自传性质。作品给人最突出的感受是：讲真话，不文过，不饰非，有生活，有猛料。它虽然写的是人生经历，但重在烛照心灵；虽然只涉及短暂的教学人生，但折射整个人生；虽然是讲述个人经历，却是当时整个乡村教育的缩影；虽然写的只是教育，但又远远超出了教育范畴，反映了整个时代，甚至整个社会。

读《1970 年代,我当乡村教师》，很容易想起巴金的《自传》和《随想录》。虽然它们的内容完全不同，但在思想、灵魂和精神上具有高度的一致性。

"误人子弟"：对自身能力不足的正视，体现知耻后勇的精神。

赵德发并没有将自己的乡村教学经历视为一段令自己骄傲的光辉历史，

而是作为一种"误人子弟"的经历长存于自己的记忆。最初,他曾将《1970年代,我当乡村教师》定名为《误人子弟》,后来根据编辑的意见做了修改。在他的自述中,字里行间透露着对自己当教师能力和水平不足的正视。

当初他是因为"头脑聪明,成分也好,还是烈士后代",在公社中心小学校长夫妻的提议下,经三个村的书记商量决定被推荐当小学民办教师的。"当老师是个好差使,整天待在学屋里,风不打头雨不打脸,要多好有多好!"论说,当父亲告诉他当老师的消息后,他应该非常高兴,并且赶紧去学校才是,然而,他没有这样做。

> 我抓挠着头皮说:"我这点文化,怎么能当得了老师?"
>
> 父亲说:"反正要比小学生识字多。现在各村都缺老师,都是识仨教俩。"
>
> 我明白"识仨教俩"的意思,就是让认识三个字的人去教认识两个字的。但我想到教学的难处,站在那里犹犹豫豫。
>
> 接了这份差使,我心里像揣了个驴驹子,既沉重又不安。我走到我睡觉的西屋,往床上一趴,心里念叨着"识仨教俩、识仨教俩",越念叨越是发怵。因为我的"仨",就像我们家春夏两季的粮囤,乏善可陈。
>
> 那时的我,没有任何文凭。

当改变命运的机会来临时,不是考虑对自己的好处,而是考虑自己能不能胜任。这在当时,发生在一个十五岁的农村孩子身上,显得是多么珍贵。如果不是他而是别人,岂不早已乐得"屁颠儿屁颠儿"?

对于教学中"误人子弟"的行为,他也是毫不掩饰:

> 我狐假虎威接着上课,让二年级学生写生字,给三年级学生讲乘

数是三位数的乘法。在黑板上列出算式，结结巴巴讲完，然后让学生做课本上的两道应用题：

哥伦比亚人民在美帝和本国反动派的残酷压榨下，平均每天有100个儿童被活活饿死。一年（按365天计算）要有多少个儿童被活活饿死？

美国垄断资产阶级，每天从黑人工人身上榨取超额利润6028万美元，每年（按365天计算）榨取多少美元？

一个学生问："老师，哥伦比亚在哪里？"

这个问题难不倒我。虽然我没学过地理课，但从小就看我三姨用过的中学地理课本。我说："在拉丁美洲。"学生问："为什么叫拉丁美洲？"这一下把我问瘪了。我抓耳挠腮，张口结舌。

祸不单行，又一个学生开口了："美国垄断资产阶级……垄断是什么意思？"这个问题，把我问得更瘪。

对自己知识的匮乏，他一点也没有回避。这样的窘事，放在其他自传作家那里，或许会被统统隐去。但赵德发没有这样做。

一个关于字帖的故事，可以窥见赵德发的胸襟。

意想不到的是，我走下讲台巡视，发现有一些学生用的字帖不是我写的，上面的中楷圆润、娟秀、挺拔、整齐，比我写得要好上十倍！就连我的亲弟弟，也没用我写的字帖！

这是对我的否定与羞辱啊，比喊我的小名还要严重啊。我面红耳赤，心跳加快，不敢再在课堂里来回走动，而是坐在讲台上假装看书。等到下课，学习委员把作业收上来，我抱回办公室里放着，觉得那是一大摞批判稿，每一张都在批判和控诉我这个老师的假冒伪劣。

这个字帖是谁写的？我稍加端详，便猜到了一个人，那是退休校长宋世贵。我见过他写的字，就是这个样子。他儿子宋家快，在我教的班里上三年级。

放学回家，我问二弟："那字帖，是宋家快叫他大大写的？"

二弟说："你写的字帖不好，有的同学叫宋家快找他大大写，他大大就写了。我也叫他写了一张。"

见我脸色难看，二弟说："你写的就是比不上人家。"

我只好点头称是。

《1970年代，我当乡村教师》在《时代文学》连载时，李朝全在"主持人语"中指出："作为一名才读了几年书就辍学的十五岁少年，他被时势推到了小学教师的位置上，硬着头皮去教那些与他同龄或比他辈分还高的学生，他感到了为难，感到了知识贫乏的羞耻，同时也激发了他的知耻近乎勇，发现并承认自己的不足，从此发愤努力，刻苦学习，不断提升自己。赵德发的这段工作经历，实质上也是他自己的精神发育过程。正是因为有了这样的人生历练，他后来才有可能成长为一名有影响的作家。"这样的点评，可以说十分中肯，也指出了问题的实质。

"自曝家丑"：对私心和不洁思想的披露，体现直面灵魂的勇气。

他敢于自曝"女神"对自己的嘲笑。"我对自己的发言很自信，因为写出后给学区校长看过，他说写得可以。然而念着念着，忽听左前方有压抑着的笑声响起。我用眼睛余光一瞅，发现那是几个年轻女教师，都是未婚的大姑娘，坐在一张床的下铺上，一齐看着我笑，还捂住嘴怕笑出声音。其中一个特别漂亮，面色白嫩，用现在的话说，是我心中的'女神'。我想，这是怎么回事？是我写得不好，还是念得不好？那时来不及多想，只能硬着头皮继续念稿子。然而，女老师们还是笑，那位'女神'笑得特别厉害，让我几近崩溃，声音也抖手也抖。我此时后悔写这么长的稿子，居然三千多字，让我像跑三千米那么艰难。我趔趔趄趄终于跑完，急急忙忙爬到上铺，一头扎到我的铺盖卷上，自卑情绪像冷水一样浸透我的五脏六腑。我绞尽脑汁，猜想自己究竟在哪个方面出了问题，竟然让她们笑个不停。

"我低头看见自己的腿脚，觉得找到了答案。我开会穿了一条旧裤子，因为是几年前做的，身体长高了它却不长，就把一段小腿暴露在外。天气渐凉，我按农村人习惯，不到冬天不穿袜子，又没有洗脚的习惯，两只脚背已经皴了，黑乎乎皱巴巴，非常难看。

"原因找到，我更加自卑，膀胱充盈也不敢下床，直到散会之后才敢去厕所。"

他敢于自曝因为"小气"不肯借裤头给最好的同事。"我们刚上了一个月的课，寒假到了。回家的头一天晚上，我们在教室里唱歌说话，很晚才回宿舍。胡怀美在路上扯扯我的袖子，让我停步，然后吞吞吐吐问我，能不能借给他一条裤头，回去穿着走亲戚。这事让我既惊讶又犯难。我早就发现，胡怀美每天都光着屁股睡觉。在那时，农村人不穿裤头是很普遍的现象，我是当了民办教师才穿上了裤头。我来学习时穿了一条旧的，到县城后又买了一条新的。胡怀美家里穷，兄妹八个，他发的民办教师补贴，可能是全部交给了父母。但是，裤头这玩意儿涉及个人隐私，我不想借给别人用。我就说，我的旧裤头破了，其实只有一条，没法借给你，你去买一条吧。他听了很是失望，回去脱掉衣服钻进被筒，闷闷不乐。"

赵德发事后对自己的"小气"感到了后悔。因为他不知道胡怀美第二天买没买裤头。几十年来，一想起这事赵德发就非常内疚。

他敢于自曝自行车挂牌时的私心。"翠娟走后，我和父亲发生一场争执。那时公安部门规定，买了自行车要登记领证。父亲让我去派出所办证，证上写他的名字。我听后恼怒，觉得自己是个堂堂的人民教师，骑着车子抛头露面，车本上竟然不写自己的名字，岂不是丢人现眼？我不同意，与他争吵。父亲坚持自己的意见，我气得跺脚，声泪俱下。后来父亲终于妥协：唉，你爱怎么写就怎么写吧。

"其实，父亲让我写他的名字也有道理。因为买一辆自行车，就像今天买一辆小汽车，那是家庭中的一个大件。购车款中，虽然包括我每月交给父亲的部分工资，但主要是用了家里的钱，自行车产权归我，他不好向其他子女交代。当时，我只想到自己的面子，没想到父亲的难处。好在，弟弟妹妹没对此事提出异议，让我独享了这辆车。"

他敢于自曝私看私藏台湾地区国民党投向大陆的宣传品。"突然发现路边草丛里有一本花花绿绿的小册子。捡起一看，封面上是一位美女的彩色照片，上面印有'凤飞飞'三字。最右边，竖行排列着一句话：'让三民主义飞向大陆。'

"我突然明白，这是国民党的空飘传单，便急忙将它扔到了地上。然而，凤飞飞还在那里向我微笑，让我挪不动脚。我看看四周无人，再次捡起装进衣兜，推着车子急急走掉。

"我捡到的这一本，交不交上？

"我犹豫了半天，实在舍不得，便揣到身上，回家藏了起来。结婚后我搬家进县城，依旧将它带上。"

要知道，当年藏匿国民党的反动宣传品，是要治罪的。他却偷偷藏了起来。

他敢于自曝当老师时偷看黄色小说《少女之心》。"更让人想不到的是，古城联中有《少女之心》传入。暑假后的一天晚上，有一位刚分到这里的青年教师神秘兮兮地问我，想不想看《少女之心》。其实，早在1974年左右教育部门开会，领导就讲过，有这么一本黄色小说，毒性非常大，要求哪个学校发现了立即收缴、查处。我对那位青年教师说，你拿给我瞅一瞅。他就将一个笔记本拿给了我，说他是暑假里向别人借来抄下的。那篇小说不长，一万来字，内容是一个叫曼娜的少女，回忆她与表哥以及一位男同学之间的三角恋情。这小说，'黄'就'黄'在曼娜讲她的强烈性冲动，讲她对男性的深刻渴望，让我看了很受刺激。看完还给那位老师，我只说了一句：别传给学生。"这是他作为一个人和作为为人师表的教师的真实与良知。

他敢于自曝羞于写入日记的事情。1974年赵德发在未婚妻等人的劝说下，企图"混入"大学。对于这件事，他一直讳莫如深，轻易不敢提及，甚至不敢记入自己的日记。但是，在这部书中，他不再遮掩，也不再回避。他介绍了整个事情的经过，也说清楚了怎样依靠父亲获得的推荐名额，甚至填表时怎样"昧着良心"填写文化程度为"初中"。最后，他不仅没有为落榜而难过，反而为没有考上而庆幸。

这些内心的秘密，甚至说心中的不洁、不纯都被他一一写了出来，是对他人性的检验，也使他的人格在不完美中增添了应有的光辉。

真情实录，对特殊时代弊端的指陈，体现忧国忧民的意识。

《1970年代，我当乡村教师》不仅写出了赵德发本人在那个特殊时代的个人经历和人生秘密，而且真实地记录了那个时代，让人们从中看到诸多鲜为人知的事情。

它准确形象地展示了那个时代的政治氛围。"每天早晨的学习，内容十分庞杂。我们学习毛主席著作和最新指示，学习上级要求学习的《共产党宣言》《哥达纲领批判》《法兰西内战》《反杜林论》《国家与革命》，学习《人民日报》《大众日报》上的重要文章，学习上级发的学习材料，学习县里、公社里发的文件……一人读，众人听。读过一段，大家还要讨论讨论。

"吴芬老师说，革命来革命去，我都不知道怎么教了。她还说，她刚参加工作的时候，学习苏联凯洛夫教育学，用'五环节教学法'。宋振潜说，他那时也用。吴芬说，没想到，过了几年就不让用了，说是修正主义的东西。前几年又让突出政治，要把突出政治落实到每一个小数点上。现在又是学工学农学军，文化到底还要不要了！"

"把突出政治落实到每一个小数点上"，一句话，道出了那个时代最突出的特征和教学上的最大悲哀。

"用红领巾做裤头"，揭示生活的无奈和时代的悲哀。"商店里有时会卖不要布票的裤头，这也成为一些不想光着屁股睡觉的年轻人的首选。有一位农村青年去县城买，见了漂亮女售货员心情紧张，他本来要问'有不要布票的裤头吗'，却说成了'有不要裤头的布票吗'。女售货员莞尔一笑：'有，这里的布票，都是光屁股的！'他闹出的笑话，在我们县广泛传播。还有这样一件怪事：红小兵戴的红领巾特别畅销，因为不用布票就可购买。人们买回去，多是做裤头。我老婆年轻时在板泉公社综合厂缝纫店干，经常接这种活儿。如果巧妙拼接，两条红领巾可做一条三角短裤。她手法娴熟，面料一点儿也不浪费。她也想给我做一条，但因为还没结婚，不好意思送裤头，我才得以幸免，没让红领巾包在我的臭屁股上。后来，上级发现了红领巾热销的异常情况，发下通知，要求拿着学校介绍信才能买，让那些节俭之人大失所望。"

红领巾本是少先队员的标志，它只能戴在孩子的脖子上，如果不是生活所迫，不是被没有布票所迫，谁会想到用红领巾去做裤头？

第二章 《白老虎》：人性的悲哀

赵德发的《白老虎》是一部长篇纪实文学，副题是"中国大蒜行业内幕揭秘"。这是一部直面世道人心之作，也是一部警醒时代之作。读后犹如听到一只猛虎在山林中发出长啸，震撼山谷，震撼心魄，引人深思，让人深深地感到大蒜是白虎，人心猛于虎。

改变创作体裁，一部深度研究事物本质属性的作品。

关于大蒜的题材，赵德发最初想创作一部长篇小说，中途因故改为纪实文学。这不是简单的体裁转换，而是适应了写作的要求和时代的需要。

2011年，赵德发完成传统文化小说《双手合十》《乾道坤道》之后，本欲再接再厉，继续进行传统文化题材写作，但一位"蒜神"的出现，让他产生了新的创作灵感。

所谓"蒜神"是赵德发的一个表侄子，名叫董刚，属于年轻有为的帅哥。这年春节过后，赵德发通过表哥认识了董刚，得知董刚在大蒜世界被封为"蒜神"的传奇故事。这也得知大蒜行业的一些内幕故事，对他触动很大，于是他开始计划以董刚为原型创作一部长篇小说，小说的名字初步定为《算你狠》。主要内容是：揭露曾经牵动国人神经的"蒜你狠"和"蒜你贱"现象的真实内幕，针砭"处处讲'狠'、人人斗'狠'"的时代病,探讨建立良好经济秩序与道德规范的途径。

后来,赵德发在董刚的陪同下,先后到大蒜主要产地和营销地嘉祥、金乡、巨野、邳州、盐城等地,采访了一些政府官员、蒜商、蒜农,后又去北京采访了中国蔬菜流通协会的陈明均先生,了解有关情况,掌握了第一手资料,积累一定的创作素材。

3月6日,赵德发正式开始《算你狠》的写作,只用两个早晨就写出了第一节——《GPS指引下的鬼打墙》,一连写出三万多字。其间,他一边参与董刚的一些活动,继续搜集素材,一边进行创作。但一次蒜商召开的大会,让他的写作戛然而止,随后长时间难以调动写作情绪。直觉和经验告诉他,必须对创作思路进行大的调整。

这期间,发生董刚被人陷害被抓事件。想到董刚将会身陷囹圄,赵德发心中不免生出一片悲凉。回顾董刚投身蒜界的大起大落,打量黄淮平原上的万丈红尘,赵德发产生了新的想法:"董刚本身就是一个文学意义上的典型,我何必要将他变形、虚构,写成小说人物?大蒜行业滚滚沸沸,由上千万人组成的生物链弱肉强食,我何必要遮遮掩掩?白老虎年年吃人,背后的老虎更加狰狞凶残,我为何不去揭露,不去探讨约束它的办法?"

他当即决定不写小说了,写一本纪实文学!这个念头一出,他精神抖擞,创作冲动油然而生。经过一番梳理与思考,2013年1月13日早晨,赵德发心情凝重、感慨万端,在电脑上敲下了"白老虎"三个字。

这是一个庄严时刻,体现了一个时代观察者和忠实记录者应有的姿态。

《白老虎》创作完成后,于2013年11月、12月,分上、下部在《啄木鸟》第11期、第12期发表。第12期同时刊载赵德发的《从结识"蒜神"开始——〈白老虎〉后记》、李朝全的《洞察世事针砭人心——评赵德发纪实新作〈白老虎〉》。同年12月7日,《齐鲁晚报》开始对该作品进行连载,至12月29日结束。该书获得山东省第十届"精品工程奖",并在第六届"鲁迅文学奖"评选中进入前十,为提名作品。

《白老虎》也是一部得到文坛广泛关注和一致好评的作品。著名作家张炜给予高度评价，称赞其"兼具多种笔墨，视野宏阔，将想象的瑰丽与勘证的严谨完美集于一身"。著名评论家李掖平说："《白老虎》的啸声穿云破雾，赵德发忧思'三农'问题、救赎世道人心的博大情怀撼人魂魄。让我们倾听《白老虎》的啸声，再一次感受赵德发的乡土情怀与浩然风骨。"

评论家昱江在《白虎非虎，人心如虎——评赵德发纪实文学〈白老虎〉》中写道："感谢赵德发先生，让我们有幸见识这样一种'老虎'。"我们说，应该感谢赵德发创作路上的改弦易辙，将小说改为纪实文学，使这部作品更具现实性、针对性和深刻性。应该说，这次创作体裁的调整，是思想认识的一次提升，也是作品内在本质的一次提升。

单从"算你狠"和"白老虎"的书名，便看出两部作品之间的差异和不同。"算你狠"只是描写一种"现象"，而"白老虎"揭示了大蒜的本质特性。

《白老虎》的时代性最根本的就在于，它深刻揭示了当代大蒜行业像老虎一样反复无常的猛兽特性，从而折射当代社会市场经济的某些相似特性，以及其幕后那双看不见的手——人性所起的巨大作用。

第一，《白老虎》厘清了大蒜的自然属性——独特的生活用品。大蒜是一种食材，是一种调味品。同时，它还具有一定的防疫作用。人类用大蒜防治瘟疫的做法由来已久。据说，古时中亚和欧洲等地的人们，为了防范女巫、吸血鬼、狼人以及流行的瘟疫等等，经常将穿好的大蒜挂在脖子上、放进口袋里或者吊在门窗上。"非典"时期，板蓝根、白醋、84消毒液等被作为消毒用品，大蒜也名列其中。很多人抢购大蒜，一天三回与饭同吃。"农村里有人把蒜吃光，干脆啥活儿也不干，一天到晚在蒜地里蹲着。"大蒜还被用于防治艾滋病。在艾滋病高发地非洲，许多人相信吃大蒜可以防治这种可怕的疾病，一天吃下几头。所以说，2003年在中国大地上发生的疯抢大蒜的行为，有历史渊源。2009年，甲型H1N1流感在全球范围内大规模流行，这又让许多中国人狂吃大蒜。2013春天，禽流感病毒变异为 H7N9，好多人又吃起了大蒜。客观地讲，大蒜之所以成为"白老虎"，首先与其独特的自然属性是分不开的。

第二，《白老虎》阐明了大蒜的经济属性——白花花的银子。在计划经济时代，大蒜意味着百姓的生存和温饱。在商品经济时代，大蒜意味着金钱和财富。作品借董刚的话介绍说："一言难尽。简单地说吧：蒜商存上一库蒜，遇上'蒜你狠'，等于一天开进一辆小轿车；遇上'蒜你贱'，等于一天往外开走一辆小轿车。大蒜就是白花花的银子，不知多少人靠它发了财；大蒜也是白老虎，不知多少人叫它吃掉了。"

第三，《白老虎》指证了大蒜的社会属性——像猛虎一样吃人。"不止一个人告诉我：大蒜这个白老虎，吃掉了好多狂人！"金乡县大蒜产业信息协会会长杨桂华讲："这个行当，血流成河！""一年一年，多数蒜农、蒜商就在'蒜你狠'与'蒜你贱'之间摇摆、晃荡。怎样才能不让白老虎咬着，如果被它咬上了，如何从它口中脱身，便成了一门大学问。"作品还进一步引申说："有人将大蒜称作'白老虎'，其实，好多的农产品都像老虎。这群老虎，时而扑向城市，时而扑向农村，咬伤了许许多多的人。"

第四，《白老虎》揭示了大蒜的政治属性——影响社会稳定。1987年临沂地区苍山县发生"蒜薹事件"：老百姓因为收获的蒜薹卖不出去，将蒜薹拉到县政府院内，抛撒满地。他们要找书记、县长讲理，这些领导却不露面，老百姓便愤怒地砸毁办公用具，撕毁文件档案。时隔不久，该县县长李常存被撤职，县委书记杨国胜停职检查。这件事震惊了全中国，也给各级官员以强烈冲击。后来有的领导总结说：那些蒜头是什么？是手雷呀！蒜薹是什么？是导火索呀！不止改革开放初期，后来蒜农遇到大的问题，也经常采取群体性上访方式表达自己的诉求。有一年，冷库如雨后春笋一般出现，导致金乡电力供应高度紧张，一度出现停电断电现象。"冷库没有电，大蒜等着烂"，老板们急了，一起去县政府上访。县政府与供电公司紧急采取措施，才保证了电力供应。后来，看到部分蒜农经营大蒜发了大财，县领导发表讲话，要提税，还要抓几个典型，结果导致四五百人聚

大地上的歌吟

集上访，县政府的车辆都只能进不能出，后来经多次协调才得以化解。由此可以看出，小小的蒜头，绝不仅仅是一个生活问题，也绝不仅仅是一个经济问题，还是一个事关社会稳定的大问题，是一个政治性问题。

指陈行业悲哀，一部深度研究人性弱点的作品。

第一，指陈大蒜经营者永远走不出人生怪圈的悲哀——为何不撞南墙不回头？

大蒜行业，不乏英才俊杰，也不乏"蒜神"，甚至"天王"。他们曾经发过，也曾风光过，然而，最终总是逃脱不了要么全军覆没、倾家荡产，要么身败名裂、锒铛入狱的结局。董刚曾经自诩"我不懂大蒜的品质，只懂大蒜价格变动的规律"。但是，"大蒜价格是这个世界上最难琢磨的事情之一"，"暴涨——暴跌，周而复始。这个怪圈，把城市与乡村都套了进去"。董刚们即便再有胆略，再具有洞察力，再精明，也只能预测一时或一次两次，不能预测长远和永远，不可能永远立于不败之地。

作者曾痛心疾首，扼腕长叹。他万万没有想到，董刚曾信誓旦旦，说搞电子盘就像开赌场，只提供赌桌，不能参与赌博，不能像几个倒掉的电子盘那样，自己把桌子掀了。结果，恒丰还是重蹈覆辙！董刚被抓之后，作者曾想，张国亮蹲在看守所里，失去自由，一天一天熬着时光，一定会后悔2011年上了大蒜这个品种，会后悔在大蒜交易中采取了违规操作。其实，这是一个永远也走不出的怪圈。正如作者在最初的《算你狠》中所写的"GPS指引下的鬼打墙"情节一样，明明知道路线不对，却总也走不出来。自古以来，面对"义""利"二字，究竟有多少人能够保持清醒头脑，做出正确选择呢？人们只有真正遭到惩罚，才会感到后悔，可是为时已晚。就像董刚一样，因为大蒜，他失去了太多太多，失去了婚姻，失去了财产，失去了自由，付出了高昂的代价。牢狱之灾对董刚来说一直如影随形。在此之前，他在金乡，曾逃脱了两回；在潍坊，他在看守所蹲过五天。早知如此，何必当初？其实，他们早就知道会有如此结果，只是没有勇气和决心及时撤出！因为，在他们面前虽然充满风险，但也有一个巨大的利益在诱惑着他们。不尝试一下，他们总是心有不甘。

第二，指陈大蒜经营者价值观念扭曲的悲哀——顾客不是上帝谁是上帝？

书中写道，2005年春天，董刚以坚强的意志面对"蒜你贱"，咬紧牙关挺了将近一年，到新蒜将要下来的时候，市场上陈蒜所剩无几，一些商人只好去他的存蒜冷库前面排队拉货，这让他懂得了控制货源的妙处。于是，他在中国土畜产进出口商会大蒜分会理事会扩大会议上，发表了主题为"顾客不是上帝"的演讲。他说："顾客不是上帝，大蒜经营者才是上帝。只有自己做上帝，才能真正做好企业。不然，你光给客户服务去了，不去看市场了，那么你必败无疑。怎样做上帝？就是要把握住市场规律。如果你把市场规律把握住了，全世界都是你的客户。为什么那么多人到我这里排着队买蒜？就因为我有货源，我控制了货源，对不对？如果你掌握了市场规律，控制了货源，别管巴西、美国，还是东南亚的客户，他们都得来乖乖地求我。"这绝不是崭新的理论和正确的观点，而是价值观念的严重错位与扭曲。有此种谬论，最终走向失败是一种必然。

第三，指陈大蒜经营者时常处于左右为难境地的悲哀——究竟是谁造成这种局面？

大蒜经营者有时看起来很是风光，但他们时常陷入两难的尴尬局面。一方面，大蒜价格走低，"算你贱"时，面临存货卖不出、赔本的风险；另一方面，大蒜价格走高，"算你狠"时，又面临被以恶意炒作罪名调查的风险。有一次，官方前来调查，把金乡大蒜电子盘的上千客户名单列出，给每一个人都打了电话。调查的焦点主要有三条：是否有人恶意炒作，是否有人哄抬物价，是否有人散布虚假信息。朱熹刚就是一个典型的例子。因为他囤积大蒜，被官方调查。关于他是否有事，说法不一，莫衷一是。当记者提出这一问题时，有一位蒜商反问记者："你说他有事吗？照章纳税,合法经营,有什么事?"对此,朱熹刚也觉得自己很冤。可是,他究竟冤在哪里?究竟是谁造成这一局面?值得人们深思。

第四,指陈大蒜经营者普遍存在"囚徒"心态的悲哀——人为什么总是那么自私?

作品写道,2007年和2008年在大蒜价格跌至谷底的时候,当地蒜商曾经成立了协会,甚至号召以美国经济危机时期奶农销毁一半牛奶的办法,留下一部分大蒜不卖,让其烂掉,以获得价格上的优势,但因为人心不齐,最终还是折戟沉沙,一败涂地。因为,虽然事先有了约定,但总有人会将自己的存货偷偷卖掉。这一做法恰恰印证了"囚徒效应",反映了人类的弱点,也反映了人的自私本质。

这种自私的本质,还体现在对利润的过度贪心上。当"算你贱"和"算你狠"两种状态上下波动时,有人禁不住这样的考验。在裕华镇海丰村,有个47岁的张姓农妇,家里种植了11亩蒜。这天,一位蒜商和当地蒜贩朱某达成协议,让他代其包地。朱某就以10万元的价格包下张姓农妇的11亩地青蒜。张某算一下账,等于每斤1.8元左右,就同意了,朱某把钱一次性付给了她。然而等到新蒜收获,价格一路上涨,她后悔不迭。算一下账,她少赚了好几万。张某不甘心,就找到朱某退钱,想收回青蒜。朱某起先不同意,但禁不住女人的软磨硬泡,只好废除合约,将钱收回。张某万万想不到,就在她退掉了10万块钱,把蒜收下来后,蒜价却一路狂泻。跌至1.5元时,她再也不能承受,在家里喝下农药,一命呜呼。是什么害了她?答案只有一个:过度贪心!

第五,指陈大蒜行业打工者的生存境遇——谁不是为生活所迫?

在大蒜行业,常常有一些打工者,有男有女,男的叫"大衣哥",女的叫"头巾女"。这些"大衣哥"和"头巾女"背井离乡,出力流汗,非常辛苦,很不容易。他们为何要到这里打工?还不是因为生活所迫,因为到这里可以挣钱。一个忙季下来,十多天的时间,他们可以挣两三千元。不只是金乡,在各个蒜区,雇人干活都是常见的。赵德发在宿羊山镇采访时了解到,去那里打工的人来自周边睢宁、新沂、东海、沭阳几县以及鲁南、皖北等地,高峰时多达三万人。

第六,指陈大蒜行业下一代的悲哀——是什么造成他们价值观念的扭曲?

"因为搞大蒜挣钱,许多金乡人的价值观都改变了。"一个突出的变化是,农村孩子念高中的越来越少。他们觉得,辛辛苦苦考上大学,如果找不到工作,或者找不到好的工作,还不如早早去做大蒜生意。所以,许多男孩早早辍学,当起了蒜贩子。他们与人合伙,开一辆三轮车,在村里收蒜到城里卖,一年能挣上几万甚至更多。于是,一个怪现象就出现了:在金乡读高中的多是女孩。即便有一些男生,也多是来自有城镇户口的家庭。来自农村的男生,看上去身体孱弱,似乎是干不了重活儿才来上学的。

金乡县青年作家程相崧曾经遇到这样的尴尬:当年他考上山东师范大学,毕业后到县一中当老师,父母以他为荣。然而去年他回家时发现,他的堂兄弟、表兄弟们都因为种蒜或贩蒜买上了轿车。他向母亲讲他的发现,母亲叹口气说:"这事,我一直没敢给你说,怕你受刺激。"程相崧无法不受刺激,回来后与妻子商量了一下,为了不让父母难过,也买了一辆便宜的车,每次回家时开着。如果蒜区的孩子都为了金钱不去上大学,这些人怎么会有真正的未来?即便能挣很多钱,又能怎样?

剖析深层原因,一部深度介入生活的作品。

《白老虎》作为一部纪实文学作品,与其他同类作品的不同在于,它不仅真实记录问题的现象和过程,而且深入剖析造成问题的原因,并且给出解决问题的"药方"。在纪实文学之外,它还具有一定的调查报告的性质。它提出的某些建议和措施,甚至可以作为决策参考,值得有关领导或部门认真研究。

首先,它分析了造成白老虎问题的根本性原因——动机上的原因。它明确指出，在白老虎的背后，还有一群更加凶猛的老虎。这些老虎，都是由欲望化生，藏在人们心中的。它驱使白老虎作祟，伤人吃人，也往往把自己的主人咬伤或吃掉。这群老虎，主要有三只：一只叫贪，一只叫赌，一只叫争。

贪者，贪心也。赌者，赌徒心理也。争者，争名争利也。正是这三大人性的弱点，造成了白老虎问题的出现，而且长久走不出恶性循环的怪圈。

这样的分析，可谓一语中的，入木三分，抓住了问题的根本，也抓住了问题的主要矛盾。

其次，它分析了造成白老虎问题的关键性原因——手段上的原因。为了达到个人目的，很多大蒜经营者可以说是不择手段。他们采取各种战术，企图将对手打败。主要采取四大战法：信息战——主动获取内幕信息或散布虚假信息；搅市战——将原本平稳的市场搅乱，从中牟利；口水战——利用网络主战场，发动宣传攻势，打击对方的信心和士气；超限战——超出正常范围和限度地攻击或打压对手，以期取得超值效果。

"超限战"本来是一个军事专用术语，是军事专家乔良深入研究"9·11"事件取得的一个重大成果。他认为，本·拉登是运用超限战的典范。对敌对力量宣战，是以超国家、超领域、超手段的方式实现的，不对任何人负责，不为任何规则所限，在目标和手段的选择上无所不用其极。聪明的大蒜经营者，也趁机将这一理论运用到实践之中，在电子交易中使用了超限战的手段。按照常理，开电子盘的相当于开办平台，你只管把平台管理好，让交易活动公平、公正就好。平台红火了，人气旺盛了，那么你也跟着发财了。问题就出在交易所经营者这里，他们看到客户在自己的盘上赚钱，心动手痒，也亲自上台"赌上一把"。他们或与大户联手，或者自己操作；或者做多，或者做空。更恶劣的是，他们利用掌握着后台密码的便利条件，开设假账户，用虚拟资金，与一批投资方向相反的客户对决。他们这样违规操作，如果方向做对了，外人一般觉察不了，等到赚得盆满钵满，悄悄提出钱来，不动声色地继续做交易所老板。这还有什么规矩和规则可言？

　　最后，它给出了解决白老虎问题的对策和建议——标本兼治的综合方式。能不能降伏白老虎，不让它伤人呢？赵德发主动换位思考，站在一个管理者的角度，开出了自己的"药方"。一是平衡供求关系，包括稳定大蒜种植面积、建立大蒜风险防范机制、积极发展蒜制品的加工与出口、开辟高端路线；二是搞好信息服务，建立信息服务体系，包括公共服务组织、信息服务媒体、信息服务组织和个人；三是禁止恶意炒作。四是加强对电子盘的管控，等等。这些对策和建议，体现了作者的理性思考。这也应该是他写这部著作的最终目的。

　　作品最后，赵德发这样写道：

　　"我忽然听见，我的内心深处爆发出几声长长的虎啸——它们在呛声抗议了。

　　"人人心中都有老虎，有贪欲，有赌性，有争心，等等等等。

　　"我们心中的老虎，永远杀不干净，而且真的杀干净了也不行。我们能做的，只能是给它们以有效的约束，免得养虎为患。

　　"让我们扪心自问：老虎呵老虎，你老实一点好吗？你温驯一点行吗？

　　"你老实一点，温驯一点，黄淮平原的蒜香，全国各个蒜区的蒜香，会更加馥郁芬芳，清纯醉人……"

　　这是他最美好的愿望，也是他的诗意情怀！

第三章 《监狱内外》：爱情的力量

2017年7月，赵德发完成《白老虎》续篇《监狱内外》，记录了《白老虎》出版之后发生的一些与之相关的事情。2018年3月，该作品在《啄木鸟》第3期刊发。

《监狱内外》讲的是沈阳某大学的女研究生周敏（化名），在读了《白老虎》后，被其中的主要人物董刚的传奇人生深深打动，并且爱上了这个"案犯"，通过作者赵德发与之取得联系，并发誓等他服刑期满出狱后嫁给他的故事。

《监狱内外》篇幅不长，但内容非常感人，很多读者被其中的凄美爱情故事所吸引和打动。

《监狱内外》虽然是《白老虎》的续篇，但也是一部相对独立的作品。因为，两者虽然因为故事线索有一定的内在联系，但所反映的内容是完全不同的。《白老虎》讲的是大蒜行业的经营问题，《监狱内外》讲的却是狱里狱外的爱情故事。《白老虎》揭示的是人性的弱点和悲哀，而《监狱内外》展示的却是人性的凄美和光泽。

从《白老虎》到《监狱内外》，其中的故事说明了什么？女研究生周敏爱上服刑犯董刚，又说明了什么？初步来看，可以得出以下三个方面的基本结论：

首先，研究生爱上囚犯，显示了文学的力量。

《白老虎》出版后，不仅得到评论界的好评，也引起了广大读者的共鸣。周敏仅仅通过一本书就爱上一个从来没见过的人，这就是最好的证明。这说明，赵德发写得太形象，太逼真，也太感人了。《白老虎》中的人物和故事，周敏不仅相信了，感动了，而且还想投身其中，献上自己的爱情。董刚的形象，不仅征服了女研究生周敏，还征服了另一个女孩。"有一天，懂懂忽然在文章里说，他的粉丝群里，除了周敏，还有一个女孩爱上了董刚。周敏很紧张，很气愤，说：'她为什么要来插一腿，难道不知道我对董刚的感情吗？'好在，懂懂很快又在文章中透露，那个女孩打了退堂鼓，放弃了董刚。"一个罪犯，两个女孩同时爱上，只因为一本书，可见文学作品的影响力是何等强大，作用是何等强大。一本纪实文学，成了最好的人物广告，成了最好的月下老人，这等功效，绝对出乎作者赵德发之预料。

因为《白老虎》写得好，还打动了一位著名网络作家，并引发了另一部作品《木老虎》的诞生。这名网络作家叫懂懂。他每天在 QQ 空间推出一篇七千字的"懂懂日记"，深受读者喜爱。他很赞赏《白老虎》，也关注董刚的命运，甚至直接去法院旁听董刚案件的审理。他根据《白老虎》里面的有关素材，以周敏与董刚的爱情故事为主线，构思创作了一部中篇小说——《木老虎》。小说用第一人称写作，内容是"我"在一位朋友的鼓动下参与了文交所电子盘，从事红木家具交易，结果进了监狱，下场悲催。该小说分三次在他的自媒体上推出，引起很多网友的关注。这都应该看作是纪实文学《白老虎》的"副产品"，也说明这部作品怎样直接代入了现实生活。

其次，研究生爱上囚犯，昭示了才华的力量。

《白老虎》的主要人物董刚，明明是一个犯罪分子，为什么会征服一个素不相识的女研究生？周敏自己曾说："我看上董刚也不是因为董刚的钱，是为了董刚那一身才华，只要有才，就不愁钱。我也不是个安分的人，我也有做事业的心。人若没有一点点理想，没有一点点想法，没有一点点作为，就只剩下睡觉吃饭了，活着和咸鱼有什么区别？我这一辈子就白活，浪费掉了，实在是太过可惜。希望我能和董刚共创一番事业，他坐镇指挥，我去执行，不枉此生才华。"根据她的说法，周敏爱董刚，不是因为金钱，而是因为他的才华。董刚真的有才华吗？从预测大蒜市场价格波动来看，董刚的确有些才华，但是从他对人的认知、对整个人生的把握上来看，其实他并没有过多才华。如果真的有才华，他就不会加入张国亮的公司，也不会被秦峰所陷害。由此看来，董刚的所谓才华，是有限度的才华，是一些"小才华"或者说"小智慧"，不属于"大智慧"和"大才华"。周敏希望董刚出狱后，与他共创一番新的事业，不知他能否彻底走出人生的误区。既然如此，周敏为什么会爱董刚如此坚决？最主要的因素在于《白老虎》关于董刚人生经历的描述太富有传奇色彩。尽管赵德发在创作过程中尽量保持自己的理性和客观，对其优点和缺点都做了展示，但其人生故事，特别是其在大蒜行业呼风唤雨的故事，对大蒜价格准确预测，成为"蒜神"的故事，依然具有浓厚的传奇色彩和神秘性。正是这种传奇色彩和神秘性，深深地吸引了周敏，让她甘愿为之付出自己的爱情。周敏所说的董刚的才华，正是通过他富有传奇色彩和神秘性的人生经历所体现出来。

最后，研究生爱上囚犯，展示了爱情的力量。

周敏的爱情，是目的性非常单纯的爱情。她爱他，只为他的才华，只因被他的传奇故事吸引。尽管有一定的被迷惑的成分，但这里面，没有世俗，也没有功利。她之前的人生经历也是非常单纯，非常清白，是《白老虎》一书，是董刚这个传奇人物，打开了她的情感世界。正如她自己所言："我的感情世界一片空白，没有过感情经历。您是我第一个鼓起勇气去追的，我的心情就像躲在草丛里的小白兔，满心满意地想要，又怕被拒绝，一点点的风吹草动，就时不时地钻出头来看一看。"

周敏的爱情，是属于惊世骇俗的爱情。它超越社会普遍的价值观念和爱情观念，是不被社会和他人理解的爱情。最初，对于这件事情，赵德发将信将疑，赵德发的妻子也说："那不可能，董刚正在蹲监狱，她一个研究生，怎么会爱上他？"赵德发和懂懂议论董刚案子时，告诉懂懂有个研究生爱上了董刚，懂懂也觉得不可思议，说这孩子是脑子进水了。"一个女孩，披肝沥胆，向心上人倾吐心思，表达爱意，信誓旦旦，要追随他，与他相依为命。而且，她的这个心上人，还不是自由人，是个囚犯！"这样的人，这样的爱情，只能令人尊敬。赵德发说，读过周敏给董刚的情书后，他深受感动，随即做出决定，不再劝阻周敏，而是从内心里祝福她，祝她遂心如愿，获得幸福。

周敏的爱情，最初遇到很大阻力。阻力恰恰来自赵德发夫妇、懂懂和董刚的家人。周敏到盐城旁听董刚庭审回来的路上，赵德发夫妇便给她泼冷水说："董刚有过两次婚姻，有过许多女朋友，这次上诉，盐城中院很可能维持原判，你难道要等到他五十多岁出狱？"懂懂更是直截了当对她说："你别犯傻，抓紧另找对象。"晚上吃饭时，他们继续开导周敏，周敏先是沉默不语，后来竟然大哭起来。此后，懂懂经常在他的"日记"里提到周敏，当然是用了化名，说她爱上董刚，如何犯傻，又是讽刺又是挖苦。他说："我就是要刺激刺激她，让她清醒。"董刚的哥哥去世，周敏前来哀悼，董刚的大外甥送她，直接对周敏说，他和二舅相差没几岁，从小在一起玩，他了解二舅的性情。二舅并不像赵老师书中描写的那样，是有很多毛病的，劝她冷静一些，好好思考一下，值不值得这样等他。最好是赶快放手，趁年轻找个好人家。对于大家三番五次的劝说，周敏叶曾一度犹豫，也曾一度放手，但最终还是决定，追随董刚而去，"让我有勇气，风雨无阻与您相依为命"。众人的劝说，并没有战胜她爱的决心。

周敏的爱情，爱得很辛苦，但也很坚决。为了这份苦涩的爱，周敏曾经设想，找开煤矿的表哥借钱，替董刚交上三百万，以求他"可以出来"。当听说根本不可能时，她才放弃了这一想法。为了旁听董刚的庭审，她头一天没买上火车票，去坐飞机，但到南京的航班也没有了，只好在机场旁边的旅馆住了一夜，当天飞到南通，又坐两个小时火车到了盐城。到了庭审现场时，她脸色发黄，一副憔悴模样。她从律师那里打听到董刚亲戚的电话，经常打听消息。得知董刚被关押的具体地点，她寄去了五百块钱，让他在里面消费。她还打算，挣上三五十万，等董刚出来，让他做东山再起的本钱。为了能到监狱探望董刚，她历尽周折。"好不容易走到探视登记处，值班女民警问周敏，与董刚是什么关系，周敏说，是他的女朋友。女民警又问，有孩子吗？周敏，没有。民警说，那就更没资格看望了。她俩一再央求，周敏的眼泪都出来了，女民警还是摇头。法不容情，她俩只好走了出去。二人在烈日下站了一会儿，又鼓足勇气去央求。一直等到十一点，有关领导终于批准了。二人千恩万谢，急忙随民警进了会见室。"这是什么力量，爱情的力量！

周敏的爱情，让董刚发生了很大的变化，由此可以窥见爱情的"改造"功能。董刚在信里说："他在里面反省了，以后低调，再也不像以前那样了，出去之后老老实实做点事，养活个小家庭毫无问题。到时候结婚，也要低调一些，简单一些，以前做的事情、种种折腾，真没意思。"他说，出事之前心里静不下来，就想打拼一段，找个寺庙清修几年，没想到，和尚没当上，自己进监狱了。也好，这地方比寺庙还要清静。他现在信佛了，信缘分了。董刚为什么会发生如此大的变化，恐怕与周敏的爱有一定关系吧。

周敏的爱清，不仅改变了董刚，还改变了她自身。赵德发记录道："周敏把自己的照片寄给董刚。董刚在信中直夸她漂亮。这些照片，周敏也发给老杜一些，老杜也说漂亮。我看了看，发现她身材苗条，面容清秀，比在盐城的时候漂亮多了。佛家讲，相由心生。周敏心中有爱，相貌也随之大变，真是不可思议。"这不可思议的，恰恰是爱情的力量。

时至今日，董刚依然在大墙之内，周敏仍然在大墙之外等他。无论他们的最终结果是成功还是失败，都值得肯定和期待。

真心希望，有一天，董刚从狱中出来，周敏真的像懂懂给她在《白老虎》书上的签名一样——"做最美的新娘！"

第四章 《学海之鲸》：壮美的人生

《学海之鲸：朱德发传》是赵德发应山东师范大学中国现当代文学国家重点学科的邀请，为著名学者朱德发先生专门撰写的传记。朱德发先生系山东师范大学教授，博士生导师，国家名师，著名学者。致力于中国现当代文学教学与研究，尤以五四文学、传统文学与现代文学关系的研究见长。他治学严谨，成果丰硕；学高人谦，淡泊名利；安贫乐道，拥书自乐；百折不挠，坚韧不拔；精神高洁，情怀博大；教书育人，桃李满天。在这样一个时代，传记这样一个人物，很有一番特殊意义。同时，由一个"德发"撰写另一个"德发"，也别有一番意味。

为了写好这部传记，赵德发进行了深入思考和研究，也多次进行深度采访。2019年2月25日至27日，他在山东师范大学与魏建、顾广梅两位教授商量写作的有关事宜。3月18日至27日，在山东师范大学采访，收集有关资料。4月7日至10日，专程到北京采访朱德发的老同学宋法棠，学生王兆胜、张清华等人。5月20日，去郑州采访朱德发先生的妹妹。2019年7月8日，在山东师范大学参加朱德发先生教育教学思想研讨会，进一步了解其人生经历和学术思想。

赵德发经过深入采访，精心构思，苦心创作，完成了这部沉甸甸的力作。从"君子豹变"到"鲸落沧溟"，该书真实再现了朱德发先生从学海中的一条小鱼成长为一条巨鲸，最终献身社会的壮美人生，着力塑造了一代大师的学者风范和精神风貌，展现了他对教育事业和学术研究做出的杰出贡献。尤其重要的是，它揭示和回答了当代知识分子的真正使命是什么，以及怎样肩负和实现这一使命的重大问题。那就是：修养自我，研究学问，实现君子豹变，逐步成长为一代"巨鲸"；教书育人，著书立说，建功立业，鲸落沧溟，努力反哺时代、奉献社会。

朱德发虽然出生在有"蓬莱仙境"美景和"八仙过海"传说的山东蓬莱，却有着极为悲惨的童年。五岁时，奶奶去世；六岁，闯关东的父亲又突然撒手人寰；十岁时，爷爷倒地不起。八岁才上小学，十二岁由母亲包办结婚。这样一个苦命的孩子，这样一条天可怜见的"小鱼"，是怎样从乡村出发，从小学文化起步，一步步成长，一天天壮大，最终成为一条"学海之鲸"，成为一代名师和学者，进而肩负起当代知识分子应有使命的呢？作者通过大量翔实的材料、客观理性的分析、深度的发现和挖掘，展示了其壮美人生，找到了其成功的奥秘，具有很强的认知价值、启世价值和借鉴价值。

第一，深度挖掘，找到其走向成功、肩负使命的内生动力——始终怀揣巨鲸般的远大抱负。世界上没有随随便便的成功，朱德发的成功也是如此。作者发现朱德发的成功，与他从小立志，心怀抱负，逐梦前行有关。在朱德发长长的人生经历中，作者发现了那些有关立志的细节和片段在历史深处闪闪发光。早在很小的时候，朱德发便立下了远大志向和抱负。他曾向人讲，在家乡蓬莱海边他曾见过鲸鱼。那是一个庞然大物，鼓浪成雷，喷沫如雨，太让人震撼了。他想到了《庄子》里面讲的"北溟有鱼，其名为鲲。鲲之大，不知其几千里也"，又想到《释文》中讲的"鲲当为鲸"，眼中的鲸鱼便更加宏伟。他想，海洋中有此等巨物，人海中也应该有。物质上的躯体，他们不一定大，但精神上的能量，会超过芸芸众生，产生重要影响。能成为这样的人，幸甚至哉！于是，他便下定决心，要成为"学海之鲸"。早年他曾一度萌生过当作家的想法，起因是听了著名作家杨朔的演讲。他告诫自己一定要好好学，努力提高自己的文化水平，增强文学的修养，提高文字能力，将来当个好作家……后来在曲阜师范学院学习期间，他改变了自己的人生方向。大学读书生活让他明白了应当按照大学的培养来规划自己。他认同"大学不是培养作家的，而是培养学者的地方"的观点，由此他爱上了文学研究，成为一代学者、文学史家便成了他新的梦想和抱负。他不愿蹉跎岁月、虚度光阴，几十年下来，矢志不渝，默默前行在这条有些寂寞，有些清苦，也有些孤独的道路上。应当看到，他的这一选择和努力，是与家国命运，与知识分子的使命担当紧密联系在一起的。他的弟子李宗刚曾说："朱先生不止一次向我们强调'知识分子要为天地立心，为生民立命'，这是作为一个知识分子的自我文化担当和文化使命，要强化自己参与社会、参与中国的文化建设。"心中有梦想，脚下有力量。正是他的远大抱负和强烈的使命感，使他的人生拥有了巨大而绵绵不断的力量，也让他最终成为一代"学海之鲸"。

第二，深度挖掘，找到其走向成功、肩负使命的根本所在——不断修养真学者的精神和素养。现代社会所谓的知识分子很多，所谓的学者和专家也很多，但缺乏真正的知识分子，也缺乏真正的学者和专家，更缺乏真正知识分子和真学者的应有成就和担当。为什么呢？根子就在于有些人并不具备"真知识者""真学者""真专家"的专业素养。作者认为，朱德发之所以有别于很多学者和知识分子，就在于他不断修养真学者的精神和素养。作者首先阐明朱德发真学者的首要因子。在朱德发的心目中，真学者首先是一种精神和品格，必须"特立独行、耿直率真、光明磊落、刚直不阿"，"既不怕受冷落也不怕遭围攻，为了探求学术真理、繁荣学术研究，哪怕献出生命也在所不惜"。朱德发的教学和学术之路，是从提高"真学者"精神和品格开始的，并贯穿始终。其次阐明了朱德发修炼真学者的"四大法门"。一是学习，二是钻研，三是提升，四是坚守。可以概括为"内修外练"，全力提高人格素养。在学习上，他是丝毫不吝惜自己的体力、脑力、心力和时间的。不然，他不会小学毕业便被推荐到小学当老师，也不会很快当上教学主任和校长。当初，没有读过中学却要指导中学教学的他，靠的是"发愤"二字。他发愤学习，发愤工作，就为了让自己不比别人差，为了让自己的生命体现出不凡的价值。为了实现上大学的梦想，他曾拼命备考，焚膏继晷，恶补有关知识。为了全力以赴写作，他曾"囚禁"自己，请人把自己反锁在家里，以谢绝来访者。为了节省去食堂打饭的时间，他自己发明了"朱氏做粥法"：头天晚上打来一壶开水，将一些米放进去，焖上一夜变熟，第二天早晨倒出来吃。大学四年，是他苦读的四年，他把主要精力投入了读书当中。在读书的过程中慢慢强化要当学者的信念和专业能力。他认为当学者，首先是要有自己独立的一套理论思维，再就是要读大量的书。没有基础知识是不行的。其次，还要能把自己很多的独立思考写出来，文笔要好一些。所以这些方面必须都有充分的准备。做五四文学研究时，他阅读大量文史资料，一本本翻阅，一篇篇阅读，还读了大量政治经典文本中对五四新文化运动和文学革命的权威论述。阅读中，他一直用笔记本和卡片做着记录。在他的宿舍里，光是卡片就存了几大箱子。他夜以继日，废寝忘食，简直是与资料死磕上了。对于他的五四新文学研究，有人评价他说："运用历时性与共时性双向建构的考察方式，探讨了五四新文学的来龙去脉与演变范型。其书宏观审视气势博大，微观考查刻度精细，初步显示出了朱先生的文学史思维方式的特点与文学史总体把握的突出能力。"什么是专业精神？什么是专业操守？什么是专业能力？这就是最好的回答。最后阐述了朱德发自我提升的着力点。他的提升，不仅是专业知识的提升，更重要的是思想境界的提升。他认为，一个真学者不只是把致力于学术研究当成其生存方式或价值根基，要具有一种自觉的以身殉业的奉献精神，而且应树立为学术而学术、为学问而治学的坚定信念，见到发财之道不动心，听到官场升迁不走神，你走你的阳关道，我走我的学术桥。几十年来，他是这样要求自己的，也这样做到了。他从内心里瞧不起那些为了获取金钱与权力而放弃做学问的人，将学术当作体现生命价值的唯一形式，埋头书斋，孜孜矻矻，磨杵成针，精心铸剑。作者发现，他那种事业上的专注，其实是带有悲苦、悲壮意味的。孤灯一盏，孤身一人，夜深人静，形影相吊，那种滋味，难与外人道也。这更见其精神和素养的可贵。

第三，深度挖掘，找到其走向成功、肩负使命的关键因素——有一颗创新型的学术大脑。搞学术研究，最怕故步自封、因循守旧、人云亦云、抄袭前人，必须具有创新思维，不断超越前人。作者发现，朱德发是借助思想解放和改革开放的春风，用创新型思维开展文学研究的，他善于从浩如烟海、繁杂茂盛、已有结论的文学史料中，寻找新的焦点、疑点和难点，发现新的思想、新的立论和新的材料，从而形成一系列超越既有结论、符合历史真实、为时代所需要的新的研究成果。一是指出他始终坚持科学的治学态度，遵循"解放思想，实事求是"的思想路线，去探讨和认识现代中国文学的本来面貌和内在规律，使自己的学术思维保持永久的活力，不断地有所发现、有所前进，既能超越前人也能超越自己；特别要敢于"破门而出"，冲决中国现代文学三十年的传统界限或断代，真正按照中国新文学现代化的内在机制和基本规律重新规划"现代文学学科"的研究范畴，真切体现出当代学者勇于探索的锐气和科学求是的精神。他对五四新文化运动和五四文学指导思想的创新性研究，是学术研究坚持实事求是思想路线的具体体现。在编写现代文学教材时，他明确提出"解放思想、实事求是，恢复历史本来面目"的编写原则，认真总结新中国成立以来在文学史研究中存在的"左"的和形而上学的倾向，对现代文学研究中，长期未能解决的一些问题，进行实事求是的探讨，澄清模糊认识，纠正某些不适当的提法。二是明确他积极践行的五四精神。他是五四文学的研究者，也是五四精神的践行者。青春气息、创新激情、独立精神，是他从五四精神中获取的三样法宝，他一生都在护持，在坚守。他是五四精神真正的传人，也把五四精神贯串到了教学之中。实际工作中，他一贯倡导学术自由，鼓励学生解放思想，勇敢讲话，敢为人先，"吾爱吾师，吾更爱真理"，鼓励学生大胆发表意见。三是高度礼赞他敢于大胆突破的精神。很多问题上，他"敢吼天下第一声"。敏锐的问题意识，大胆的探索精神，让他深稽博考，刮摩淬励。对五四文学全方位的考察，深思熟虑之后形成的观点，让他如鲠在喉，不吐不快。在那个年代，对于一些需要拨乱反正的学术问题，知不知道，是水平问题；讲与不讲，是勇气问题。正如后人评价的那样，在改革开放之初，学术界百废待兴，观念僵化现象十分普遍，而朱德发以异乎寻常的使命感与责任感，勇闯学术禁区，匡正和澄清了五四文学研究中一系列重大的原则问题，可谓掷地有声。他对于胡适的研究，对于新文学史的重构，没有一点胆识，没有一点头脑，是根本不可想象的。他坚持认为，科学探索不能总停留在一个基点和一个水平上，要不断发现、不断开拓，哪怕探索中有失误，甚至陷进"雷区"也要无所畏惧，朝着自己的目标追求下去。即便因为发表自己的观点，在反对"精神污染"中受到一定影响，他也不为所惧，不为所动，继续沿着求是、科学、创新的思路，向深处掘进、向广处拓展、向高处提升。这是作者对其大胆突破精神的重点书写，更是对其精神的高度肯定和礼赞。

第四，深度挖掘，找到其走向成功、肩负使命的重要品质——具有一代侠者的大家风范。成大学问者和大事业者，必须要有大的胸怀、大的气派、大的风范。作者特别书写了朱德发的"大侠风范"和"英雄情结"，并认为这一品质对其走向成功尤为重要、不可或缺。指出朱德发先生无论为人，还是做学问，都尽显大将风范：胸怀远大，无私奉献，高屋建瓴，胸有千壑，指挥倜傥，挥洒自如。一是让人深感朱德发先生"只志在功成，不在乎名声"。帮助田仲济先生修订《中国抗战文艺史》的事迹是最好的体现。在一些人眼中，这是一件吃力不讨好的活，然而，他虽然极其繁忙，但还是痛快地答应了下来，而且极其负责地采取了"重写、大改"的修订方式，大面积重构补写，竟然增加了近20万字。对于修订后的署名，他依然坚持只署田老的名字，根本不考虑自己的付出。二是让人深感朱德发先生"坚守傲骨，舍我其谁"。在赵德发笔下，我们看到朱德发是一个坚持"低调做人，高调做事"和"人不可有傲气，但不可无傲骨"的人，在事关学术问题上，从来"不谦虚，不客气"，展现着当代知识分子应有的骨气，显露出应有的霸气和舍我其谁的派头。最具典型意义的故事是，有一次参加纪念鲁迅一百周年诞辰研讨会发言时，他当众说："我认为前面好多发言不够实事求是，还是陈陈相因，没有新意，下午会议再这么开，我就走人。"如此直率，如此敢言，如此自信，不是一般"学人"所能够做到的。三是让人深感朱德发先生"英雄气长，英勇作战"。作者挖掘到了朱德发自小就具有的浓厚的英雄情结。他没有参军打仗，但一直有个将军梦。他将这份英雄情结转化为一份超强的事业心，干什么都非同一般，出类拔萃。他要求自己无论身处哪个领域，都要成为该领域的巨大存在，不能被人忽视的存在，被同类佩服和尊敬的存在。他低位逆袭，后来居上，自立门户，能征善战，靠的就是这种英雄主义的精神。担任山师中国现当代文学学科带头人之后，他像带兵打仗那样，做战略规划，搞战术研究，招兵买马，足智多谋，俨然一位将军。三十年间，他披坚执锐，一马当先，率领这支学术队伍攻克了一个个学术高地，赢得了无数骄人的战绩。

第五，深度挖掘，找到其走向成功、肩负使命的最大成因——系统性、体系性、立体型发展和研究。一个志在有为的知识分子，一个志在成为"巨鲸"的学者，仅仅在一个方面或一个领域有所研究、有所成果、有所建树是远远不够的。朱德发的可贵、可敬、可赞之处就在于，他取得了多方面的成就。既是一代国家名师，又是一代知名学者。有人说，在中国古代，一个人就是一座大学，譬如孔子；一个人就是一座医院，譬如华佗。我们说，在山东师范大学，一个人就是一个研究所，一个人就是一个国家重点学科。这个人的名字叫朱德发。他的成就是多方面的，是体系性、立体化的。作者系统总结了朱德发一生的"三大历史性贡献"。一是对现当代文学特别是五四文学进行系统性研究，形成"朱氏学说"。赵德发先生用著作等身来形容朱德发学术研究系统之宽广、著述之丰富。他先后获得国家教育部和山东省人文社科优秀成果奖与文艺评论奖达30项次。其中荣获国家教育部人文社科优秀成果二等奖的就有3项。他的研究工作，先后经历了四个发展阶段：学术研究压抑期、学术思想形成期、学术思想拓展期和学术思想完善期。他研究文学史，重编文学史；研究现代文学史理论，探究现代文学发展规律；研究文学大家名家，重塑一个个大师形象；研究文学流派形成与发展，阐释其作用、价值和意义，从而逐步确立了作为启蒙家的现代文学学者、推动学术范式转型的文学史家、在研究实践中建构学术体系的文学理论家的立体化学术形象。二是建功立业，和同事一道建成国家重点学科。他的学术研究，具有强烈的示范带动作用。在那一年的春天，现代文学研究领域甚至刮起了"朱德发旋风"。山东师范大学有一块响当当、亮闪闪的牌子——中国现当代文学国家重点学科。作者指出，这块牌子来之不易。山师大的几代学者，历经半个世纪的不懈奋斗才如愿以偿。尤其是朱德发在这个过程中发挥了重大作用。为了建成国家重点学科，申报现代文学博士点，他确定了中国新文学思潮与流派研究、现代作家作品研究、新时期中国文学研究三大研究方向，并带领团队开展气势恢宏、波澜壮阔的研究工作，取得了一系列丰硕成果。为了学科发展，他十分注意培养、发现和引进人才，先后培养了魏建、张清华等骨干人才，引进了吴义勤、宋益乔等特殊人才。三是教书育人，桃李满天下。"一次择业定终身。"朱德发是一个为文艺和教学而生，为文艺和教学而死的人。他从事教学工作长达六十七年，堪称"终身教育家"。他先后指导了硕士研究生60多名、博士研究生24名、博士后1名、留学生1名，教过的本专科学生一万多人。他所教授的一代代学子，如今很多已成长为山东乃至全国各条战线特别是文化教育界的中坚力量、领军人物和栋梁人才。

作者在传记最后特意写道，朱德发先生的得意弟子顾广梅曾写道："他在八十岁高龄时曾有言：'学术是我的宗教。'几十年如一日在学术研究上的殚精竭虑，使他的自我认知如此强烈而明确。从某种意义上说，视学术为宗教的朱德发先生，如同一位学术的圣徒，高举着真理的火炬，为后人照亮道路。"这是精神的烛照，殉道的光芒，也是人格的力量。在实现中华民族伟大复兴的征程中，必将给一代代知识分子以新的启迪、新的借鉴和新的力量，激发人们以更加自觉的使命和担当，更加专业的精神和素养，去演绎既属于自己也属于时代，无愧于国家和人民的壮美人生。

　　应该特别指出的是，如同"六经注我"与"我注六经"，赵德发书写朱德发，表面上看写的是他人，实际上写的也是自己。因为，他本人在人生价值、责任担当、艺术成就，甚至人生经历等诸多方面，与朱德发都有很多相似之处，同样属于极其壮美的人生。所不同的是，他们一个是献身教学和学术事业，另一个献身的是教学和文学事业。朱德发先生已经千古，而赵德发依然还有非常可期的人生之路。人们有理由期待着，他能在文学创作的道路上，写出更精彩、更壮美、更有意义的续篇。

卷七　远方拷问：哲人之思

毁灭于洪荒

传奇于洪荒

他倒下的姿势一片模糊

因之渐渐明亮的

是背景

那一幕混沌的黎明

原始的曙光

——舒婷《始祖鸟》

第一章 《人类世》：寄情深远的忧思

"传统文化三部曲"完成之后，赵德发再次调整创作方向，先后创作出两部全新的作品——《人类世》和《经山海》。可以看出，赵德发的创作正在实现两大转变：一是从作品辐射地域来看，正从大山走向大海。此前他的创作主要面对的是山峦起伏、河流纵横的沂蒙山区，而今已经来到了波涛汹涌、一望无际的黄海之滨。二是从创作内容来看，正从反映文化转向直面精神。有理由相信和推断，他正在创作和完成新的"三部曲"，也是他的第三个"三部曲"——"蓝色三部曲"。这新的"三部曲"将由业已创作完成的《人类世》《经山海》，以及正在构思中的第十部长篇构成。与之前的创作相比，"蓝色三部曲"使他走向大海，而且更注重精神。其中《人类世》主要反映准地质时代的人类忧思精神，《经山海》主要反映新时代的乡村精神，未来准备创作的第十部长篇，或许会反映一种直面大海、走向大海的人类精神。由于精神在思想、文化、意识和灵魂中，属于最高的"质"，是最高贵的"文心"。因此说，他的创作实际上是在向更新的领域拓展，向更高的层次迈进，向更深的根柢探寻。

《人类世》是偶然中的必然性创作，体现了作者的敏感、睿智和深思。

2011年春天，赵德发从媒体上第一次了解到"人类世"这个新概念。他在2012年写下的《突如其来"人类世"》一文中说，他最早读到这个词语是在2011年5月的一个晚上："我是在网上读到那条新闻的——在伦敦召开的英国地质学会专题谈论会上，来自世界各国各领域的科学家共同探讨了一个问题：'人类世'能否作为一个正式名词列入地质年代表。""在这次专题会议上，由于科学家们争论激烈，'人类世'的命名未获通过。保罗·克鲁岑说：'虽然"人类世"未能最后确定，但在地球四十七亿年的历史上，人类从根本上改变了地球的形态学、化学和生物学，我们应该认识到这一切。'""有人评价：'人类世'这个概念的提出，是地质学上的一次飞跃，其重要性不亚于板块构造学的提出。"

自从相识人类世之后，赵德发的世界观发生了很大的改变，由此引发了一个新的创作灵感。他开始尝试在地球四十七亿年的背景下看人类、看世界，在俯仰之间、呼吸之间感受人类世。2013年10月26日，他准备给曲阜师范大学研究生开宗教文化讲座，早晨起来重读《圣经》，脑际突然出现一个念头：写一部关于人类世的长篇小说。从那以后，他日思夜想，神魂颠倒，头脑风暴经常发生。人类世像一辆渣土车，在他的脑海里奔驰喧嚣，无休无止。尽管这个题材对他来说又是一个崭新的领域，但浓厚的写作兴趣、强烈的冲动让他不得不去付诸实施。

随后的时间，他进行了深度构思，并不断去掌握有关素材和资料。他决定以海边许多地方填海造陆的现实，以及人生中经历过的环境的巨大变迁为主要内容，来完成这部新书的创作。

2014年2月18日，赵德发在北京向长江文艺出版社编辑安波舜谈了《人类世》的构思和打算。同年4月2日，开始动笔创作其中的片断"立虹为记",到第二年 5 月 6 日完成初稿。8 月,该书入选国家新闻出版广电总局评选的中国文艺原创精品出版工程名单。2016 年 1 月,该书在《中国作家》1 月文学旬刊发表。5 月,选载于《长篇小说选刊》第 3 期。7 月,由长江文艺出版社正式出版。

表面看来,《人类世》的创作是一个偶然现象,是一个"突如其来"的事件,实际上这部作品的诞生绝非偶然。只能说它的创作灵感来自偶然,实际创作却是偶然中的必然。因为,作品所展示的内容,早在赵德发身边发生;作品所塑造的人物,早已在现实生活中活现;作品所反映的思想,特别是关于人类命运的忧思,早已在他的头脑中长期思考,并逐步沉淀。只能说,是"人类世"一词就像物理学上的触发脉冲,一下子激活了赵德发的内心积淀,引发了他的创作灵感,并使他的内在储备像泉水一样喷涌。在这个问题上,可以看出赵德发作为优秀作家的职业敏感和睿智。

《人类世》对准地质时代的一些重大问题做出新的揭示,体现了作者先人类之忧而忧的忧思精神。

"人类一旦任性、放纵,必将为此吞下恶果。"《人类世》封面上的这句话,具有开宗明义的效果。作品所展现和表达的事实令人惊悚:某些人的人性在退化,动物本能在扩张。在人类世这样一个准地质时代,人类通过劳动创造并丰富人性本身的同时,存在着通过自身的创造又毁灭自己的巨大可能。

它深刻揭示出现代人价值观扭曲是人类生存发展最大的危机和风险。评论家程小源在《寄情深远的人类忧思》中指出:"孙参是作家着墨最多的人物,宗教与世俗、虚伪与诚实、勇敢与怯懦、吃苦与享乐、乱性与守持……多元二重性格组合出这一人物的基面和复杂性。剖开孙参从乡村土蛋到都市土豪的生长肌理,深入其情感世界,不难发现其精神原罪。"应当看到，孙参在为社会创造了骄人的 GDP 的同时，也见证了其自己制造出的罪恶，可以说 GDP 罪恶，既是孙参们创业的过程，又是其创业的结果。雾霾、毒食品、洋垃圾的入侵等问题，无时不在、无孔不入地影响着人们的生活，所有这些，都是孙参们打拼的结果。孙参、郭晓莲、王鸿等一批在市场经济前沿打拼的群像所具有的代表性和普遍性，至少提供四种启示：

首先，成功神学并不能引导人实现真正的成功。成功神学存在一个十分荒谬的逻辑：目的的合理性等于手段的合理性。正如刘再复在其《双典批判》中所讲的梁山好汉滥杀无辜之所以被赞赏，是因为替天行道合理性存在一样。孙参们对自然的疯狂破坏，是因为追求 GDP 的所谓合理性所使然。

其次，基于贫困复仇心理的人生励志绝不可取。《人类世》基于残酷的现实所摹写的一众富豪人物，均有一个共同的人生轨迹：赤贫苦难——隐忍打拼——巧取豪夺——"功成名就"。他们在初始化积贫人生的比较中生长，自小就在心里埋下了仇富的种子，"仇视他人富，只恨我不富"，这样一种畸形心理所生出、固化的人生励志是极其可怕的，它必然导向整个社会丛林法则的恶化。

再次，对富贵的追求不能扭曲人生价值。土豪之所以称为土豪，正是因为他们在对财富不择手段的疯狂掠夺的同时所表现出的享用财富的无德，诸如挥金如土、视性如饭的糜烂。丝毫看不出"贵"的品质，看到的只是道德的全面沦丧和崩溃。

最后，对自然的改造必须尊重自然规律。《人类世》通过故事的形象展示和一系列经济活动的理性分析，再次警醒人们，改造自然，必须尊重自然规律，否则，就会受到自然的惩罚。

《人类世》注重对现实和文化的重建，体现了作者永葆梦想和希望的精神力量。

赵德发小说的载道在《人类世》里有了一种新的哲学升华。作家通过喧嚣浮躁的人类生活画卷的铺叙，叩问了一个人类生存的命题并给予了解答，这个解答就是《人类世》文本所具有的警世意义；同时，作品通过焦石、关亚静等人物的塑造，表达出人类的梦想和希望所在，因为自由美好毕竟是指向未来的。从这一角度讲，这部作品在展示悲剧的同时，亦给了人们希冀化的启迪！

它展示了人类发展中滋生的各类病症及为疗救所做的艰辛探索。《人类世》站位于超越种族，超越国别，超越意识形态的终极性、整体性、未来性人类救赎意识高度上，以当代人类社会与自然的关系为切面，以人类历史优秀文化烛照或精神映射为剖面，建构起一个宏大的坐标系，以全息视角呈现人类社会的某些病态，分析病因，并施以良方。

它再现了厚重感强、多维而非单度的社会生活画卷，展示了精神的困顿和矛盾。上至社会精英、政府官员，下至街头小贩，从本土到非洲、欧洲，到太空，从地质时代"全新世"直到"人类世"，从温室效应、海平面上升到开发非洲导致大量野生动植物死亡，原始文明与现代文明的碰撞交融、排斥背反等，作品对人类生活做了全息式扫描，呈现出人类社会的各种病态症候。现实主义创作笔法凸显出人与人、人与自然、人与自己的诸多对抗性矛盾和难解的悖论。人类不断向自然界索取，改造和斗争，成为对抗自然的主要力量。正是这种对抗，带来了更多、更大的破坏、敌意和报复。生态危机、信仰危机、诚信危机、情感危机，甚至种族繁衍危机，各种危机在不断交集，如病毒变异，又衍生出新的危机。孙参的儿子要做火星的第一批居民，并立志开发火星，把地球破坏完了，再去破坏火星？

更为可怕的是，人类几千年培养积淀起来的优秀人性因子在消解退化，"人类必将饱尝作孽所造成的严重后果。人类自从科技诞生以来，无限度地放纵自己的欲望所面临的种种问题。人类不仅仅是向自然生态环境无穷掠夺，还践踏和无视人类文明几千年积淀下来的高尚、道德、善良和真诚等等这些品性。"凡此种种，为人类存亡敲响了惊心动魄的警钟。

它表现了人们为拯救人类展开的艰辛探索。坚守知识分子本性的大学教授焦石从带学生考察老姆山，阻止炸山填海，到被迫停课，奔走于崇山峻岭，研究岱崮地貌，极力宣传环保，守持传统文化的乡贤田明德以及他的女儿田思萱，从岛国来的纯洁虔诚的真真，富有朝气的青年学子代表关亚静等人，他们面对人类的各种疑难杂症，忍受着被嘲笑甚至被欺压，以舍我其谁的精神，矢志不渝，艰辛探索，为救治人类开出一个个药方，提出一个个方案，呈现出前所未有的正能量，代表了期待未来的美好，必须做当下不懈努力的基本逻辑。

作品呈现当代人信仰虚无缺失的同时，更呈现了依然守望优秀文化品格者的光芒。韩民青在其《文化的历程》中将人类的文化历程分为宗教文化（鬼神文化）、科技文化、艺术文化三个时期，而科技文化时期，因科技文化所具有的对人的天然的桎梏性，将导致人类信仰的虚无与缺失。作品中西方的基督、东方的儒释道等宗教氛围的刻意渲染，折射出当代人格的虚伪性、分裂性、欺骗性。"参孙"在《圣经》里意指上帝赐给的力量。孙参的企业叫参孙集团，参孙的企业精神"永远成功，参孙无敌"，要求每个员工上班期间都要佩戴十字架。集团也被称为"十字军"，给外界展示信仰上帝的形象。但孙参在去教堂做礼拜时说："我爱上帝，是有条件的，他给我成功，我就爱他。"一语道破了他信仰上帝的玄机。这一典型是具有普遍意义的。教堂里，唱诗歌者们的庄严肃穆，佛门圣地香烟缭绕，跪拜者不绝，又有几人是为了求真向善、普度众生？只不过为了求富贵求长生而已。三教寺里三个人为教主的位置明争暗斗，何尝不是一种人类欲念的变相膨胀。

它昭示了传统文化优秀元素必须坚守的意义。儒家思想、老庄哲学乃至佛教中的人与自然要和谐相处、人贵物轻、无为而治、为民请命、真诚、善良、忏悔等优秀文化元素，在焦石、柳秀婷等人物身上显现了熹光。三教寺的居士柳秀婷要在老姆山上分别刻佛教的《金刚经》、道教的《太上感应篇》和儒家的《论语》；地质学教授焦石在老姆山上发现了新的地质年代分层的剖面，要钉一颗"金钉子"等情节虽带有悲剧色彩，但分明代表了人类向美好未来挺进的力量，尽管这力量弱如豆光，看起来似乎并不那么强大，但星星之火，可以燎原。微弱的星光，照样可以把天空变成光芒闪耀的银河。

应当记录在案的是，这部重在展现人类精神的长篇小说曾获得由中国作家杂志社、鄂尔多斯市人民政府主办的第十届《中国作家》"鄂尔多斯文学奖"，还获得山东省人民政府主办的第四届"泰山文艺奖·文学创作奖"。

第二章 《经山海》：乡村精神的重建

《经山海》是赵德发的第九部长篇小说，也是他奉献给新时代文坛的一本既具有历史感，又富有当代性的全新力作。分析赵德发的创作动因，主要有两大因素促成这部小说的创作：一是对《历史上的今天》的喜爱和研究，促使他想创作一部"有历史感"的小说；二是人民文学杂志社总编辑施战军和安徽文艺出版社社长朱寒冬不约而同地发来关于乡村振兴题材小说的约稿，促使他最终下定了创作的决心。这两大因素的有机结合，使这部作品充满历史感和当代性，是历史感与当代性的有机统一。其历史感主要体现在作品所展示的乡村精神的回归上，其当代性则主要体现在所展示的乡村精神的重建上。其统一性主要体现在，作品所塑造的人物一方面善于从历史文化中寻找值得当代恢复和继承的优秀因子，另一方面又善于通过当代生动的社会实践创造新的历史。一如小说中历史学家方教授所言："我们是历史的研究者，你们是历史的创造者。"

当今世界，正处于百年未有之大变局中。这种大变局，不仅是指世界格局的变化、大国地位的交替，还体现在社会产业的深刻变革和兴替上。随着工业化的发展，服务业的兴盛，信息化、数字化和智能化时代的到来，传统的第一产业——农业正站在产业变革的风口。中国真的进入"后农业时代"了吗？中国农民真的进入"终结期"了吗？中国亿万农民的精神真的进入"空窗期"了吗？这是时代为我们提出的值得深思的大课题。《经山海》正是在这样的大背景下，展开了对乡村精神回归与重建问题的深度思考和形象展示，试图为我们寻找一条全面振兴乡村政治、经济和文化，重建乡村价值观念，追回乡村精神乐园的路途。令人欣慰的是，从这部作品中，我们看到了希望所在、依据所在和未来所在。

楷坡镇典型环境的选择极具历史意义和现实意义

作者将故事发生的所在地设置在安澜市隅城区楷坡镇，是颇费一番心思的。因为，这里是海陆相接之地，是山海相映之地，也是历史文化和当代文化相交之地。这里曾是龙山文化的发祥地之一，有著名的丹墟遗址。这里有著名的文化遗产——"香山遗美"摩崖石刻；还有一些非物质文化遗产，譬如民间打击乐"斤求两"等。这里还有一个独特的小岛，名叫鲲岛，岛上有许多美丽神奇的传说。这里还有一座地标式山岗，名叫"挂心橛"。"'青藏高原'莽莽苍苍，有'香山遗美'石刻的山崖依稀可见，楷坡的建筑黑压压一片，镇后'挂心橛'醒目矗立。海边，长长的金色沙滩像一只大鸟，西施滩、月亮湾像两只长长的翅膀，钱湾渔港像庞大的身体，伸向海中的码头则像鸟喙。唯有那道由礁石组成的'霸王鞭'以凛冽之势，以不和谐的样子突兀生出，笔直地戳向大海。"

更重要的是这里还有一个楷坡镇。这个镇上曾种植大量楷树，是当地的一大风景和特色。"不晓何人植/悠悠矗古今/孔林瞻圣树/尘海化人心/屡感风霜重/常观天地阴/书生楷下坐/睹叶泪沾巾。"这些楷树，因为一块石碑的碑文，与孔林、与孔子、与子贡紧密联系在一起，强化了其历史的渊源，增强了其文化的厚重感。

正是在这里，在这个特殊的时代，一切都在发生深刻的变化。楷坡镇的楷树早被砍伐一空，丹墟遗址也没有得到有效开发和保护，民间打击乐"斤求两"面临失传，沿海美丽的海岸线和鲲岛正面临商业开发的蚕食。由于城镇化建设的推进，村民把牛养在了楼上，就连乡村里的羊也变成了等待宰割的"值班羊"——

社会在发展,乡村失精神!乡村精神回归和重建的故事,放在这样的典型环境里,因此也就有了更为紧迫的现实意义。

主人公吴小蒿是乡村精神重建的集中体现和艺术化身

第一,吴小蒿人生关口的重大选择充分体现了回归乡村的精神。吴小蒿原本生在乡村、长在乡村,乡村是她的根,是她精神的所在。后来,她考上了大学,到了省城山东大学读书,读的是历史专业。再后来,她参加工作,进了机关,在区政协专门编辑《隅城文史》,一年编辑一本,起初感觉还有些意思,但后来由于文史办换了主任,一年下来一本也编不了。吴小蒿心灰意冷,感觉是在浪费生命、浪费青春,于是她决意离开。当区委组织部公开招聘时,她主动报考远离市区的楷坡镇,到那里当副镇长。她为何放着机关不待,放着城市生活不过,执意到农村乡镇工作?对此,不同人有不同理解,但在她那里其实是听从了内心的某种召唤,那就是乡村生活、乡村文化和乡村精神的召唤,是她心灵的回乡与归位。

第二,吴小蒿的人生追求充分体现昂扬向上的乡村精神。受重男轻女封建思想的影响,吴小蒿的父亲给她起了这样一个名字,意味着她的生命如同蒿草、草芥一般。但是,对此吴小蒿并不认同,也不甘心。长成一棵大树,是她的一个执念。在大学里,她曾经对同学刘经济说:"我不想做一辈子小蒿,想长成一棵大树。你要经邦济世,那是国家栋梁。我长成大树,只是想有点儿作为,不虚度今生。"读《跃升》一书时,她想,这就是历史,我们这代人经过的历史!再过二十年,中国会怎样?我作为一个成年人,能不能参与历史的创造?她不仅是这样说的、这样想的,而且是这样做的。尤其是她到乡镇工作那段时光,就是一个心怀执念的女性积极实践长成一棵大树的过程。应当看到,这种执念,这种精神,实质上就是乡村精神在她人生价值上的一种具体体现。

第三，吴小蒿的行为操守充分体现了公正淳朴的乡村精神。在乡镇工作，吴小蒿面临很多诱惑。对此她始终保持清醒的头脑，严格遵守做人的底线，不越雷池半步，严格遵守党员领导干部的纪律和规矩，公道做事，一心为民，清正廉洁。这也是乡村精神的应有之义。对公公的"为官之道"和谆谆教导，她不屑一顾。面对镇长贺成收的诱惑，她始终保持一份理性。春节将至，手下安监办主任给她送鞭炮和购物卡，丈夫已经偷偷接收，她又要过来，当面退回，并严厉批评。节日期间，面对来上访的困难户，也是所谓的"难缠户"，她主动将自己的水饺送给他吃，并且由此推动全镇实行阳光低保政策，让真正的困难户享受低保，赢得了群众的信任，极大地缓解了干群关系。当丈夫坑骗自己的侄子时，她严厉批评，并拿出自己的钱赔偿侄子的损失。当郭默为了表示对她的感谢，要送她玉璇玑，而且发现是文物时，她不仅坚决拒收，而且要她赶紧上缴国家。这一系列行为，既是党员干部的基本要求，也是公正淳朴的乡村精神的体现。

第四，吴小蒿工作上的所有努力几乎都是为了乡村精神的回归和重建。她撰写文章，积极运作，将当地"斤求两"纳入市级非物质文化遗产加以保护。她不辞劳苦，将渔民踩高跷捉鱼虾的劳动场景搬上艺术舞台。为了保护丹墟遗址，她主动向上级打报告要求进行保护性发掘。为了让楷坡镇名副其实，她亲自到曲阜孔林，求来楷树的种子，大面积种植楷树，并建起楷树广场。为了保护渔业文物，她在镇上建起了渔业博物馆。

第五，吴小蒿排解压力和困难的种种努力体现了忍辱负重的乡村精神。乡镇干部是辛苦的，也是非常不易的，尤其是对于一个有暴力倾向丈夫的女干部来说，更为艰辛，压力也更大。吴小蒿的压力，主要来自三个方面。一是来自家庭的不理解的压力。对她到乡镇工作，丈夫和女儿给她扣上"官迷心窍"的帽子，让她倍感压力。二是来自班子不团结的压力，最初的时候，镇党委书记和镇长面和心不和，也让她倍感压力。三是来自工作上的压力，无论是分管安全，还是招商引资，无论是环境卫生建设，还是高铁征地拆迁，都遇到很多难以想象的困难和挑战。特别是与丈夫的关系，一直成为她最大的心结。然而，面对这些问题，她没有气馁，也没有退缩，更没有因此影响工作。这是什么精神？这是忍辱负重的精神，是自强不息的精神，也是新时代敢于担当的精神，同时也是需要回归和重建的乡村精神。

乡村精神的重建是选择性和批判性的重建

吴小蒿到楷坡镇分管文化工作，把很大精力用在了文化资源开发和重建上。但是，她的重建并不是一味的、简单的重建，而是带有选择性和批判性的重建。

第一，在批判重男轻女封建文化中重建。吴小蒿家中的老父亲，是重男轻女的典型代表。村里几个有文化的老人续修吴氏家谱，吴小蒿父亲为了让自己的后代谱上有名，不成为"绝户"，非让大女婿陈为忠改姓成吴为忠不可。陈为忠不干，跑回老家，眼看要过年了也没回来，并且表示如果非要改姓，就再也不回来了。对此，吴小蒿并没有袖手旁观。"这个时代，方方面面都在改革，修谱规则也得变变了。人家别的地方，都让女的上谱。"于是，她找到负责修家谱的吴家轩，陈述了自己的理由，最终吴家轩同意进行改革，也让女的上家谱。这可不是一般的改变，而是重大改变。因为，修家谱只上男不上女的规矩已经坚持了几千年。

第二，在批判"小鲜肉"庸俗文化中重建。海上高跷，是一种劳动艺术，起源于渔民在海边捕捉鱼虾的现实劳动。在吴小蒿将其充分挖掘，准备搬上艺术舞台的过程中，文化站代理站长孙伟找来清一色的"小鲜肉"排练表演，试图以此"秒杀百分之百的女观众"。对此，吴小蒿果断制止："海上高跷，不能搞成舞台艺术，不能脱离民间。"最终，他们请来渔民参加表演，把海上高跷打造成原汁原味的民间艺术。

第三，在批判逆来顺受文化中重建。对于吴小蒿当初婚姻的错误选择，婚后与丈夫尤浩亮关系的处理，特别是面对尤浩亮一次次暴力行为时吴小蒿的反应，作者是带着哀其不幸，恨其不争的心态进行叙述和描写的，体现了一种批判精神。小说最后，作者让吴小蒿勇敢地走出来，放弃一切顾虑，采用法律手段和尤浩亮离婚。这也体现了对其前期顾虑太多、逆来顺受行为的一种否定。

第四，在批判错误政绩观中重建。受 GDP 思维影响，在很多乡镇招商引资过程中，一些干部为了所谓政绩，存在过度开发、破坏性开发问题。吴小蒿在这方面始终保持了清醒的头脑。当北京来的顾总要租 800 亩海滩七十年，开办房车营地，要求租金全免，而且表示"征地拆迁是你们地方政府的事。我只管接收地皮，拆除得干干净净的地皮"时，吴小蒿被激怒了，心底的火苗腾腾往上冒："您知道，土地是农民的命根子吗？那些祖祖辈辈传承下来的土地，被人无偿拿走，父老乡亲会是什么样的心情？他们的生活会受到什么样的影响？海边也一样，那些土地，那些海滩，牵涉到家家户户的生计，你考虑过这些吗？"当北京来的梁总，打着老领导的旗号，要开发"香山遗美"，搞毫无根据的"山顶洞文化"时，吴小蒿却表示，绝不能让群众利益遭受损失，不能让"香山遗美"变成"香山遗臭"。

第五，在批判不正常官场文化中重建。拉拉扯扯、明争暗斗、互相拆台、党政不合，这种不正常的官场文化，在基层领导班子中司空见惯。作品通过吴小蒿们的做法，对这一现象进行了客观批判，致力于公道正派、风清气明、团结和睦的良好政治生态的建设。"有的镇长当了书记，多年的媳妇熬成婆，自己也耍起了威风。我决不那么办，我要跟镇长理顺关系，给他充分尊重。"这是房宗岳书记的一种觉悟，也是对官场不正常官场文化的批判。

一部思想性和艺术性很强的文学作品

或许是因为《经山海》是一部命题之作，或许是因为它涉及了乡村振兴的主题，这本书引起一些人的误读。有人认为它是一部政治性作品，也有人认为它是功利性作品。但是，只要不是先入为主，只要不带任何偏见，只要认真地读过此书，就会发现：这是一本思想性和艺术性很强的文学作品。它的创作，与政治无关，与功利无关，是历史的呼唤，也是时代的感召。

《经山海》的艺术性，首先体现在它非同一般的时空感上。小说每一章的开头，都创造性地引记"历史上的今天"。内容包括三个方面，国内国外历史上的今天；吴小嵩历史上的今天；女儿点点历史上的今天。这一手法，起到两大效果：增强了作品的立体感，由平面小说变成了3D（三维）小说；拓展了人物的视野，这是一种胸怀天下、放眼世界的眼界和视野。

《经山海》的艺术性，其次体现在它独特的意象使用上。作品利用了多种意象形象，深化作品的主题和美感。楷树是一种意象。楷者，楷模之意也。在这里，楷树不仅是一种单纯意义上的树，而是楷模的象征。"挂心橛"是一种意象，代表着家人对家人的牵挂。"鳃"是一种意象，镇长贺成收脖子上有一块"鳃疤"，能在水下长时间潜游，还能在水里换气，暗指其既能在官场当官，又私下里和不法商人勾结。蒺藜也是一种意象，为了治疗胸部疼痛，吴小嵩到蒺藜岭摘蒺藜，后来，她将微信头像由一棵蒿草换成了蒺藜。有人问她为什么用蒺藜做头像？她回答说：警醒自己。

《经山海》的艺术性，还体现在它展示的独特的人生情怀上。吴小嵩是一个有情怀的人。她之所以去当副镇长，不是为了自己的利益，也不是为了证明自己，而是为了有所作为。她最初的情怀，是长成一棵大树。她最可敬的情怀，是演绎"鲸落"的壮美。吴小嵩是从闺密甄月月那里听说鲸落的。鲸鱼在海洋中死去，它的尸体会缓慢地沉入海底。"它那庞大的躯体，悠悠沉落，喂养着许许多多的海洋生物。沉到海底之后，会将所有的养分奉献给芸芸众生，甚至包括一些可以分解鲸骨的细菌，形成一个生态系统。20世纪末，夏威夷大学的科学家发现，在北太平洋深海中，至少有43个种类的12490个生物体依靠鲸落生存，直到所有的营养消耗干净。这个过程，可能长达百年。当有机物质被耗尽，鲸鱼骨头的矿物遗骸，会作为一处礁岩，成为生物们的聚居地……"吴小嵩听了，惊诧不已，激动莫名。她心中蹦出了一个词儿：造福一方。她在心里向自己发问：你的生命，能否像鲸落那样造福一方？这就是她的人生情怀，也是世间最美的情怀。

在这个社会大变革的时代，从《经山海》中，我们读到了什么？我们读到了新时代中国农村新的希望和新的未来。可以断定，中国并没有进入"后农业时期"，中国农民也没有进入"终结期"，相反，随着新农村战略的推进，随着乡村精神的回归与重建，中国第一传统产业——农业将会重新焕发生机，与之相适应的新型农民也将会出现在人们面前。我们应该有这个信心，也应该有这个信念。

卷八　美文捧读：精神篝火

　　他将满天的繁星
　　一堆堆一簇簇一片片地
　　安置在遥远的地平线
　　横无际涯的荒凉
　　刹那，高峰、低谷、激流
　　光芒四射，五彩斑斓

　　　　　　——程小源《夜晚的篝火》

第一章　《阴阳交割之下》：睿智的思考

《阴阳交割之下》是赵德发的第一本散文随笔集，2005年3月由山东文艺出版社出版。该书收入的主要篇章，是作者关于人生、关于社会、关于世界的随记，充满知性，充满哲思，充满诗意，放射理性的光泽和思想的光焰。它的每一篇作品几乎都能引发思考，启迪心智。

《记忆是什么》：如此奇妙又如此重要

记忆是人类的一种心智活动，属于心理学的范畴。某年某月某一天，赵德发与这个看起来非常普通的词"对视"，并对其进行了形而上的思考和分析，写下了他的认识、感受和结论，由此让我们深深地感到，记忆竟是如此奇妙又如此重要。

《记忆是什么》将记忆与生命紧密地联系在一起，启迪我们：记忆就是生命，生命就是记忆。

这不是武断的结论，而是有形象的典型案例，有合乎逻辑的内在推理，也有科学方面的实证。首先的例证，是米兰·昆德拉《被背叛的遗嘱》所讲述的福克纳小说《野棕榈》的故事。"女人因流产失败死去，男人仍在监狱，被判刑十年；有人给他带来一粒白药片，毒药；但是他打消了自杀的念头，因为唯一能延长他所爱女人的生命的办法，便是把她保留在记忆中。"记忆能延长生命——这是记忆超越生死界限的特殊功能。赵德发说："我在听昆德拉转述的时候不仅仅是感动，而是受到震动心颤不已——给记忆赋予这种功能，此情何情？！"

随后是对生命进行深入极致的追问。美国著名天文学家卡尔·萨根无意间发现博物馆保存着布鲁卡的大脑，萨根捧起瓶子追问："我不由得想要知道在某种意义上布鲁卡是否还依然在这脑子里——当他健谈时，当他宁静时的动作是否还在他的大脑里呢？当他在各科医师面前，争辩失语症的根源时，胜利时刻的回忆能否依然存留在我面前的神经细胞的结构中呢？它是否还存留着他与他的朋友维克多·雨果共进晚餐时刻的记忆？是否还记得在一个月光辉辉的秋夜，偕同他手执一把漂亮雨伞的妻子，沿着伏尔泰河堤岸漫步的时刻？……"

然后是科学方面的实证。赵德发介绍说："科学家对濒死体验的形容佐证了我的观点。许多死而复生的人在叙述那一刻的经历时都说，他们在通过像一条隧道那样幽黑、封闭的地域的同时，会像看电影一样看到他们一生中最主要事件的瞬间映像。在这个时候，生命和记忆便浑然一体了。"

《记忆是什么》将记忆与人生紧密地联系在一起，启迪我们：没有记忆的人生没有意义。

哲学大师告诉我们，人生贵在审视和反思，"未经省察的人生没有意义"。赵德发告诉我们，没有记忆的人生同样没有意义，记忆和省察是人生价值两个不同的重要方面。这一观点，虽然深刻，但在他的举证下，非常容易理解，也容易被人接受。他说，美国有一本叫《问得心跳》的畅销书，书中全是一些稀奇古怪的问题，内容涉及信仰、生命、金钱、爱情、性行为等，很多题目令人深思。其中给人留下印象最深刻的一个问题是："如果你可以有一年的时间生活在绝对幸福之中，事后却对这段经历毫无记忆，你愿意这样吗？如果不愿意，为什么？"一年的绝对幸福，的确非常诱惑人，可是，这份幸福之后却会完全消失，又有什么意义和价值？

《记忆是什么》将记忆与人类紧密地联系在一起，启迪我们：千万不要忘记不该忘记的东西。

就像一枚硬币的两个面，记忆的反面是遗忘。正常的遗忘是人类的生理和心理所必需的。但很多不该遗忘的东西，很容易被人遗忘。对这个问题的思考，赵德发站在了社会和历史发展的制高点上，他说："人类几千年的教育史，就是老师带领学生向遗忘做斗争的历史。"我们每个人都是历史的创造者，也是向遗忘做斗争的一员。

"该遗忘的要遗忘，该记住的要记住。"这是赵德发的忠告。这个忠告，不仅适用于个体的人，而且适应于整个民族，甚至整个人类。"一个民族记不得荣誉记不得耻辱，那就是一个没有脊梁骨的民族；一个民族记不得错误记不得恶行，那就是一个尚未脱尽野蛮的民族。"赵德发不是在做无病呻吟。因为，曾几何时，我们的社会，我们中的一些人，曾经患上了历史虚无主义，有的人忘记了自己的历史，民族的历史；有的人甚至故意抹煞和抹黑民族的历史。赵德发的睿智，是一种提示和警醒。对此，我们有必要再次重申一位导师的名言：忘记过去，就意味着背叛！

《记忆是什么》将记忆与未来紧密地联系在一起，启迪我们：记忆之光应该投射得更为久远。

美国有一部电影，名叫《初恋50次》。人的初恋，一生只有一次，为什么在这里会是50次呢？原来这里面有一个唤醒记忆的奇特故事。在海边的一个咖啡馆里，年轻的亨利遇到了金发女孩露西，两人彼此产生了好感，相谈甚欢。他们约定第二天再在这里见面。可是，当第二天亨利前来和露西打招呼时，露西却惊恐万分，吓得赶紧离开。原来，三年前，露西在父亲生日那天乘车外出，路上发生了车祸，头部被撞击后，记忆神经受到损伤，只能记住当天发生的事情，第二天早上醒来，前一天的事情全部忘光。亨利得知事情的真相后，制订了一个疯狂的求爱计划——务求在太阳升起，每一个新的一天来临之时，让露西再一次爱上他。在这50次"初恋"中，发生了许许多多令人捧腹大笑的温馨故事。幸运的是，亨利坚持不懈地追求，终于强化了露西的记忆，她对他的印象越来越深刻，最终他们走到了一起。这大概是世间关于记忆的最美故事，它事关记忆、爱情和未来。

回望历史，立足当下，放眼未来，是赵德发哲思的重要特征——"有方向的矢量"。尤其在记忆这个问题上，他比一般人看得更远，也更有方向性。他说："近年来，世界上许多科学家都提出一个观点：地球上的人类已经存在过多元，文明曾一次次地出现，但都先后毁灭了，最后才出现了我们这一元。上几元人类的毁灭，其中就有由核大战引起的。"由此，他对人类的前途和命运深感忧虑。为此，他提醒人们，千万不要忘记历史的教训。"面对这些'前朝'遗留物，我们每一个关心人类前途和命运的圆颅方足生物应该警觉！"

有赵德发这样的忧思者在，完全有理由相信，不管时光过去多少年，即便沧海几番变桑田，人类的记忆之火，或微弱或明亮，但必将长存人的心间，像星星点灯，像薪火传承，像时光隧道中那根闪耀金色光芒的链条，连通历史，慰藉当下，启迪未来！

《阴阳交割之下》：如此壮美又如此深邃

阴阳交割，是赵德发以诗人的眼睛在飞机上发现的奇特景象，他将其记录下来，并融入他的情感和他的思考，便成了一篇特别值得一读的美文。

阴阳交割之线是大自然的一大奇观，从这一"伟大"的分界线中赵德发发现了生命的奇迹。

赵德发说，那个景象是他在1994年底的一天看到的，在桂林飞往上海的飞机上。

那是怎样一种景象啊，令人痴迷，令人惊叹："飞机下面那块辽阔的大地，它的东半边不知什么时候变暗了。在那儿，山已不见黄色，整个儿变成了黛青；雾也不再显白，成了大片的暗紫。这片暗与西边的明的中间，有着一条十分清晰的界线，它从大地的一端伸向另一端，把大地劈成了两半。我忽然明白了：这条线，就是阴阳交割之线呀！"

在赵德发以往生活在地面上的经验里，夜与昼的交替是有过渡的。这个过渡就是晨与昏。而他在这里所见到的，却没有过渡没有晨昏，昼与夜就这么紧紧地咬在一起。它们的牙齿，共同组成了一条长长的阴阳线。

他平生第一次，同时看到了昼与夜——两个绝对对立统一的景象。

然后，赵德发看到了夜的推进和昼的退却。那条伟大的界线一点一点地西移，西移。夜的推进是那样坚定，那样沉稳。它西移，西移，一点一点地刮割着大地。当那条线到了飞机下方的时候，甚至都能听见它发出的震彻寰宇的轰响！在这里，赵德发用了"伟大"的字眼儿！他的心被震得战栗不已。

为什么会是这样？只因为他发现了生命，发现了生命的感动，发现了生命的奇迹。他知道，这条线已经存在了很久很久了，这种刮割已经进行了很久很久了。还是从混沌初开的时候起，它就遵从着造物主的旨意，一天两次，周而复始。它那么顽强地，有韧性地，无以计数地，一遍遍扫荡着这个星球。它遏止了众多火山的喷吐，熄灭了遍地流淌的岩浆，制造出形形色色的生命……

"生命。生命是出现在这种刮割之下最奇的奇迹。"这样的发现，这样的觉悟，如果不是诗人，如果不是作家，如果不是哲人，根本不可想象。

阴阳交割之线是事物对立统一的一大奇观，从这一"伟大"的分界线中赵德发发现了世间最美的诗性。

这一条阴阳交割的分界线，是哲学上矛盾对立统一的最好体现：

  这是阴与阳的交替。
  这是昼与夜的转换。
  这是人间与仙境的对接。

这样的跨越，这样的对立，这样的统一，赵德发用他读过的诗，形象又逼真地展示出来：

"我曾读过那么多那么多的诗歌,但我觉得,哪一首也不如下面的'阶梯诗'更为壮观奇瑰:

'界
　门
　　亚门
　　　纲
　　　　亚纲
　　　　　目
　　　　　　科
　　　　　　　属
　　　　　　　　种'。"

揭示如此客观、如此抽象的事物,没有诗性思维,没有理性智慧,根本不可想象。

阴阳交割之线是客观世界的一大奇观,从这一"伟大"的分界线中赵德发发现了人世间必须严守的"界线"。

天风呼啸,云舒云卷。赵德发望着飞机外的无垠虚空潸然泪下,"先天下之忧而忧"的人类忧思情怀顿时涌来。

望着西天边的光明一点点消失,他知道时间的脚步是谁也阻止不住的,它的强大是谁也抵挡不了的,他为人类的未来感到了担忧。

且不说宇宙中充满玄机,说不定哪一天就会突然出现置人于死地的境况,就说人类的自身作为,也实在堪忧堪虑。

"最可笑的是人们对于时间的态度。一方面哀叹时光的匆忙与无情,一方面又想让时光的刮割进行得快而再快,恨不能一天等于两天,一月等于仨月,一年等于十年!是的,他们的愿望实现了:在过去要许多年才能做成的事情,而今却不过须臾;这个星球变化之快,是一刻一个样子让人瞠目结舌。然而与此同时,他们也让这个星球一天比一天更快地毁下去。这

240　　大地上的歌吟

种速度，差不多一天等于过去几十年。"

他是通过一条阴阳分割之线，向人们发出严厉警告。由此，我们深悟，有一条界线不可跨越，无论何时何地都必须遵守一条最基本的"底线"。

《方向问题》：如此重要又如此难辨

谁都知道，方向问题是个大问题，方向问题至关重要，但是不能简单地一"大"了之，也不能简单地一"要"了之。赵德发的《方向问题》对这个问题进行了深入细致的思考。

第一，《方向问题》强调了辨明方向的极端重要。他以具体形象的故事告诉读者，时时处处端正方向，是老祖宗传下来的习惯；中国的北方人，方向感一般都很强；迷失方向，"找不到北"是非常可怕的事情；"方向"一般都有明确的规定，一旦不能坚持，就成了"问题"，如果迷失了方向，那更是"大问题"。作者为什么会如此强调？不仅因为方向问题至关重要，还在于现实生活中确实有很多人不辨方向，不知来路，也不知去处。

第二，《方向问题》强调了辨明方向必须有一个正确的参考。赵德发原本是一个方向感极强的人，一生中"转向"的时候不多，然而一旦发生，便会六神无主，极其焦虑。有两次"转向"经历，让他记忆深刻，一次是在北京天安门，一次是在南半球的澳大利亚。是什么原因导致其转向？最关键的是失去了辨别方向的基本参考或者说基本坐标。在天安门转向，是因为那天下雨，看不见太阳，导致他误以为天安门朝北。在澳大利亚转向，是因为到了南半球，太阳处在北面，他还以为在南面。由此可见，辨别方向问题，有一个正确的参考十分重要。

第三，《方向问题》强调了不必事事打着方向正确的旗号。赵德发在此借用了阿成小说《年关六赋》里一个令人忍俊不禁的细节：爹年轻时与一位日本女人有过一段情，到了"文革"中挨整，娘便勇敢地站出来为丈夫辩护：干日本娘们儿是革命的，大方向是正确的。据此，希望放了丈夫。

这个理由显然是极其勉强的，也是极其可笑的。但是，现实生活中，很多人在打着方向正确的旗号，干卑鄙下流的勾当。

第四，《方向问题》强调方向问题不必千篇一律强求统一。赵德发说，在精神领域，方向问题未必真的"特别重要"。在自然界里，不能只长向日葵，百花齐放更为好。在现实生活中，那些缺乏方向感的人，照样过得也很好。赵德发举证说，有一位女干部嫁到外地后迷失了方向，几十年不知东西南北。当他问她是不是不习惯时，她回答说，生活过得十分舒心。因为，她有她自己的方向，她的方向就是她的丈夫与她的家庭，是爱。

有一位诗人曾经这样写道：

> 我不知道哪边是东哪边是西
> 也不知道哪边有晴哪边有雨
> 我只知道太阳从哪边落下
> 月亮从哪边升起
> 我一个人在天地间等你
>
> 我不知道哪边是东哪边是西
> 也不知道哪边有晴哪边有雨
> 我只知道你在哪里心就在哪里
> 我一个人在梦中找你

这首诗，或许是对赵德发这一观点的最好注释。

《做坏人的宣言》：如此决绝又如此痛心

做人，都希望做好人。即便做坏人，也是偷偷为之，尽量做得隐蔽或者低调。

然而，在赵德发笔下，却有一个朋友公开要做坏人，而且发表"做坏人宣言"。"从这天起，他开始做坏人了，坚决不做好人了，如果再做好人就不是人生父母养的了！"

他还说，现在最恨两个人，一个是他的父亲，一个是他的初中老师。因为这两个人都教育他要一辈子做好人。

赵德发说，这个人以前的确是个好人。早年在村子时，曾自己建起一座水库，成为全国闻名的山区建设典型，受到过团中央的表彰。

如今，究竟发生了什么事情，让他改变了做好人的操守，表示要坚决做坏人呢？其实直接原因非常简单，但值得令人深刻反思。

原来，他几年前带了一个工业项目和全套技术回到家乡，本想为家乡人造福，结果屡屡碰壁。这一次，终于有一家企业决定上这个项目，并委托他当这个企业的负责人。购进设备时，卖方本来要价高达千万，让他硬是给一步步压到了六百万。没想到，设备运来后，老板并没有表扬他，反而怀疑他吃了回扣。

这还不算要紧，更让他生气的是，最要好的一位同学也不相信他没有吃回扣。"你哄谁啊？进了六百万设备，你一分钱也没有，你拿不了六十万，三十万是跑不了的。"尽管他再三解释，同学就是不信。

这个事情，如果发生在自己身上，被人无端误解，的确是够郁闷的。但这样的事情，在我们周围其实大量存在。对这种现象，赵德发做了进一步归纳：是从什么时候开始，我们的同胞把一些正常的事情看作不正常，又把那些不正常的事情看作正常的呢？你经商，肯定吃回扣；你当官，肯定会贪污；你执法，肯定会受贿；你开发廊，肯定会卖淫。

面对这一现象，赵德发惊呼：太可怕了！这种社会认同，如果被社会大多数成员所接受，所拥有，那将是一幅什么样的景象！

对于这样一个问题，赵德发给出了自己的想法，只有社会成员都对自己的角色有了正确的认识，明确了担当这份角色所必须遵循的规范，同时建立起有效地惩治违法规范行为的机制，那才能让人安心做好人。

据此，可以做进一步的引申和思考，造成这种现象的原因，除了社会不正之风确实在一定程度上存在之外，还有三大社会心理方面的原因：一是对他人的普遍不信任心理；二是以小人之心度君子之腹的心理；三是看不得别人好的嫉妒心理。如果这三大社会心理得不到有效的疏导，这种问题将长期存在，甚至越来越严重。

对于作品中被误解的朋友，在其被误解一事上，值得人们深表同情，但仅仅因为这个原因，仅仅因为被误解就宣誓不再做好人，并不能让人苟同。一个真正意义上的好人，一个真正意义上的男人，一个有责任有担当的现代人，既不能经受不住社会诱惑去主动当坏人，也不能经受不住他人的误解而主动去当坏人，更不能怨恨那些教育自己当好人的人。因为，当好人是人类最美好的天性，当好人既是社会的需要，也是个人素质提升的需要，它不是做给别人看的，自然不以他人是否理解为目的。

但丁说，走自己的路，让别人去说吧！

我们说，当自己的好人，让别人去误解吧！

《鳌鱼背上的偷生》：如此向死又如此向生

从某种意义上讲，我们都是向死而生的人。因为，我们每个人都有突然死去的可能性和最终死去的必然性。这是不以任何人的意志为转移的事情。

行走在通向死亡的大道上，特别是面临死亡的不确定性特别高的时候，我们究竟应该持什么态度？是得过且过，苟且偷生？是看破红尘，何不潇洒走一回？抑或始终保持应有的理性和激情，让短暂的生命活出应有的价值和应有的光彩？《鳌鱼背上的偷生》带着问题向我们走来，并将问题一一解开。

因为居住地地理位置的缘故，赵德发日常所在的区域，处于郯庐断裂带上。这一地带，属于国家地震部门的重点监视防御区。赵德发既有的人生岁月，已经经历了几次小小的地震考验，他将这一地区人们的生活称为"鳌鱼背上的偷生"。受科技水平的限制，目前人们尚不能准确预测地震。面对这一局面，应该怎么办？赵德发给出了三个方面的答案：

向死而生的人们，一定保有一份敏感。这是对生命的珍惜，也是对生命的尊重，更是预防灾难应有的态度。记不得哪位作家曾经说过，"人命就是这样子——死前很贱，死后才珍贵"。我们没有必要等死后才觉悟才后悔。事实上人死之后，不可能觉悟，也不可能后悔。因此，我们所能做到的就是，对生命始终保有一份敏感，对地震保有一份敏感，对灾难保有一份敏感。这方面，赵德发给我们做出了示范。"我这人睡眠状况一直挺好，可是在1992年1月22日夜间，却无缘无故地失眠，直到次日凌晨三点。好不容易睡了一会儿，五点多突然醒来，而且感到说不清的难受，几分钟之后便地震了。上班后听说，是海里发生了5.6级地震。""1995年9月20日，上午11点多又发生地震时，我正在家里写作，楼突然晃动，我便抓过存有刚写的长篇小说的一个软盘，像个兔子一样跑下楼去。"日常生活中，我们可有这样的敏感，可有这样的迅速？作家王小妮在《手执一枝黄花》一文写道："有一位老人，从煤气管道前走过，每天都发出这样的感叹：我们坐在火山口上啊！"她说，物质是不坏的，水，电，火，刀子和煤气都好，都是不坏的，是人的意识和观念改变了它们，让我们无从认识到面临的"坐在火山口上"的危机。这也是人们需要的一种敏感。

向死而生的人们，一定不要苟且偷生。赵德发介绍说，当年唐山发生大地震时，对临沂地区的人造成很大心理影响。由于当时传言四起，有人说李四光预测的全国三个地方会发生大地震，只有临沂没有震了，导致很多人认为地震马上来临，大难即将临头，于是很多人便及时行乐，过一天算一天。结果，折腾了一段时间，地震没有发生，人却真的死了很多。因为地震棚着火，全地区造成伤亡竟有200多人！这是何等悲哀。面对有可能到来的灾难，得过且过，不思进取，不可取；担心突然一命呜呼，空手而归，一门追求享受，不可取；忧心忡忡，整天坐立不安，不可取；满不在乎，任其自然，也不可取。这是赵德发给我们的结论。

　　向死而生的人们，一定要知道什么是最重要的东西。赵德发在指出各种不正确观点和选择的同时，还指明了唯一正确的心态和路途。那就是，一方面，保持敏感，加强预防；另一方面，只争朝夕，争取在大灾难到来之前，多干一些事情，干好一些事情。他是这样说的，也是这样做的。1995年，他正在着手写第一部长篇小说《缱绻与决绝》，地震发生后就有了一种紧迫感，老是担心有更严重的地震发生，会让作品胎死腹中。因此就进一步焕发了写作激情，加快了写作速度。"既然生之不易，既然随时会有旦夕之祸，那就应该讲究生命的效率，讲究生活的质量。"这应该是向死而生最值得肯定和提倡的态度。

第二章 《拈花微笑》：至美的情怀

《拈花微笑》是赵德发的第二本散文随笔集，2010年3月由文心出版社出版。该文集共分四部分：第一辑"菊香里的梵音"，第二辑"城堡上空的蒲公英"，第三辑"蒙山萱草"，第四辑"热忱·境界·修炼"。该文集最大的亮点和最精彩的部分，是有关宗教和修行的诗思，它们像天空那一轮静静的明月，将作者最美的人生情怀辉映。

《拈花微笑》：最美的微笑

赵德发用了最美丽的语言，雕刻世间最美的微笑。是谁？像观音菩萨一样，笑意写在脸上，在阳光下往外流淌。六篇系列文字，像散文诗一样，充满诗性和哲理的光芒。

《后脑之相》：普陀山。讲经法会。僧人在前，俗人在后。赵德发发现了后脑之相。

最初是实体的形象。"那么多光光的后脑勺。八排和尚，两排尼姑，有三四百之多。""这些后脑勺多姿多态：平的，凸的；圆的，方的；三角的，梯形的，不一而足。"

随后是艺术的形象。他发现，最不同的，是上面的一些纹路。不知是骨的原因还是肉的原因，反正有种种的造化。随之，他看到了艺术的图像。

"最奇特的，从上面还能看出一些图案：有的像双鱼，有的像飞鸟，有的像杯盏，有的像佛龛。还有一些似是而非，让人无法取喻。"

之后是人生的形象。他在想，在僧人的脑后，应该有一样俗人没有的东西。那是一块反骨。僧人的反骨肯定是有的。

最要紧的是："他们反的是生命的既定程序，不愿在生死轮回的苦海之中头出头没，于是就逸出生活的常轨，落发为僧，希望通过修行，了生脱死。"

最后是虚妄的形象。"于是，我就去那些后脑勺上看，看哪一块是反骨。我不懂骨相，所以遍找不着。"

这时候，讲台上突发清脆一响。法师敲着案尺道：凡所有相，皆是虚妄！

赵德发幡然醒悟。

《映山红》：这个世界，也需要劳作。

真如带领徒弟干了一年又一年，终于建起这座真如庵。

我问：你不发单金是吧？她说：是，在这里一分钱也没有，还要天天干活。可是，不发单金，还是有愿意干的。你刚才看见了，那个男的，本来是个老板，可他觉得在商场上天天坑蒙拐骗，罪孽深重，就关闭了公司，跑到这里砸石子，念佛。

那几个女的，都是带发修行，已经好几年了。我看她们如果真的发心，就给她们剃头。

此刻她身边有一棵杜鹃，花开得正好。

再看远山，红晕片片，崖深壁峭，无人能去。

我抬手一指：请问，那边的花开给谁看？

师太转身看了一眼，说：给佛。

我说：佛在哪里？

师太说：在它们心里。

花开给佛看，佛在心间。

由此可以看出，劳作给谁？

答案当然是佛。佛在心间。

《通永老和尚》：一切都是听说："他民国时候当过兵，是行伍出身。

"他出家后住峨眉山险要处的大坪寺，是个有名的苦行僧；他是当代禅宗大师南怀瑾的师兄，在南1943年至1946年闭关时予以护持；他是得道高僧，当年的悟境被圣钦老和尚、袁焕仙老人等禅门宗匠所认可；他是峨眉派武术的掌门，是峨眉猴拳的唯一传人。"

传言纷纷，不知真假。

于是，赵德发合掌上前，想向他求证，但问过一句，他却不答，只拿起一串念珠给我：念佛，念佛。

然而，当问可不可以合影时，他轻轻点头。

令人不解是吗？

其实没有什么不解。他婉拒的是关于身世的追问，答应的却是当下的人之常情。

《高跟鞋的实质》：女人的高跟鞋，学问很大。

世俗之人，看到的是美，是漂亮。

在高僧这里，看到的却是罪，是罚。

"你看，后边一根细棍儿支着，前面窄窄地把她们的脚趾头夹紧，要多难受有多难受。那其实是一种刑具，是她们应得的惩罚。"

在作者这里，看到的却是前世，是因果。"看着女游客脚上的高跟鞋，我想，依和尚的论断，她们的前生就是男身，就是那种心心念念想着异性的'妇女爱好者'了。"

《这个》：这是一个奇特的景象。大雄宝殿，一个时尚女孩前来拜佛。

"低腰裤，露脐装。举手合十，小腹裸露；跪倒叩头，腰背裸露。甚至，连白色的内裤都露出半截。"

谁都会想：如此这般，会不会扰乱师父们的禅心？

答案只有一个：他说，那要看各人的悟性和定力。

好一个"观法如法便无男女,见相灭相岂有这个"。

《袖痰而拜》:凌晨四点。早课时的景象。

"拜罢起身,他伸左手于右袍袖,从中掏出一方小而白的餐巾纸,两手举到嘴前咳了一声。他用餐巾纸在嘴边一抹,而后将纸团起,用右手放在左袍袖中。"

"而他做完这事,又与众僧一起唱诵,并率他们一拜再拜,如法如仪。"

他猜想,大概是咽喉发炎。

咳痰声还是一次次响起。他的心头一片悲凉。

为何悲凉?只为这凡俗肉体,无论怎么修炼,都不能摆脱疾病带来的不适和痛苦!

《普同塔》:普同塔下,作者展开了一系列追问。

"追随着佛祖的脚步,多少人跋涉一生,最后走到了这儿!这是真正的'尽形寿'呵!那么,在形与寿统统消灭之后,本质意义上的他们又在哪儿?"

"已经成为佛、菩萨、罗汉,分布在四大部洲救苦救难吗?已经被阿弥陀佛接引到西方净土,永脱生死轮回,在过着快乐无极的生活吗?已经再次或多次转生为人,或富或穷,或贵或贱,或善或恶,或美或丑吗?已经因为自身所造恶业,堕落到畜生、饿鬼、地狱三途受苦受难吗?"

他没有得到回答,面前只有墓塔静静地立着。

素默以处。其实,静默何尝不是最好的回答?

《光明寺的半边月亮》:最美的月亮

光明寺的月亮,一半在天上,一半在水里。

这水,是内心之水,由佛学促成。"我以前凭借书本做过管窥,但直接与僧人探讨还是第一次。这让我想了许许多多,心如镜湖投石,波漪连连。"

光明寺的月亮，一半在天上，一半在钟声里。

这钟声，是早起的晨钟，是醒世之钟。

"想到寺外听这钟声，我信步走下一级级台阶，去了山门之外。因为寺墙将灯光全都拦住，眼前突然地就现出了另一境界：头顶是半边月亮，一天星斗；身边是几丛淡竹，满地月光。而四周如莲花瓣状的一圈山头，都静静地立在那里，和我一起听钟，并对每一声都做出回应。"

这钟声，敲响在今晨今日，其实应该来自遥远的古代。"我一时竟恍惚起来，不知这钟声来自何时。来自唐朝吗？可能。来自宋代吗？也可能。因为志书上记载，那时的五莲山即有寺庙。如果它来自明、清、民国，更是肯定的了，因为万历年间这里经皇帝赐封重建，香火盛达三百余年。1947年之后，这里有过半个世纪的寂寥。而今，钟声再度响起。"

来自遥远地方的，不只是这悠扬的钟声，还有天上那半边月亮。它的历史，和时光一样古老。

光明寺的月亮，一半在天上，一半摇曳在竹影。

"望天上的月，看身边的竹。突然，竹动影移，虚籁细细。"

是谁在发问：竹子呵，你在此聆听过千年的钟声，沐浴过万年的月色，你能否告诉我究竟如何解脱，如何成佛？

这么一问，竹子反而不动了，又立在那里不语。

光明寺的月亮，一半在天上，一半湿润在眼睛里。

"耳边的钟声歇了，梵呗隐隐传来。"只见觉照法师身披大红袈裟，正率领僧人们做早课。他的身后，是三位刚刚受戒归来的年轻僧人，其中有一位还是大学毕业生。他们脸上挂着的法喜，他们用梵音传达出的兴奋，是多么与众不同。他们拜过佛，又向东序一拜，向西序一拜。那些师兄却去五体投地拜佛，以此还礼。看到这里，赵德发的眼睛已是湿湿的了。

是谁看到，他的眼睛里，蕴含了光明寺半边月亮的星辉？是谁看见水边有一淡淡的白影儿，兀自悄悄晃动，那半边月亮尚在西天？

《高旻之禅》：最美的禅心

高旻寺位居扬州，是"禅宗四大丛林"之一。因为要创作反映汉传佛教的长篇小说《双手合十》，赵德发前来"体验生活"，对其进行了深度观察，从而读懂悟透了这座千年古寺的静美禅心。

高旻之禅，是一种千年不易的坚守。

这种坚守，是对禅宗气脉的坚守。自达摩东渡以来，禅宗学派对促成宋明新儒学和宋元新道教的形成和发展，发挥了极其重要的作用。然而，这根气脉自宋以降却日渐式微。尤其是到了清末，天下禅寺多改为"禅（宗）、净（土宗）双修"，只有少数禅寺依然坚守着禅宗的传统，其中扬州的高旻寺便是其中之一。正是它与镇江金山寺、常州天宁寺、宁波天童寺的共同坚守，才使禅宗气脉得以延续。

这种坚守，是对禅宗传统的坚守。高旻寺现任住持德林禅师，年已九十，近年来不只新建了宝塔、大殿、禅堂等，让该寺面貌一新，更难得的是，他继承来老遗风，率僧众每天坐禅，每天出坡劳动。像这样坚持"农禅并重"传统的寺院，全国已经寥寥无几。怎不令人肃然起敬？

这种坚守，是对禅宗戒律的坚守。赵德发为了深入佛家生活，想在此借宿。没想到寺院管理得如此严格。他来到大殿东侧找到客房，便问知客师父能否借住几天。那师父问他有没有皈依证，他说没有。师父便摇头道："抱歉，我们这里是不留外人住的。"赵德发赶忙说："我对高旻寺慕名已久，从山东专程赶来，想跟师父们学学坐禅，就让我住一两天好不好？"师父沉吟片刻，问道："你在家坐过禅吗？"赵德发说："坐过。"于是，便对他进行了考试："你读过《六祖坛经》吗？"直到赵德发回答："无念为宗，无住为本，无相为体。"才允许他住上一宿。想在此住宿，必须经过考试，大概是天下最严格的入门政策。

高旻之禅，是一朵清贫寂静的莲花。

如今已经进入市场经济时代，很多寺庙香火非常旺盛，僧人的生活也及时跟上了时代发展的步伐，越来越富裕，也越来越阔绰。然而，在这里，在高旻寺，依然清贫如故，寂寞如故。当晚，赵德发住进二楼无人的一间寮房。他与其他寮房的僧人交谈，得知原来这里住着三位年轻僧人，目前寺里的僧人已经不多，因为夏天将至，一些怕热的都跑到北方去了。另外，高旻寺发单金少也是一个原因。住别的寺庙，每月至少要发一二百，有些香火盛的甚至上千，而这里只有九十元。赵德发之前去过的寺院，有的已经将宽带网布到了僧房，手机随时在僧人腰间爆响，高旻寺到现在连电视机还没有。

高旻之禅，是一种人之本源的追问。

"念佛是谁"是参禅者的话头，赵德发从这句简单的话里，发现了禅宗与西方哲学的内在联系。

赵德发端坐在那里，念了两声佛，然后便问："念佛是谁？"这一问，还真把他自己给问住了。念佛的是谁？坐在这里的是谁？来这世上之前是谁？离开这世界之后又是谁？念佛是谁？念佛是谁？到底是谁？究竟是谁？是谁是谁是谁是谁是谁？……在高旻寺里，赵德发展开了丰富的联想和思考，最后得出一条其他人从未发现的结论："念佛是谁"是个哲学论题。西方哲人很早便发出了相似的诘问："我是谁？我从哪里来？要到哪里去？"几千年前，古希腊奥林匹斯山上的特尔斐神殿里有一块石碑，上面写着："认识你自己！"这也是古希腊哲学家苏格拉底一再强调的一句名言。时至今日，人类依然没有揭开自我的谜题，人对自我的探索是永恒的。所以，"念佛是谁"也算中国禅人对这项探索的一种响应。这是他在高旻寺参禅的一大发现。

高旻之禅，是一种有渊源的精神状态。

赵德发讲述了一个非常有意思的故事。有个禅和子在禅堂住了三年，觉得人多打岔，就到山里住；在山里住了三年，觉得功夫没得深入，又想找个地方闭关，即关在屋里闭门不出，专心修行。化缘化了两三年，终于遇见一个老婆婆，是个有道行的居士，愿意让他在家中住下，成就他闭关。从此，老婆婆每天让她一个十六岁的女儿给禅和子送饭，一送送了三年。这天，老婆婆对女儿说："今天送饭的时候，等那和尚吃好了，你就上去把他抱住，让他道。"姑娘就按娘的吩咐做，抱住和尚说："道！"和尚说："枯木依寒岩，三冬无暖气。"姑娘松手回家，向母亲一说，老婆婆就让和尚赶快走，说："我供了三年，才供了个死汉子！"和尚明白自己没有开悟，很是羞愧，在外托了三年钵，又回来让老婆婆成就他闭关。这一闭又是三年，还是那个姑娘送饭他吃。三年圆满，姑娘依旧抱住他让他道，和尚这回开口说："天知、地知，你知、我知，莫教你家婆婆知！"姑娘回去一说，婆婆满心欢喜地去对和尚说："善哉！善哉！恭喜你开大悟了！"据此，赵德发做出了自己的独特判断，这大约指参禅者悟后进入了一种常人难以理解的大境界。这大概就是虚云大师说过的"十字街头，婊子房里，皆可办道"，也是孔子说的"从心所欲，不逾矩"。这大概是第一次有人将禅宗文化与儒家学说联系在一起。

高旻之禅，是一种有益人生的修行。

赵德发发现，虽然参禅者众多，但开悟者极少，多数人最终还是凡夫，于是，他提出这样一个问题：还有参禅的必要吗？尤其是在今天，禅对我们这些俗人还有无用处呢？对此，他给出了自己的解答。一方面，可以借禅"增智"。禅宗有一套很独特的对世界的认知方法，如"无念、无相、无住"等，同时禅师们极善于用超越常规甚至有悖逻辑的方式说话做事，极具智慧。通过看公案，参话头，明禅理，品禅味，可以更好地在生活中思考问题、解决问题。另一方面，可以借禅"歇心"。当代人对物质追求越来越高，差不多进入了一种迷狂的状态，所以人人感到累，尤其是心累。那么，我们可以借参禅静坐，让你的心放松下来。你把许多劳心累神的事情放下，或者暂时放下，让你的身心得到休憩，进入一种平静、安详的状态，这会是一种至高的享受。

"久坐必有禅。"赵德发高旻寺一坐，窥见了禅宗的一大洞天。

《瘦西湖识莲》：最美的莲性

因为一次在瘦西湖召开的笔会，赵德发来到了法海寺（又名莲性寺）。在这里，他认识了开在寺庙里的"莲花"——尼姑，看到了她们美丽的心性。

瘦西湖的尼僧很充实——像莲子一样饱满。这是一个很寂静的环境，寂静中蕴含着充实。"我们进去看看，果然是满院清寂，就又回到天王殿和尼师说话。"一个著名的旅游景点，又在闹市区中，她们会不会……赵德发心生疑问，便大胆地提出这个问题："法海寺尼众是不是也常常出去云游参学？"答曰："我们这里一般没人出去。只要发心修习，游不游方都行。"又问："不出远门，近处去吧？譬如市里，譬如这瘦西湖的其他地方。"又答："也不去，我们很少有人出这寺门，连买东西都是托居士们代办。"再问："是方丈不让出去？"再答："不是，主要是忙，想出门也没有时间。"原来，在寺庙之内，并不是人们想象的那样，拥有大把大把的时间，可以清闲度日，她们也很忙很忙。她们的时间是怎样安排的呢？三点半就起床，接着是上早殿，过早堂，打扫卫生，讲戒，诵经；吃罢午斋又是打扫卫生，然后念佛，背书，上晚殿，听法师讲经，自恣，直到晚上十点才熄灯休息。这是第一次颠覆常人的观念。这世界上，不仅我们忙，连僧尼也很忙。我们再也没有理由为工作繁忙而抱怨。正是因为忙碌，生活才更加充实。不是吗？

瘦西湖的尼僧很自律——像莲花一样净洁。赵德发发现，尼僧们每天晚上都要自恣。自恣，也可以叫自洁，就是检讨反省。这种做法一般是每年一次，在夏天三个月的安居进修后举行。据赵德发了解，真正意义上的自恣，在当代的僧团中很少实行，法海寺竟然每天都做。每当自恣时刻，全体尼众坐在一起，以戒腊（受具足戒之后的年头）多少为序，人人都反省自己一天的行为是不是犯戒，如果发现别人有犯，也要认真指出。僧尼说，这已成了习惯，如果自己犯了戒不发露，不公开忏悔，那就会心中不安，睡不好觉的。

瘦西湖的尼僧很博学——像莲花一样幽香。在一次谈话中，僧尼不经意间说出了孔夫子的名言——"从心所欲，不逾矩"。赵德发十分吃惊："嗬，孔老夫子的话你也记着，了不起。"对方不以为然："这有什么，《论语》我们都是背过的。"赵德发更加吃惊："你们还背《论语》？"对方回答说："不只是《论语》，还有《孟子》《大学》《中庸》，这四书都要背下。《三字经》《弟子规》就更不用说了，刚出家的一来就背。另外，道教经典《太上感应篇》我们也背。"这也同样颠覆了常人的想象。真想不到，深在寺院之中，还有如此繁重的学习任务？那一个个身穿青衣的尼姑，居然拥有那么多文化知识？

瘦西湖的尼僧很善良——像莲心一样美丽。见到扬州市佛教协会副会长、法海寺方丈演文法师，赵德发问她："你们是佛门弟子，为何还要背诵儒家和道家经典。"法师回答："这是应该的。圣贤们的书都是教人向善，都是真理。修行的阶梯，就是做好人，做善人，做贤人，做圣人，所以我们要把那些圣贤书读过背过，牢记心中。"赵德发又问："律宗以持戒为主，在今天，连一些僧人也'与时俱进'，追求物质享受，你们这么坚守是为了什么？"法师抻一抻身上穿的衣服说："为什么？就是为了不白披这身僧衣，不枉出家一场。佛祖在将要入灭时，告诫弟子要'以戒为师'。我们信佛之人，不管在家出家，都要牢牢记住最基本的一条：诸恶莫做，众善奉行，方得无上菩提。"

有道是，莲花出于污泥而不染。赵德发带领我们认识了或许曾经"被染"，如今已是天下最美的"莲花"。

《在三教堂酿一缸酒》：最美的神像

莒县浮来山定林寺有一座三教堂，里面供奉着儒、释、道三大教派代表人物——孔子、释迦牟尼和老子的神像。将三个不同教派的神灵供奉在一起，这种情况并不多见，它引发了赵德发的思考，进而也引发我们的思考。

赵德发此前曾经多次面见三位神灵在一起的艺术形象。释迦牟尼、老子和孔子，围着一缸醋伸指蘸尝，神情各异：孔子表情凝重，忧心忡忡；释迦牟尼深抿嘴角，一脸悲悯；老子仰面观天，开怀大笑。三种不同的形态，代表三种不同的人生结论和社会主张——儒家以人生为酸，决心以教化改正其味；释教以人生为苦，劝人通过修行求得超脱；道家则以人生为甜，教人珍视生命力求长寿。

这是最美的神像，也是最具思想性和艺术性的创作。因为，它将三大不同人物同框，它将三大不同人生观念和主张有机融合。

赵德发的思绪穿越历史，穿越中外，仿佛看到那个特殊的时代。"那是一个生灵涂炭、苦难深重的时代，也是一个催生思想、孕育圣哲的时代。"楚国人老子深究大道，在函谷关用五千言表达了他的超人智慧；鲁国人孔丘为了实现他心目中的理想社会，奔走呼号，让学生记下了那么多的"子曰"；在古印度的伽耶城外，一位释迦族的王子坐在菩提树下，面对无常的世间日夜沉思，终于大彻大悟，若干年后弟子结集，遂有恒河沙数的"如是我闻"。

那是怎样一种恢宏的气象，又是人类怎样一种希望？函谷紫气，杏坛书香，菩提梵音，从此在世界的东方升腾，飘散，传播。全球最高的喜马拉雅山也没挡得住三者的融汇。本来，儒、道两家在中国的百家争鸣中脱颖而出，成为显学，甚至成为帝王之术。自从洛阳城外有了一匹白马，几位胡僧，中国的文化格局从此改变。

他们之间也曾发生冲突，发生对抗。在佛教刚刚传入中国时，儒家和道教都曾经对其严重排斥。范缜怒撰《神灭论》，痛斥因果报应观念；韩愈发表大量诗文，责难释家"浮屠西来何施为？扰扰四海争奔驰"。由道家学说哺育出的道教，更将佛教视为异端，持之不懈地予以攻击。其中

"老子化胡"之说成为一根导火索,引发了佛道之间的滚滚硝烟。历史上曾经发生过"灭佛"事件。

然而,正如"天下大势,分久必合,合久必分"一样,儒释道三家在经过长时间的隔阂之后,终于有了融合在一起的迹象。唐朝贞观年间,三教堂开始在中国出现,定林寺的三教堂,即在唐代建起。"儒释道一宇同仰德昭千代,日月星三光同辉泽被众生。"这是世界上最大智慧的融合,也是最美的融合。因为,儒释道三大教派,各有优势,各有专长。它们有机地结合在一起,可以帮助世人解决好人生的几乎所有重要问题。

历史的发展,不是简单的直线。近千年来,全国各地的三教堂经历几毁几建。这不只是朝廷的几次禁令,还有兵燹、匪患、火灾、"庙产兴学"、破除迷信。浮来山上的三教堂,除了塑像被毁,竟然保留至今,成为山东省唯一的一座,更值得珍惜和维护。

社会发展到新的时代,人们对儒释道三大教派的融合又有了新的认识。据赵德发介绍,一位寺庙里的住持曾这样说:"修行的步骤,首先是做好人,其次是做贤人、做圣人,最后才能成仙成佛。"将儒释道三大教派的不同终极追求如此理解,如此递进,堪称天下第一人。

现如今,赵德发又发现,80后,90后,好多人喜欢这样一段话,在微博上踊跃转发:"佛为心,道为骨,儒为表,大度看世界。技在手,能在身,思在脑,从容过生活。三千年读史,不外功名利禄;九万里悟道,终归诗酒田园。"这又是怎样一种人生至美的境界?

定林寺里三教堂里的塑像,牵引赵德发展开了深刻的思考和丰富的想象。他的文字,也在牵引我们的思考和想象。

曾几何时,有人预测,未来世界,将是"文明的冲突"。对此,我们不禁要问:文明应该相互融合和互补,为什么要冲突?如果它们之间总是要冲突,文明究竟在哪里?

先人曾说:"以心印心,心心不异。"

赵德发说,这个心,是向善之心,仁爱之心,慈悲之心。

良心，良知，应是三教的最大公约数。

这是哲人之言，人间至理，世间至美。

《抬起手腕，每一粒佛珠都在》：最美的修行

赵德发的这篇文章，不是宗教题材，而是关于青年文学评论家张艳梅的印象。文字虽然很短，但立意深远，写出了宗教般的人生情怀和美好向往。

虔诚无比的事业，鞭辟入里的文字，世俗相容的生活态度，深沉静谧的终极关怀，写照张艳梅最美的人生修行，像仓央嘉措宗教般的情诗一样美。

张艳梅的最美修行，体现在虽然充满辛劳，但"累，并快乐着"的生活态度上。一位柔弱的女子，每天的工作量却大得惊人，似乎永远不知疲倦。赵德发承认，"让包括我在内的一些大老爷儿们也自愧不如"。她是文学院教授，同时担任院长，光是教学与管理这两摊子就够忙的，她却一直紧盯当代文学的前沿，对许多作家作品了如指掌，光是专著就有好几部问世，更不用说她在全国一些报刊上发表的大量文章。她与同事们还特别关注山东作家创作，成立了山东作家研究所，编撰"山东作家专论丛书"。与张艳梅相比，赵德发看到了差距。他说："说实话，我身为一个作家，对当代文学作品读得并不多，总觉得时间不够。"他曾经发问："像你们这样，每天都要阅读大量作品，不累吗？"张艳梅们的回答是："不累，我们就好这一口。""就好这一口"，是她们的爱好和特长。由此，她们的人生"累，并快乐着"。有言道，工作者是美丽的。从张艳梅的身上，我们看到阅读着，评论着，是美丽的，也是快乐的。

张艳梅的最美修行，体现在"以别人的作品为杯，浇自己胸中的块垒"的批评精神上。赵德发指出，一般而言，理论作品以理性见长，而张艳梅的作品，却是理性与感性并重。在中国古代学者那里，有"我注六

经"与"六经注我"两种路子,在当代文学研究领域,也有类似的现象。张艳梅搞研究,多是打通作品与评论的壁垒,让论者的思想与情感在二者之间畅行、交融。她以别人的作品为杯,浇自己胸中的块垒,率真地表达她对世界之见解,抒发她对人生之感喟。这样的文字,让人读后或会心一笑,或忧心如焚。这既是"六经注我",也是"我注六经"。

张艳梅的最美修行,体现在"我的头低着,但灵魂在飞翔"的精神状态上。张艳梅是这样一个女子,她生活在灰黑色"真"的世俗世界之中,心有时却在之外。她的情思沉浸在另外两个世界里:一个是多色彩的"美"的艺术世界,一个是淡蓝色"善"的宗教世界。三者的有机统一,便构成其"真、善、美"相互交融的完整世界。

由此,她看大千世界,目光中满含悲悯。生老病死,在她的眼里是生住异灭。当代文学作品,则是作家们为她展开的另一世界,她含英咀华,却是心无所住。甚至,她评说作品时,都不忍心指出其缺点——这个世界就是个幻影,从不圆满,何必一一指出?

当校园里的铃声在夕阳下响起,当新书在宁静的夜晚打开,当挂满佛珠的手腕轻轻抬起,我们仿佛听到,一个人在她的世界里轻声吟唱:

  大地上一切生命都有翅膀
  佛前半炷香袅袅飞过霓虹
  应无所住而生其心
  在佛的脚印里追问来生

第三章 《白纸黑字》：文明的期冀

《白纸黑字》是赵德发的第三本散文随笔集，2017年1月由群众出版社出版。该文集最吸引人、最耐读的篇章，是对历史和文明的思考与追问，体现了作者对文明的重视，对文明前景的美好期冀。

《拜谒龙山》：遥远的追思

山东章丘的城子崖，是龙山文化的发祥地之一。在赵德发心目中，这里一直是一块圣地。2006年的一个秋日，赵德发来到这里，对其进行了"朝圣"，并引发了一系列追思。

追思圣贤之美德。面对龙山文化时期的文物古迹，赵德发展开丰富的想象。当时中华大地上万邦林立，而黄帝、颛顼、喾、尧、舜，凭借他们的德行与才能，威仪天下，四海咸服。

赵德发赞叹，那个时代是怎样一种社会政治生态。"舜耕历山，历山之人皆让畔；渔雷泽，雷泽之人皆让居；陶河滨，河滨器不苦窳。一年而所居成聚，二年成邑，三年成都。"舜在历山耕田，当地的农人都争着让起地界来；舜到雷泽地区去打鱼，那里的渔民也争着互让渔场；舜又到河滨去制陶，河滨陶工的陶器便制作得既美观又耐用。舜所住的地方，一年成村，二年成镇，三年就变成都市了。如此巨大的影响力，来自哪里？赵德发断定，肯定不是因为大舜手中的权力，而是他高尚的人格魅力，是他的美德感化了他的子民。由此，我们可以得出这样一个结论：在执政理念上，美德的作用要远远大于权力。

追思先人之心性。展厅之内，赵德发深深地感受到远古的气息。石器，蚌器，骨角器，陶器，定型了几千年前的文化信息，一件一件摆在那里，让他触手可及。尤其是那些陶器，让寻常的泥巴有了美妙形体与灵魂，更让他心动不已。尤其是那蛋壳陶杯，"黑如漆、明如镜、薄如纸、硬如瓷，掂之飘忽若无，敲击铮铮有声"，是原始文化中的瑰宝。赵德发展开了新的追思，那些脚蹬转轮、手把陶泥的先祖，到底有着怎样一份至柔至静的心性，才成就了这"四千年前地球文明最精致之制作"？在这里，他赞叹的不是当时的生产力发展水平，而是追思先人的心性，是多么与众不同的立意。由此我们可以得出这样一个结论：那些至纯至美的艺术作品的产生，除了生产力发展水平，除了制作工艺，更重要的是创作者的心性，是创作者的爱美之心和创造之心发挥着更重要的作用。

追思人心之敬畏。文字是人类文明伊始的标志。赵德发曾在莒县博物馆见过陶尊刻文，那些汉字的雏形令人费解。这一次他又见到了相似的文字。那字刻于一个陶盆底部，七行十一个，无人能够诠释。赵德发展开思绪说，中国有仓颉造字的传说，而仓颉是黄帝的史官，他造出字的那一刻，"天雨粟，鬼夜哭"。人的反应如何？传说中没讲。他想，不管造字者是一个仓颉还是一个集体，面对这项伟大的创造，先人们一定是千般惊喜，万般尊崇。后人的"敬惜字纸"，便是这一尊崇的具体表现。通过这段文字，赵德发实际上是在提醒人们，无论何时何地，都要对文字心怀一份敬畏。因为，我们敬畏的不仅是文字，而是文化、文明和历史，更是一种创造。

追思西人之心态。长期以来，西方人有一个很错误的观点，他们认为中国史前文化源于西方。对此，我国很多专家和学者曾多次撰文批评，但长久拿不出充分的考古证据。龙山文化城子崖遗址的发现，让很多西方"专家"低下了高傲的头，他们开始毕恭毕敬地研究中华古文明。赵德发还介绍说，日照市的两城也是典型的龙山文化遗址，1936 年被梁思永等人发掘过。从 20 世纪末开始，美国考古学家与中国考古学家合作，又在那里考察了十年，他曾在发掘现场亲眼见到了写在老外脸上的仰慕与虔诚。赵德发为什么要对其进行追思，只因为他坚定的民族文化自信和深厚的爱国情怀。

追思社会之进退。赵德发站在城子崖放眼四望，那广泛散布着的龙山文化堆积的田野里，农人们此刻忙忙碌碌地干活的情景，引发了他新的思考。这儿生产的"龙山小米"，是我国"四大名米"之一。而在收获过"龙山小米"的土地里，新种下的麦子已经禾苗青青，预示着明年的稔穰。庄稼一季一季，人类一茬一茬，四五千年恍然而逝。看看从这里挖掘出的历史，再打量一下 21 世纪的世界，他追问：与那时相比，人类有了哪些进步，又有了哪些退步？这个问题问得好。因为，看不到进步，就会丧失前进的信心；看不到退步，也就没有继续前进的压力和责任。

《初始女书》：真切的窥见

女书是我国湖南江永县潇水流域古代妇女们创造并供女性专用的文字。它属于汉语方言音节标音文字，其作品一般书写在精致的布面上，包括扇面、布帕和纸片，有些还成为艺术品。

这应该是天下独一无二的文字，也可以称为天下"奇书"。很多人见了女书，在对其惊叹的同时，把更多的精力放在研究那些文字究竟表达什么意思，以及赞叹它们的艺术之美上了，而赵德发从中窥见了更深层次的东西。

缘由——他从女书中窥见男女之间那道深深的社会鸿沟。赵德发追溯，远古时人猿揖别，随即有了语言，有了文字。然而，世界上的几百种文字，基本上都是各个民族创造的。它们行诸于世，男女皆用，是中性的。一般人很难相信，在中国竟还有一种由女人创造并供女人专用的义字！这种奇特的文字第一次出现在他的眼前时,给了他的视觉以严重冲击。这是文字,但分明又是女人之间的密码。他震惊,他迷惑。从这些他根本看不懂的"密码"里,他发现在古代男女之间有一条深幽的鸿沟,正是这条鸿沟,让女人们悄悄地创造了这一整套文字来与男人分离、对峙。为什么?这是彼此不信任的结果,这是彼此有隔阂的结果。这些女人,与男人生活在同一个社会之中,却要花很大力气,费很大脑筋,创造另一种文字,过"双文字"交流生活,这不仅是女人的悲哀,也是男人的悲哀,更是社会的悲哀。对此,我们有必要问:究竟是谁,促使女人将原本简单的文字,搞得如此神秘,如此复杂,又如此难懂?

象形——他从女书中窥见古代妇女社会地位的低下。赵德发捧着女书端详了又端详,打量了又打量。恍惚间,他认出来了:那一个个呈长菱形的字符,不就是一个个女人吗?是的。她们生下来时本来方方正正,就像她们与男人的共同祖先所发明的方块字。然而不知从何时开始,她们却一个个变得身体扭曲,右高左低,瘦骨嶙峋,站立不稳,竟让人必须斜着看才行。赵德发进一步追问,为什么会这样?因为"男尊女卑";因为"男弄璋、女弄瓦";因为"唯女子与小人难养也";因为"妇人,从人者也";因为"饿死事小,失节事大";因为"娶来的媳妇买来的马,任我骑来任我打"。由此,他听到了古代妇女的悲歌。她们扭曲着身体斜曳着身体聚到了一起,她们抱着瘦削的肩膀流着长长的眼泪聚到了一起。她们哭着唱,她们唱着哭:"问声皇天疼不疼?皇天可否来伸冤?若把我的冤诉尽,万纸千章写不清。口头提起眼泪出,再好先生记不赢。头号羊毫坏十杆,半点冤情未写明!……"最让人痛心的是,她们这样唱,这样哭,竟是为了不让那些给了她们万千冤情的男人听见!在赵德发眼里,这些女书,显然不仅是文字,而是古代妇女对社会不公的无声控诉!

引申——他从女书中窥见长期压抑女性的另一种女书。赵德发的思维发散开来,他穿越历史来到汉代,想起一个叫班昭的女性所写的《女诫》。他深深地明白了,"女书"创作者和使用者的这种形态是被另一部"女书"——《女诫》逼出来的。这是一部最权威、最严厉、最苛刻的书,是中国女性所必须遵守的"律条"。赵德发质问,为什么同为女人的班昭,竟然写出这样一部书,让它成为几千年来捆绑中国妇女的绳索与镣铐?"卑弱第一:古者生女三曰,卧之床下,异之瓦砖,而斋告焉。卧之床下,明之卑弱,主下人也。弄之瓦砖,明其习劳,主执勤也。……"洋洋洒洒七大篇,哪里有半点女人的立场?哪里有半点女人的声音?哪里有半点为女人考虑?赵德发推论说,后世的女人慢慢明白了,那是让男人驯化好的女人用男人的立场和文字写下的,她们于是就痛恨汉字了,就把所有的汉字都称作"男字"。她们发誓要创造女人自己用的文字,于是就有了真正属于自己的"女书"。这是一种无奈,是一种悲哀,同时也是一种创造,更是一种无声的反抗。

《槿域墨香》:文字的光焰

"古老而年轻的汉字,神圣而世俗的汉字,恰似高挂在东亚上空的一轮明月。那溶溶飘洒的月辉,便是弥漫于汉字文化圈的醉人墨香了。"

赵德发在韩国首尔景福宫参观,有一种置身北京故宫的感觉。不是因为景福宫的气势,而是那一道道大门,一座座宫殿,都体现出汉风唐韵,随处可见的汉字,更让他倍感亲切。那门额上的大字:"光礼门","勤政门",魏碑体威风凛凛。"思政殿","交泰殿",楷书凝重浑厚。内宫里挂的字画,上面的汉字就更是仪态万千。

赵德发参观景福宫的这天,亦即 2008 年 10 月 9 日,勤政殿前的广场上要举行一场盛大的仪式,庆祝韩文字诞生五百六十五年。由此,赵德发对韩国文字的创立和演变进行了考证。在大韩民国的一路旅程,几乎成了文字观光之旅。在异国他乡,他看到汉语言文字的独特光焰,也让我们对汉语言文字有了全新的认识。

汉文字是韩文字的母系,无论韩文字怎么改变,永远也去不掉母系的胎记——这是汉文字的独特魅力。

朝鲜半岛上的人们，从公元二三世纪就开始使用汉字，到了15世纪，朝鲜王朝第四代国王世宗李祹觉得汉字笔画繁多难以学习，汉字也无法充分表现韩语的发音和感情，就决定创造一套新的文字。与仓颉看到兽蹄和鸟爪印而造出汉字的传说相仿，有一天世宗看见阳光照在千秋殿的门上，那一格一格的门棂给了他灵感，他便召集文官学者一起研究，于是韩文字就产生了。这是一种表音文字，简单易学，便于书写。

然而，尽管韩文字已经问世五百多年，但在那个以木槿花为国花、别号"槿域"的国度里，汉字依然被视作文化的重要载体，被一代代的韩国人所敬重和使用。从官方文书到平民信札，从大部头书籍到普通人家的春联，很多都使用汉字。汉字的形象和光泽几乎无处不在。

书法艺术是典型的中国传统文化，尽管韩国已经长期不再使用汉字，但有一种永远难以割舍的书法艺术情愫——这是书法艺术的独特魅力。

在古代，韩国人从中国学去了汉字，也学去了书法艺术。王羲之、赵孟頫，都被韩国人当作书圣看待。近些年来，韩国书法艺术得到大力发展，有些书法名人的作品市场价达到几千万乃至上亿韩元。时至今日，韩国书法虽然多了韩字书法这一部分，用楷、草、隶、篆等各种字体把韩字表现出不同姿态，但其主流还是书写汉字。这是汉字的力量，更是艺术的力量。

在大量使用汉文字，继承发扬传统书法艺术的同时，韩国人还在诸多领域坚持使用汉语言，尤其是优美的古典诗词，并不断丰富本民族的语言——这是汉语言的独特魅力。

这从韩国书法家所撰写的内容中可以窥见一斑：

"花间酌酒邀明月，竹里题诗扫绿云。"——中国古代文人雅趣跃然纸上。

"风轻杨柳金丝软，月淡梨花玉骨香。"——中国古代才女们的审美取向几无二致。

"松下问童子，言师采药去。只在此山中，云深不知处。"——中国古诗中禅的意境淋漓尽致。

一位韩国书法家写下这样的句子："云开万国同看月，花发千家共得春"，写照了中韩文化血脉相承，共同发展的美好境界。这"同看月"，看的应该是高挂在古代天空的汉文字之月；"共得春"，得的是中韩文化共同繁荣之春。

关于汉语言文字，有一个真实的故事耐人寻味。美籍华人物理学家丁肇中因为研究发现了 J 粒子，1974 年被瑞典皇家科学院授予诺贝尔物理学奖。在接到获奖通知后，丁肇中专门致函瑞典皇家科学院，请求允许他在颁奖会上发言时先用中文，然后用英文复述。面对这一请求，瑞典皇家科学院感到了为难。美国政府自然也竭力阻挠。因为按照惯例，获奖人在颁奖典礼上必须用本国语言发表演讲。丁肇中作为美国公民，应当用英语发言，然而，丁肇中却偏偏要先用母语——汉语，而且决心已定，不达目的誓不罢休。从丁肇中的这一举动，人们看到了母语——汉语，在他心头的位置和分量。

据媒体报道，前一个时期，韩国某些机构和部门，在申办非物质文化遗产时，将端午节也列为本民族的文化遗产，令舆论一片哗然。端午节本来是从中国传到了韩国，不知这些申遗的人究竟是怎么想的？不知他们能否从汉字与韩字、汉语与韩语的逻辑关系中，从丁肇中在诺贝尔颁奖大厅讲汉语的故事中，得到一些启示？

《白纸黑字》：文字的敬畏

《白纸黑字》是少年赵德发一心追求在白纸上写字的故事，体现了他对文字的敬畏和对文化的向往。

纯真——因白纸心生一个美好奢望。

赵德发少年时代，农村孩子乍来世上，与纸是无缘的。为什么？因为它太过稀少。

那时候，纸意味着什么？赵德发对此做出高度概括，纸是识字的人念的书，是会计用的账本，是墙上贴的画子，是门上贴的对联，是有人偶尔使用的信封信瓤。拥有纸张，在上面写字，是多么令人羡慕的事情。可是，这一切，与学龄前孩子基本无关，又是多么令人遗憾。

好不容易到了学龄，进入了学校，赵德发依然与纸张无缘。为什么？因为，那时候只能用纸张的永久性替代品——石板。

石板，是那时小学生的必备物件。为什么要用石板？因为刚刚入学，写不好字，糟蹋纸张，是不配用本子的。石板呢，随写随擦，最为经济。有钱的人家，就去花五毛钱买一块，再花几分钱买一些石笔。那石板，用石灰岩切成，几厘米厚，长方形，镶了木质边框，如16开纸大小。石笔，则是一些石灰岩细棒。拿它去石板上一划，便是煞白的一道。

然而石板对赵德发来说，依然是奢侈品，当时的使用率很低。赵德发所在的班四十多个孩子，用石板的只有两三个。这两三个中当然不包括赵德发。他和别的孩子用什么？只能用陶片。使用陶片，像回到了古代。各家的盆盆罐罐，都由泥巴做成，从窑里烧出，经不起磕碰，一不小心就会毁掉。盆底，盆帮；罐底，罐帮，就可以充当小学生的本子。笔呢，也不必买，山上有滑石，捡来几块，文具就齐备了。带到课堂上，老师让写啥写啥，写满了就擦，用手，用袖子，搞得教室里石粉飞扬。

那时候，赵德发有一个美好的奢望：要是能在真正的石板上写字该有多好，要是能在纸上写字该有多好。

他天天盼望着，有一天自己也能在纸上写字，而且是"黑字落到白纸上"！

倔强——为白纸与父亲发生对抗。

现在的人们，真的想象不到，少年赵德发对白纸是那样渴求。他一天天地盼望，一天天地等待。终于，一年级结束了。放假时老师叮嘱，二年级开学时，每人要交五毛钱书费和学杂费，另外自带两个练习本。他回家向父母讲了，父亲点头说："知道了。"他一心等待父亲给他买来白纸，可是父亲给他买来的却是颜色灰黄，二分钱一张的包装纸。赵德发梗起脖子提出了抗议："这不是白纸，我不要！"敢于公开对抗父亲，这在他身上实在不多见。

父亲没给买白纸，他原本以为学校里发的作业本是白纸的。可是他再次失望了。万万想不到，老师发下的作业本也不是白纸的。虽然那是成品，语文练习本印了田字格，算术练习本印了横杠儿，但纸质太差，又薄又灰，且粗糙不平。最让人不可思议的是，纸上竟然有一些字，有正的，有歪的；有完整的，有缺胳膊少腿的。虽然这些字零零星星，但毕竟影响了整洁。原来这是再生纸。就是把一些废纸打成纸浆，重新造出来的。

面对再生纸，赵德发再次发问，到底什么时候才能叫我的黑字落到白纸上呀？这是他的一个执念。

赵德发为什么执意要白纸？这肯定与他的美好的心性有关。这也让人想起毛主席的一句名言："一张白纸，没有负担，好写最新最美的文字，好画最新最美的图画。"

自强——为买白纸也真是拼了。

赵德发心里琢磨，作业本要用一个学期，老师是不给换的，可以换的只有练习本。可他也知道，让父亲买白纸，等于与虎谋皮。

怎么办？他想到了自力更生。小小年纪的他，想办法自己挣钱买白纸。他每天放了学，每到星期天，都要给家里拾草。到了山上，拾一些草后，便开始捡知了皮——蝉蜕。因为这种东西可以入药，能卖钱。有一天，他爬上了河滩里的一棵枰柳，发现树梢上有一个，就急匆匆扑去。只听啪的一声，突然掉下去，重重地砸在了地上。挣扎着坐起来时，左肩膀剧痛，扒开褂子看看，那儿有大片红紫，且流着血滴。为了买几张白纸，如此付出，现在人看来，实在不可想象。

功夫不负有心人。赵德发终于用他卖蝉蜕挣的两毛五分钱，买了五张光连白纸。回到家里，他将铅笔削尖，用舌头舔一舔，万般郑重地写下：白纸黑字。这是他对文字的一份虔诚，也是对文字的一份敬畏。

如今到了电脑时代，谁还像赵德发一样珍惜笔墨，敬惜纸张？犹如营养过剩的年代，谁还记得当年饥肠辘辘的感觉？

《在山旺读书》：后世的思考

行万里路，破万卷书。赵德发在湖南永江县潇水河畔观看过天下独一无二的"女书"之后，又来到山东临朐，专门阅读一本天下奇书——"万卷书"。

"万卷书"由"大自然出版社"出版，由一名叫"火山"的作者完成。该书成书年代很早，大约距今一千八百万年。据最忠实的读者赵德发介绍，当时地球这颗在宇宙之炉里锻造出的星球还没有完全降温，岩浆到处奔突，火山比比皆是。在山东的临朐、昌乐一带就有一个火山群，且活动频繁。在每一次惊天动地的喷发之后，地貌都有不可思议的改变：高者为山，低者为湖。

在这个湖光山色的地方，在这个被子植物极度繁盛的地方，"万类霜天竞自由"，构建了一个美妙和谐的世界。有生，就会有死。天上飞的，地上跑的，泥里爬的，水里游的，因各种各样的原因沉尸湖底，被硅藻沉积物所掩盖。那沉积物一年一层，恰似书页。突然地，火山喷发，漫天灰尘落下，汹涌的岩浆滚来，那本大书就被埋在了地下。时间久了，就形成了"万卷书"。

在灵山东南发现的"万卷书"，其质非土非石，平整洁白，层叠若纸，揭示之，内现黑色花纹，备虫、鱼、鸟、兽、花卉诸状态。在这里还出土了一件又一件稀世珍宝，在国际古生物界引起较大轰动。其中包括我国第一件基本完整的鸟类化石！

在这里阅读行走，赵德发提出的两个问题值得人们深思。问题之一，赵德发看过"万卷书"后，总感觉意犹未尽。很重要的一点是这里缺少人类的祖先。他知道，据科学家考证，在中国发现的最早的古猿生活在八百万年以前。这就是说,在这部"大书"杀青之际,人的出现还是渺茫无期。据此我们可以设想,几万年甚至几十万年之后,当后世研究我们所处的时代时,能不能找到我们曾经存在的化石类证据?显然不能。如果现代人都实行了火化,人死后都变成了骨灰,后人据此得出这个时代不存在人类的结论,将是多么可怕的事情?

问题之二,赵德发提出:"在历史的沉积中,我能够留下来么?"他回答说:"我知道,这不能。可怜而渺小的我,连当年的一个甲虫也不如。"对这个问题,究竟该怎么认识,怎么看?毫无疑问,多少万年之后,我们作为社会中的一员,不可能像上古时代那些虫、鱼、鸟、兽、花一样,留下"万卷书"一般的生命形态,但是我们的精神、我们的价值、我们的面貌,将以另外的形式留存下来。正如思想家和艺术家的作品,可能作为物质形态的书籍或许早已消失,但其思想和精神内涵,早已通过一代代人的血脉和精神传承下去,一代又一代,形成薪火传承的链条。其中,或许会包括该文章作者赵德发的思想和精神。《左传》有言,立德立功立言,此之谓不朽,揭示的大概就是这个道理!

第四章 《南山长刺》：时代的思考

《南山长刺》是赵德发的第四本散文随笔集，以《赵德发文集》第12卷的形式，由安徽文艺出版社2018年1月出版。该书收录了赵德发自创作以来撰写的绝大多数散文随笔，共分五辑，总计100篇，42万字。纵观该书作品，那些站在知识者的立场上，对时代展开反思的作品最为深刻，也最有社会价值和艺术特色。

《城堡上空的蒲公英》：对城乡主题的思考

《城堡上空的蒲公英》是一篇上海世博园的游记。在这次全家人的旅行中，赵德发发现并思考了一个非常重要的问题——乡村与城市问题。在偌大一个世博园里，给赵德发印象最深刻的瑞士展览馆，内容为"城市和乡村的互动"。瑞士人的精心设计，让他和家人享受了一种全新的体验。

他们乘坐缆车，来到一座城堡模样的建筑里面，缆车一批一批腾空而起，贴着城堡的圆壁旋转了几圈，眼前便豁然开朗——他们居然来到了阳光照耀下的一片山地！

"那片山地，是用泥土堆出来的，面积广阔且覆盖了植被。只见上面细草茵茵，繁花朵朵，令人心旷神怡。那些花草，我大多叫不上名字，只在它们中间认出了蒲公英。此刻蒲公英们还没有结出那种带尾翼的种子，正高擎着金灿灿的黄花，宣示着它们的野性之美。"

赵德发和游人一起从草地上飞过，从几座山包旁边飞过，身下是红花绿草，头上是白云蓝天。那时，他想：自己有多长时间没有这样亲近自然了？日复一日、年复一年地生活在城市里，已经习惯了由水泥森林构成的沉重与压迫，习惯了由人声车声组合出的嘈杂与喧嚣。

当赵德发正享受着时，缆车忽然拐了个弯，来到了一个口径极大的深井旁边。这是缆车最初出来的地方，也是城市的陷阱，他们又要回去，虽然身不由己。很快，他们落到城堡的底部，再次踏上了坚硬而冰冷的水泥地面。由此，赵德发展开了对有关问题的质疑和反思。

他于亿万人中，于时代的潮流之中，逆流而行，对上海世博会的主题提出质疑，这体现了他认真思考和敢于批判的精神。这次世博会的主题是"城市让人类生活更美好"，这样一个主题的确定，肯定是集中了主办方和很多方面、很多人的智慧和意见，也得到了世人的广泛认同。然而，赵德发却对此产生了疑问：城市真的能让人类生活得更美好吗？

他的答案是"未必"。他的分析体现了一分为二的原则，在承认城市使人类生活更美好的同时，也指出城市使人类生活有那么一些不美好的方面。"是的，城市的的确确给人类带来了诸多的便利，让人类的生活变得更加美好，不然，今天世界上就不会有如此之多的人住进城市。可以说，城市是人类在地球上造出的最大的'物'，它集中了人口，集中了财富，集中了政治、经济与文化的最大资源，是人类满足各种欲望的最佳场所。因此，城市也成为人类拜物教顶礼膜拜的对象。"

同时，他指出，城市未必使人类生活更美好。相反，它会使人的生活变得不美好，不光生活不美好，心情也不美好，甚至让人感到恐惧。"人类用钢筋混凝土将自己与大自然隔离开来，将与大自然血肉相连的生命囚禁在灯光多于阳光、空调风多于自然风的地方，长此以往，人类的存在、发展与进化能不受到影响吗？从城市化突飞猛进的20世纪开始，我们已经看到了人类体能退化、生殖力下降、'城市病'越来越多等一系列严峻事实。

再发展下去会怎样呢？别的不说，单是想到若干年之后，城市之外可能再无人类，我们就会不寒而栗！"

要知道，这是第一次有人公开站出来，对世博会主题提出质疑。不是哗众取宠，而是为了辨明真相，警醒世人。

他站在人类本质的角度，深刻思考城市与乡村的建设和发展问题，体现了他的人类情怀和人文关怀。他指出，人类不能忘记了自己的本质。说到底，我们还是大自然在亿万年中哺育出的一种生物，城市在历史长河中只出现了短短的一段时间：1800年，全球城镇化率只有2%；1900年，13%；2007年，67亿地球人中已有一半以上居住在城市——如果有上帝的话，他也会为这两百年的巨变而惊讶万分！城市化的推进，让进入城市的人类已经乐不思乡了。于是，偶尔去乡间和大自然亲近一下，然后一边咒骂着城市，一边龟缩回城市，这就是生于乡村，生活在城市里的"伪君子"的可笑行径。

虽然赵德发对城市的过度发展持怀疑态度，但他依然充满信心也满怀希望。他非常高兴地看到，瑞士人设计这个展馆显示出的聪明才智和忧患意识。他离开展馆，回望城堡上空招摇着的花花草草时，希望等到蒲公英的种子成熟之后，它们会借助黄浦江上的风，将瑞士人构思的这个主题传送到更远的地方，让更多的人了解并理解。这是多么美好的愿望！

《倾听沥青滴落的声音》：对效率观念的反思

"搞笑诺贝尔奖"的一个看似非常"搞笑"的研究，让赵德发看到了一个与现代人效率观念相悖的话题。

这是一个极为特殊的"科学研究"，不仅应该获得"搞笑诺贝尔奖"，而且可以列入世界吉尼斯纪录大全。为了计算极高黏度的沥青在室温环境下的流动速度，1927年，澳大利亚昆士兰大学专家托马斯·帕奈尔将一些沥青融化到一个漏斗里，使之冷却，然后等着它像液体那样滴落。他等了九年，第一滴沥青才落了下来。又等了九年，终于等到了第二滴。看过这两滴之后，帕奈尔溘然长逝。约翰·梅恩斯顿接手这个实验，一滴一滴地继续等待，在 2000 年等到了第 8 滴。报道颁奖的新闻稿最后说："如今梅恩斯顿正在望穿秋水地等待第 9 滴'沥青液体'掉下来。"

看到这里，或许人会感到好笑和滑稽，甚至认为很无聊，赵德发却对二人产生了深深的敬意，并看到了其背后蕴含的可贵精神和至诚真理！他敬佩他们有着怎样超常的耐心才能做到这一点？八九年一滴，人生能有几个八九年？目前健在的梅恩斯顿究竟还能等到几滴？

他不仅反思他人，而且深刻地反思自己。他说，我这人年轻时是急脾气，与只争朝夕的主旋律合拍，容不得缓慢。与同伴走路，我都是走在头里，并且频频回头催促他们。我还嫌吃饭耽误时间，经常幻想肚皮能像橱子那样开个门儿，一天打开三回，放进一些饭菜了事。早上去公园跑步锻炼，听到节奏极慢的音乐，看到有人随着这音乐慢悠悠地打太极拳，我难以忍受，急忙跑开，心里说，哎呀，这么慢，让人怎么活呀？

赵德发的性子快，还体现在创作上。性子快的人却爱上了写作这件慢活儿，于是备受折磨。尤其是写长篇，就像堆一座山一样，今天培几锨土不见高，明天培几锨土还不见高，那份焦虑难为外人道也。等到终于完成了初稿，也用"十年磨一剑"的古训激励自己，然而磨上几个月就烦了，索性交稿完事。后来增了些年岁，看了些好书，接触了一些方外人士，才知道自己的心态和行为多么可笑。与帕奈尔和梅恩斯顿相比，他感到了汗颜。

赵德发提出的这个问题，实际上是一个人生观、价值观和效率观问题。什么时候，我们也像托马斯·帕奈尔和梅恩斯顿一样，放慢步子，慢慢地做一件事？什么时候，我们也像赵德发一样，静下心来，一生只做一件事？

《南山长刺》：对现代科技的忧思

赵德发告诉我们，在他老家有一座对他具有非同一般意义的南山。

那是"多样灵感"造就的南山。

她不是一座,而是从东到西的一行,是一排。驮篮山、尖山、寨山、牛角山,一座比一座高,向世人演示等差系列。她们的顶,或圆或尖,体现了造山运动发动者在几千万年前的多样灵感。

那是托举他成长的"神灵般"的南山。

赵德发登山回来,再看南山,感觉更为亲切,情感近乎崇拜,仿佛那是托举自己成长的神灵。是的,她们坐成一排,整天瞅着他,看他上学念书,看他下地拾草,看他辍学务农,看他当上民办老师再去教学。

那是无论怎样也不可替代的南山。

这些年来,赵德发去过好多地方,登过好多名山。但那些山再怎么有名,再怎么壮丽,都替代不了南山在他心中的位置。有一年,他在外地参加笔会,其间有游览活动,坐大巴走着走着,右前方出现一行山,形状酷似家乡的南山,他竟然惊喜莫名,热泪盈眶。

那是象征父母在山顶向他观望的南山。

因为父母的游览,赵德发对南山越发亲切。回老家时拍照,拍父母,拍院落,拍村子,总也忘不了拍南山。父母过世后,他再回去,还是习惯性地拍几张南山照片带回去,闲暇时端详端详,仿佛父母依然坐在山顶,向他观望。

然而,突然有一天,赵德发心目中的南山变了模样。那年春天回老家,眼前景象让他大吃一惊。他的第一感觉是,南山长刺了。

那刺高高的,长长的,竖立在几个山顶。那刺白白的,梢上分杈,异常锐利,刺破了蓝天。

山上长出的"刺",其实叫风力发电机,能提供一种清洁能源。很多人为此欢呼雀跃,却让赵德发感到非常不适,难以接受。

自那一天起,南山上的一根根长刺,就扎在了赵德发的心上。

南山长刺,刺得一些人心痒;

南山长刺,刺得一些人心痛。

这个时代，就是痒与痛并存的时代。

其实，赵德发并不是一个守旧的人。他并不反对科学技术的创新与发展。他的这种认知，集中反映了现代科技与诗意生活的对立与冲突，也反映了他理性思维与情感思维的矛盾与纠结。

荷尔德林说，诗人的天职是还乡。作为现代意义上的人，能不能在发展科技的同时，尽可能保护故乡原有的那一份诗情画意呢？这是一个值得思考，也必须回答的问题。

这绝不是一个简单的环境保护问题，而是一个关乎人类精神家园的重要问题。

《绿色二题》：对人之天性的追问

作家总是有一双善于发现的眼睛。在新建的人民广场新栽种的树上，赵德发发现一对喜鹊在那里筑巢。"它们夫妇俩勤勤恳恳，来去匆匆，银杏树上的那堆木棒越集越多。几天下去，一个大大的窝便做成了。"赵德发说，那鸟窝，连同银灰色的树枝，让蓝天白云映衬着煞是好看。

赵德发认为，这个鸟巢，在城市里是个奇迹。因为，一般地讲，鸟儿总喜欢在乡下农村筑巢。赵德发纳闷，这一对喜鹊是从哪里来的呢？从市郊？从乡村？它们为什么不在那些山清水秀的地方，偏偏来到城市里，并且在这游人如蚁的广场上？

作家还有一颗善于思考的头颅。赵德发由此展开联想，他想起了下乡时看到的奇观：喜鹊窝出现在高压电线的架顶，而在那些树上，竟是很少有了。

鸟儿在乡下筑巢，在树上筑巢，是它们的天性，为什么，却如今它们在城市广场上筑巢？在高压线上筑巢？原来，这里面有着深刻的原因。

赵德发步步推论，得出一个令人震惊的结论。

他说，人心不古，连喜鹊这种中华民族历来喜爱的吉祥鸟也难找安身之地了！

于是，它们不得不寻找别的地方：高压线杆，摸鸟孩童爬不上去；城市广场，爱鸟护鸟之人居多。

原来，鸟儿之所以不再愿意在乡下树上筑巢，是出于保护自己的需要，是生存的需要。

鸟儿在乡下树上筑巢，原本是它们的天性。如今，它们改变了自己的天性，不是因为它们自身，而是被人逼的。由此可见，人性是多么可怕！

在日照市最大的海水养殖场里，夜幕之下，赵德发借助手电筒的光线，再次发现令人震惊的景象。

对虾们在沿着养虾池边转圈游动。那是规模宏大的集体运动。不是一个两个，是全池集合；不是一时半刻，是通宵达旦。它们游呵游呵，向东，向北，向西，向南；再向东，再向北，再向西，再向南……它们义无反顾，它们不知疲倦。

这样的景象当然令人费解。对虾又不需要锻炼身体，也不是搞长跑比赛，为何在池子里不停地转悠。养虾人的回答是：因为它们有洄游的习性。

洄游？这是怎样一种习性？它们又为何如此为之？如此顽固地坚持？原来，闻名世界的中国对虾，它们的老家在温暖的黄海中南部。每年春天，北边的海水变暖了，它们便结成大群，浩浩荡荡向着黄海北部与渤海进发。在那儿产卵，生活，等到秋风起了，它们又浩浩荡荡返回千里之外的南方老家……经过不知多少万年的进化，这种洄游习惯与洄游路线已变成遗传密码藏于它们的神经中枢，让它们到了时候就遵命而行。当然，除了中国对虾，世界上其他品种的对虾也有洄游习性，不同的只是时间与路线。

而养虾池里的对虾，在洄游的时候，却被困在一方小小的水池里了！这里的水太浅，这里的水不清，这里的温度变化太大，这里吃的东西单一。而且，这里没有波浪，没有潮汐，没有水族伙伴，没有大海的诸多神秘……这哪里是它们待的地方！对虾们不甘心，它们集合起来，日复一日地寻找着出路。这是它们生存的需要，也是追求自由的天性。

鸟儿的天性，被人改变了。对虾的天性，人却无法改变。这是为什么？

仔细分析就会发现，无论鸟儿还是对虾，无论是变还是不变，它们都遵循一个最基本的原则——趋利避害。可以说，这是最基本的天性，这也是所有生灵，包括人最基本的天性。

赵德发说，从喜鹊筑巢地点的改变，可以看出，喜鹊变得聪明了。之所以说它们聪明，是因为它们为了生存学会了趋利避害。可是对比人类，为什么还不如鸟雀？

是人类造成了喜鹊和对虾的困境，人类在给它们造成困境的同时，也给自己制造了困境。

为了追求眼前小小的利，不知规避更远更大的害。人啊，人，什么时候能够真正警醒，去改变自己短视的"天性"？

《基因》：对人类传承的担忧

《基因》是赵德发最长的一篇散文，行文大开大合，思考也最为全面、最为深入。它的笔触从远古走来，从二十万年前的非洲走来，一直走进当今时代，走进他的家庭。文章再次体现了他的苦难意识、坦诚意识和忧患意识。

它既展示了家族传承的苦难辉煌，也坦承了家族传承过程中"见不得人"的一面。

一般人写自己的家族传承和基因传承，多数会带有一定的美化成分，然而，赵德发对自己家族历史上"羞于见人"的一面毫不回避。按照一般逻辑推理，像赵德发这样充满智慧的作家，应该有着比较"光鲜"、比较令人羡慕的家族历史，然而，赵德发却告诉我们，他的家族并不是人们想象的那样。《基因》这样写道："赵氏家族二百年前有那么一家，地少人多，只好分头向外迁徙。有一个人向东南方向走了二十多里，来到一个叫宋家沟的山村停下，向当地人提出居留申请，获得宋姓族长恩准。然而这人生下两个儿子,却生不出孙子,就回老家商量,想过继一个。老家的人不同意,爷儿仨一不做二不休,决定去抢。沭河东岸有个板泉镇,老赵家的人常去赶集。这天,爷儿仨请几位姓宋的壮汉帮忙,去集市上转悠。他们不敢抢长相好的,怕惹大祸,就选定老赵家一个头上长满秃疮的男孩下手,将他又推又拉,挟持到宋家沟才去老家报告。好在小秃子还有弟弟,他父母和族长顺水推舟送了个人情。我那位秃子祖宗能干,与本村一位姓宋的姑娘结合后,接连生出四个儿子。其中一个给财主家当长工,正月十五吃了汤圆却不老老实实待着消食,和财主家孩子追逐嬉闹,结果让一肚子汤圆撑死。剩下的三兄弟,是宋家沟赵家的三位先人。"由此可见,赵德发的祖先,其实是家人抢来的一个"秃子",身份不但不显赫,丝毫也不光鲜。对于家族基因中的这种匪性,赵德发对此毫不回避,更不隐瞒,可见他有多么坦诚。

它既展示了自己人生历程的努力和奋斗,也坦承了自己在生儿育女问题上的窘境与尴尬。

对于这个问题到底写还是不写,赵德发最初也很纠结。他"这个人一直谨小慎微,甚至有点爱面子图虚荣,要将这件隐私公之于众,无异于上街裸奔"。当他将准备写出来的想法讲给妻子时,妻子也很有顾虑,担心惹人耻笑。赵德发还是认为,如果不把自己的事情写上,文章就不够充实,自己也不够坦诚。最终,他横下一条心,将事情的原委公之于众。原来,赵德发在县里工作时,妻子户口还在农村,虽然已经有了一个女儿,但按照当时的计划生育政策,可以再生一个,而且已经有了有关部门的准生证,家里人也一心想让他们再生一个男孩。他们夫妻两个也准备再生一个。然而一年下去,妻子的肚子没有动静;两年下去,还是平瘪如初。这时候,他们面临来自长辈给予的巨大压力,让妻子觉得,不给赵家生个儿子就是严重失职。"神经绷到极限,有一回自己在家灌下一瓶白酒,跑到邻居家中大哭不止。"后来经过到医院检查才知道,原来是赵德发本人"精子过少"。随后,赵德发便到北京,开始了求医之旅。其间,受尽"奇耻大辱",不知吃过多少药，也没有效果。这样的事情，如此坦诚地告诉大家，告诉读者，即便是再坦诚的作家，也并不见得能如此为之。

它既展示了基因传承甚至传宗接代的重要，也坦诚了自己对人的本质意义的终极思考。

赵德发说，有哲学家指出，生命的本质，就是生存与繁衍。山东有一首民谣："吃了饭，没有事儿，背着筐头拾盘粪儿，攒点钱，置点地儿，娶个媳妇熬后辈儿！"最后一句话，道出了老乡们来世上走一遭的最高目标。那个"熬"字，更是透露出繁衍后代的万般艰辛。在中国过去的宗法社会，如果一个家族的血脉中断，在家谱上的记载无以为续，那是最严重的过错与耻辱。"不孝有三，无后为大"，没有儿孙的人简直不配做人。这就将生命本质当作了道德标准，进而成为纲常，成为天理。

对这个问题，赵德发进行了深刻追问。他追问自己来这世界上的最终目的，追问人生的根本意义。由此，他还对人类的繁殖方式心生质疑。为什么要男女结合搞得如此麻烦？如果是单性繁殖就简单多了，最好像孙悟空那样，拔一根毫毛就变出一个。即便不能那样，学习杨树柳树也可，截一段枝条插下，就能长出新的一株。

面对自己难以再生育的问题，经过追问和思考，他的眼前豁然开朗，人生境界也由此得到跃升："没有儿子就不能活啦？我还有个可爱的女儿，将我和妻子的爱全部倾注于她的身上可不可以？我家香火断绝又有什么，我靠我的文学创作延续生命，岂不是更有意义？"这方面，赵德发应该是我们的人生榜样。

它既展示了基因科学研究和发明的巨大进步，也坦诚了对人类传承的思考和担忧。

赵德发因为身患"隐疾"，一直关注着基因方面的事情。他看到媒体上说，现在男人的生殖能力越来越弱，尤其是精子数量急剧减少，对人类未来感到了深深的担忧。他介绍说，在2003年召开的世界卫生组织"环境对生殖影响的国际研讨会"上，科学家们郑重发出警告：全球人类精子质量正在不断下降，每毫升精液的精子密度由 1.13 亿个下降到 0.5 亿个，下降了 62%。有的医学专家讲：如果再这样下去，五十年后人类就要断子绝孙。男人已经成为濒危动物，必须赶快拯救！

赵德发不仅重视这一问题和现象，更重视背后隐藏的原因。是什么原因让众多男人如此尴尬？环境污染，药品滥用，生活习惯改变，男人内裤过紧，手机装在裤兜里，等等，但哪一条也得不到专家们的一致认可。有人指出，不只是男性生育能力下降，女性也是如此，赵德发认为，这些现象令人费解。

赵德发同时看到，当人们对生育问题感到困惑之时，生物克隆技术却横空出世。他进一步展开思考：一方面，男人的性能力急剧退化；另一方面，人类克隆技术急剧成熟。这意味着什么？难道人类繁殖方式将出现一个质的改变？他看到，基因科学的发达，并不一定能给人类带来福祉。关于转基因食品的争论不绝于耳，对于基因武器的恐惧又让人忧心忡忡。

想到基因技术的发展，想到人类的未来，想到自己身后的基因传承，赵德发的眼前，一片苍茫……

这一片苍茫里，写着他的关于人生的终极关怀，以及对人类未来的深切希望。

《今日刮哪风》：对生存氛围的辨析

"今日刮哪风？"是赵德发老父亲挂在嘴上的常用语。每天早晨常用这话问自己、问家人。他从屋里出来，第一件事就是抬头看天，侧眼看树，问上这么一句。多年如此为之，习惯成了自然。

为什么要问这一问题？刮哪风很重要吗？像"吃了吗""睡得好不好"一样重要吗？答案当然是肯定的。赵德发的老父亲之所以问"今日刮哪风"是为了判断天气。是晴，是雨，心中有数。哪个季节刮哪风，都关系到天气。当日天气如何，适合干什么活儿，不适合干什么活儿，据此做出安排。天气如何，还会关系到更长久更重要的事情，譬如旱涝，譬如丰歉，譬如温饱，譬如生死。

事实上，关心"今日刮哪风"的不仅是赵德发的老父亲，还有很多很多人。日常生活中的很多有心人，每天起床后，或者出门之前，或者在头一天晚上，都会看一看天气预报，或者亲自看一看风向，以此决定自己是否出行，以及自己的行动。因为，"风"这个奇特的东西，对人、对社会实在是太重要了。

在这里，赵德发主要讲的是自然界的风。由此，他还引申到父亲身上的"风"——脾气。他说："我父亲脾气不好，当年他携带的'风'，与家庭气氛息息相关。我小的时候，每天也像父亲那样，揣着一个疑问：'今日刮哪风？'但父亲是揣测老天心情，我是揣测父亲心情。父亲的喘气声柔和，那是刮南风；父亲的喘气声粗重，那是刮北风；父亲的喘气声粗重且夹带着'哼、哼'的鼻息，那就是会带来暴风骤雨的东风或西风了。每当东风或西风刮起来，母亲和我们兄妹都会赶紧把自身的'风'减弱甚至止住，连气都不敢喘。"

其实，在自然界的风和人身上的脾气之"风"之外，还有一种"风"更值得人们关注。那就是社会之风。相比自然界的风，这种风更难判断，对人和社会的影响更大。

"风，是这世界上最神秘的事物之一。"赵德发说，来到城市之后，对风向的判断更难了。为什么呢？因为城里高楼林立，已经将风削成散兵游勇，在街上乱窜。即便风势很大，在地上摇动树木，在天上摆出云阵，也难以判断风向。

同样，对社会之风的判断，似乎也比以前更难了。因为，社会之风本来就无形无色无嗅，来无踪去无影。虽然社会之风难以判断，但影响力非常之大。一旦过后，或许会"落了个白茫茫大地真干净"。

既然如此，一旦自然之风、社会之风真的来临，人应该做出怎样的选择？是迎风，还是顺风？是跟风，还是避风？这个现实问题，犹如哈姆雷特的"活着,还是死去"一样令人难以回答。

赵德发在文章中提供了一个浮来山定林寺千年银杏树有效避风的神奇故事。2012年6月初,赵德发陪客人游寺,发现银杏树下有大片落叶。绿叶刚刚长出,为何纷纷落地?这事在民间更是引起恐慌,都说"银杏王"要死了。那年8月2日"达维"台风袭击日照沿海地区,所到之处树倒屋塌,浮来山上的树木也被吹得七歪八倒,断枝落叶一片狼藉。然而,台风过后,人们惊奇地发现,"银杏王"因为树枝光秃,几乎是毫发无损。于是,民间就有了一个说法:那棵老树预先知道台风要来,早早卸掉了一身叶子。

很显然,当大"风"来临之时,让人像银杏树一样"避风"显然是不现实的,曾卓先生的诗歌描述的"悬崖边上的树",倒是可以给人一种精神上的启示:

不知道是什么奇异的风
将一棵树吹到了那边——
平原的尽头
临近深谷的悬崖上
它倾听远处森林的喧哗
和深谷中小溪的歌唱
它孤独地站在那里
显得寂寞而又倔强
它弯曲的身体
留下了风的形状
它似乎即将倾跌进深谷里
却又像是要展翅飞翔……

卷九　艺文综揽：山海文心

> 浩瀚的星河与大海相连
> 星星的眼睛
> 眨了一遍又一遍
> 星光就在我的眼里
> 在我的指尖和心田
>
> ——慕白《山海》

第一章　大哲之言：深刻的文学理念

或许是受了著名文学评论家刘勰的影响，赵德发对文学创作的理论问题，也像修行之人一样深入思考，也像哲人一般深入研究。因此，他的文学理念和文艺观念相较而言似乎更深刻、更到位，也更自成体系。他的创作也就更加自觉和自信。归纳概括起来，他的文学理念、文艺观念主要包括以下内容：

"修行说"——文学是一种修行——指明追求艺术之神的基本道路。

在《葆住这份教徒式的情感》一文中，赵德发说，就读于山东大学作家班时，在附近的教堂，看到天主教徒们庄严地齐声诵念祷文，仰望着高高的教堂穹顶，他竟悄悄地流泪了。在这个时候，他想到了自己和文学。

后来，在山西五台山看到一位老僧，三步一叩，且叩且走，他一下子肃然起敬。因为他知道这是远方僧人的"大朝台"之举，要拜遍五个山顶。他的眼角不由得湿润了。在这个时刻，他又想起了自己和文学。

文学也是一种宗教。他一直这么认为。

因为一个偶然的契机，他皈依了缪斯女神，从此便对她顶礼膜拜万般迷恋，恨不能宰掉牺牲自己来讨得她的欢心。多少年来，他一直对文学一往情深，不管别人如何议论，不管缪斯是否垂青。其间，他经受过很多诱惑，也遭受诸多磨难，但他痴心不改，信念永存。

这是一种生活的炼狱，更是一种精神上的修行。

这是刘勰当年在定林寺修经抄经、撰写《文心雕龙》的精神，也是一个当代作家所应有的精神。

修身，修心，修文字，赵德发一路修来，修成了今天的模样。

在商海浪潮汹涌的今天，试问天下还有多少作家真正拥有这种精神？

"逃亡说"——作家的宿命就是逃亡——指明作家应有的生活状态。

作家应该过什么样的生活，担负什么样的责任？赵德发从 2005 年塞万提斯文学奖得主、墨西哥当代著名作家塞尔西奥·皮托尔的随笔集中读到了答案：逃亡。

逃亡，不是逃避责任。逃亡，首先是逃离平庸的生活。

作家的这种逃亡，其目的何在？在于逃离平庸的艺术。走出去，积攒经历，开阔视野，站到艺术的峰巅，拥有世界眼光，这是一个作家之文化养成所必需的。

皮托尔的逃亡还有一种，那就是逃离麻木的心境和旁观者的角色。

赵德发的基本结论是：逃吧，逃吧，不逃则亡。这就是作家的宿命。

从事创作几十年来，赵德发一直遵循着"逃亡"这一宿命和使命，一直奔走在"逃亡"的路上。逃离世俗，逃离仕途，逃离……

应当看到，要想实现真正的逃亡并不那么容易。因为作家也是人，他们或是有稳定而安逸的生活，或是有来自单位、家庭诸方面的束缚，或是缺少金钱、时间等必要的条件。面对这些，他们的确很无奈，但赵德发也有办法：让心去逃亡。身不出国门半步，却让一颗心通过阅读和想象去游历，去流浪，去体验，去获得我们想获得的一切。

如今，有多少作家，像赵德发一样，稔熟作家的宿命和责任，一心一意奔走在"逃亡"的路上？

"微斯人，吾谁与归？"

"根底说"——让写作回到根上——指明作家创作的根本向度。

赵德发在北京大学"我们文学社"演讲时，提出了"让写作回到根上"的观点。他说，自己的创作取向引起了一些朋友的注意，他们问他为何对这些题材感兴趣，他的回答是：让写作回到根上。

首先，他指出为什么写作要回到根上。他以自己的创作为例，证明了这个问题。为什么写作要回到根上？因为只有回到根上，才有生命，有活力，有力量。

他同时指出，让写作回到根上，并不是像20世纪80年代中期的寻根文学一样，按图索骥，去简单地寻根，而是要审视中国文化之根，做出更为深刻的思考，创造出崭新的艺术生命。

对于张炜的《芳心似火》、阿城的《三王》、汪曾祺的《受戒》等"回到根上"的写作，赵德发极力推崇。他还向莘莘学子介绍了让写作回到根上的路径和方法：

  一是大量读书。
  二是深入采访。
  三是认真思考。
  四是精心创作。

总结赵德发的创作，他的创作之根在哪里？

在生他养他的那片具有浓郁乡情的沂蒙大地上，在浸润他成长的五千年优秀传统文化上，在中华民族天行健君子自强不息的伟大精神上。

"本质说"——把着力点放在历史和本质上——指明作家的历史使命。

1990年，赵德发专门撰写《新的着力点：历史与本质》，介绍他这方面的认识和做法。

他充分认识到，描写农村生活是中国当代作家的一大传统。但进入90年代，农村题材小说铺天盖地地涌现，并没有促进农村题材创作的真正繁荣，反而使读者日渐不满。这是什么原因造成的？应该怎么办？赵德发有自己的思考和答案。他认为，最根本和关键的是，农村题材作品太浅显。

"首先应该把审视的目光放得更为久远一些。"他说，把我们所了解的农村放到历史长河中去考察、去认识、去表现。这几年来我们口语中一个用得较多的词是"跨世纪"，其内涵是百年之交。其实与此同时进行的还有纪年单位更大的千年之交。而在农村，目前正在进行的是比千年之交还要重要的一种交替：已经存在了几千年的传统农民已经进入转型阶段。从哪里看得出来？从遍布农村的非农产业上，从流动在全国的上亿民工身上，从农业的商品化进程上，从日益缩小的城乡差别上……这种变化是人类历史上的一个奇迹。

赵德发说，我们这代作家就幸运地生活在这个时期。我们应该时刻关注这个进程，用历史的眼光去观察农村生活的宏观与微观景象，并用我们的作品准确、恰切地反映这场巨变。人从来都是历史中的人，写好了历史中的人也就在一定程度上完成了文学的使命。一部长篇小说，可以用它较长的跨度来表现历史中的农民和农民在历史中的变化。即使只用中短篇去描写一个生活片段，恐怕也不应少了历史眼光的观照。倘若如此，我们的作品也许会有更多的意义。

这是怎样一种宏大的历史视野，又是怎样一种使命和担当？

"创新说"——体现创新的能力和意识——指明作家创作的真谛所在。

赵德发在《就这么逼一逼自己》一文中，谈到了对创新的认识。当时，在经历了近十年短篇和中篇小说创作积累之后，他产生了创作长篇小说的想法，但是他对自己提出一个质问：你想写长篇吗？如果你的长篇不能给中国当代文学增添点什么，那你就不要写它！

因为他发现，当今时代，长篇小说出得真是太多了，每年近千部，一派"大干快上"的势头。然而不幸的是，尽管长篇新作铺天盖地，但看看它们的平均印数，却是一个很可怜的数字；如果再统计一下它们的实际销量，那就更让人汗颜。

为什么会出现这样的结果？透过表面现象，赵德发看到更重要的原因就在作家自己这儿。是作家们没有拿出多少为当代文学增添点什么的作品。也就是说，作品的创新意识不够。

他说，作家的天职是创作，创作的真谛是创新。一部长篇小说的创作，更应体现作家的创新意识与能力。你或是能够表现一种别人没有表现过的生活，或是表达一种别人没表达过的思想，或是你创造的艺术天地比别人的更为广大、恢宏，或是你对本质的把握比别人更为深刻、恰切，或是你塑造出当代文学画廊中没有过的人物，或是你创造出一种新颖的文本形式……总之，不管是姚黄魏紫还是环肥燕瘦，你的长篇小说放在当代长篇小说文库中，应该与众不同，应该为当代文学的绚丽添上一笔。事实上，那些在长篇海洋中惹人注目并赢得众多读者的作品，多是创新之作。

面对此情此景，怎么办？赵德发给出的处方是：逼一逼自己。这几个字好像有点土，但很实在，也很管用。

"境界说"——提升心境，开阔眼界——指明创作应追求的意境和情怀。

"境界"一词出自佛经，指通过真修实证所达到的水准。赵德发用以指导自己的创作。

他认为，在文学创作的道路上，有这样三个境界：

第一是"迷境"。主要表现是："摩拳擦掌，见啥写啥，惯拿常识做文章。"

第二是"悟境"。主要表现是："焚香净手，描龙画凤，匠心独运好辛苦。"

第三是"化境"。主要表现是："千手若无，出神入化，浑然天成大作品。"

"化境"是指艺术造诣达到的最高境界，可与造化媲美。这样的作品，看不到技巧，恰似天衣无缝，无一处不圆融，无一处着痕迹。此等境界，是一般作家达不到的。

赵德发进一步明确，要使写作达到较高境界，必须在"境"和"界"两个字上下功夫——提升心境，开阔眼界。

不仅如此，他还提出了具体的行之有效的方式方法。

杂念要少。争取做到"随缘如水，心定如山"，经常让自己转到适合文学创作的心境之中。

追求要高。努力让自己的笔下多出精品佳作，把自己的创作放在当代文学的大格局中考察和定位。

读书要多。读书量要尽量大，读书面要尽量广。你的读书，在一定程度上决定了你在文学界的位置。

阅历要广。要充分了解各方面的情况,对当今社会做出自己的思考和判断,更加准确而真切地予以表现。

在文学创作道路上,谁要想修成正果,不妨从赵德发的"境界说"学几招。

"自觉说"——作家必须有文化上的自觉——指明创作从必由王国到自由王国的路途。

在山东省作家协会举办的高级研讨班上,赵德发应邀授课,第一次谈到作家的文化自觉问题。

他首先阐明了在文学创作道路上攀升的三个层次。第一个层次是素材与技巧。第二个层次是思想与文化。第三个层次,是思想与文化之上的更高的层次,即人格和胸襟。要成为大作家,人格和胸襟非常重要。

创作道路上有这么三个层次,怎样在第二、第三个层次上攀升?赵德发认为与文化自觉有密切关系。在他看来,文化的自觉就是文化的自我觉醒,自我反省,自我创建。

文化的自我觉醒、自我反省、自我创建,具体到作家群体和个体,可以从两个方面来理解:一是对民族文化的自我觉醒,自我反省,自我创建;二是对自身文化的自我觉醒,自我反省,自我创建。

一个作家,要使自己具有充分的文化自觉,赵德发建议从三个方面去努力:

第一,自觉加强文化积累。要学习、学习、再学习,努力、努力、再努力。主流文化,核心价值观,要学习;传统文化,非主流文化,西方价值观,也要了解。

第二,自觉运用文化眼光。通过文化积累,具备了一定的文化眼光,还要学会自觉运用。

第三，自觉创造文化精品。具备了充分的文化积累，拥有了不同寻常的文化眼光，最终要在创作中去体现、去落实，创造出文化精品。

从积累到运用，再到创造，文化自觉形成一个完整的闭环系统。这就是赵德发的文化"自觉说"。

"气场说"——努力营造长篇小说的气场——指明让作品使人着迷的方式方法。

赵德发认为，古今中外优秀经典小说之所以让人着迷，皆因其中的强大气场。

对于如何营造长篇小说的气场，赵德发从创作主体与客体两个方面进行了深入分析。

就创作主体而言，作家自己应该具备强大的气场。这个气场，来自个人的文学能量，也就是在文学方面的创造力与辐射力。它与天赋有一定关系，但后天的修炼更为更要。要通过不断学习和体悟，努力提升自己，让自己拥有出众的思想能力，洞察社会与人生，有深邃见解，并且诉诸文字，建构起自己的文学世界。

赵德发认为，作家的气场，最终要体现在创作的客体之中。成就一部长篇小说，应该通过以下几个方面去营造气场：

一是精神内涵。作品所传达的思想，要深刻而独到。一部成功的作品，其精神内涵必须折服读者。

二是人物命运。长篇小说应该写出命运感。个人的命运、集体的命运，乃至全人类的命运，最容易让读者牵肠挂肚。

三是情节张力。无论是线性叙事还是非线性叙事，那些线或显或藏，或松或紧，目的都是一个：抓住读者。

如果说此前赵德发的"各种说"属于创作观,这里的"气场说"则属于创作上的方法论,对作家创作具有很强的借鉴意义。

第二章　大匠之心：独特的文心雕龙

《文心雕龙》作者刘勰说："夫文心者，言为文之用心也。"赵德发潜心创作几十年，创作作品多达七百余万字，其用心究竟在哪里呢？其作品究竟反映了怎样的思想内容呢？

独具匠心写农民，写出了中国农民百年之命运。

当代文坛，写农民或农村题材的作品很多，可以用"浩如烟海"来形容。赵德发独辟蹊径，匠心独运，从自己的视角写农民，从而写出了新意，写出了深度，也写出了成就。

他站位高，以宏大视角写农民。中国是一个传统的农业大国，当新的世纪和新的千年来临，工业化和城市化强势推进，第三产业大力发展时，中国农民面临前所未有的挑战和考验。站在世纪之交的门槛，赵德发面对脚下的沂蒙大地，陷入深深的思考。他思考，中国农民从哪里来，又到哪里去？他思考，面对世纪之交的重大社会变革，中国农民将何去何从？长久的思考，让他有了自己的答案。作为一个作家，一个小说家，他自觉地用艺术的形式表现出来，于是，也就有了他的"农民三部曲"和后来的《经山海》。如果说，"农民三部曲"重在反映中国农民百年沧桑之命运的话，那么，《经山海》则重在反映乡村振兴大趋势下中国农民充满希望之未来。

他思辨全，系统化、立体化写农民。很多作家写农民，只是从一段历史、一个方面或只从一个角度写农民，而赵德发是全面系统、多维度、立体化地反映农民的生存和发展。他早期的中短篇小说，不仅写农民的生产生活问题，也写农民的文化需求问题；不仅写农民的物质生活问题，也写农民的爱情生活和精神生活问题；不仅写过去年代的生活问题，也写当今时代的生活问题。在当代最有成就的长篇小说中，张炜的《古船》从政治经济的角度反映农民问题，陈忠实的《白鹿原》从家族的角度反映农民问题，而赵德发的"农民三部曲"则从农民与天地、与道德、与政治的角度反映农民问题，从而形成多视角、全方位的艺术折射体系。

他感情深，充满深情写农民。赵德发出生于沂蒙山区，生长于沂蒙山区，本身就是农民的儿子、大地的儿子。每当看到他的父老乡亲在大地上耕作时，他的眼里总是充满深情，有时满含泪水。他笔下的人物形象来源于家乡的父老乡亲，甚至有自己亲人的影子。因此，他总是投入极大的热情，满怀热忱地写照他们。几乎每一个人物身上，都流淌着他的心血和汗水，倾注着他的思想和情感。他千方百计写出他们的苦难与不幸、痛苦与欢乐、奋斗与追求。长篇小说《缱绻与决绝》就是这方面的典型代表。对于这个书名，不少评论家认为太文雅，也拗口，甚至有人认为起这样一个名字"很吃亏"，他们哪里知道，这里面融入了赵德发对农民的那份独特而又深厚的感情。这个名字本身，就是农民与土地那种既缱绻又决绝的矛盾心理的真实写照。

他看得远，充满希望写农民。总体上来看，"农民三部曲"虽然不是悲剧，但具有一定悲壮色彩。尤其是三部小说的结尾，似乎让人看不到中国农民的前途和未来。《缱绻与决绝》因土地的大量减少和被污染，让人为农民的命运深感担忧。《君子梦》因道德伦理追求陷入矛盾和"悖论"，让人看不到真正的出路。《青烟或白雾》因政治形势的难以把握，也让人深感无从把握农民命运的发展规律。但是，在《经山海》里，这些问题都得到了回答和解决。它通过乡村振兴显著成效的真实反馈和新一代农民形象的塑造告诉世人：乡村振兴，人心所向，大有希望；中国农民，心中有阳光，脚下有力量，未来将会有崭新的产业、崭新的生活和崭新的形象。

独具匠心写文化，写出了中国传统文化之精髓。

20世纪八九十年代，社会上曾兴起一波又一波文化热。文化讲座、文艺沙龙大行其道，文艺大争鸣、人文精神大讨论此起彼伏，甚至各种文化衫也粉墨登场，招摇过市。在此期间，涌现出许多以文化为题材的文学作品，尤其以文化散文和文化随笔最为兴盛，也不乏长短不一的小说。由于文化是个抽象概念，属于社会意识范畴，导致究竟什么是文化，怎样写文化，众说纷纭，莫衷一是。王小波曾在《我看文化热》一文中指出："文化是创造性劳动的成果。中国文化的最大成就，乃是孔孟开创的伦理学、道德哲学。"因此，离开对文化成果的深刻理解，离开对中国文化最大成就的准确把握，就不可能真正写好文化作品。所幸，赵德发以自己的考察和思考，在这方面做出了崭新的探索，形成了当代文坛独具特色的"传统文化三部曲"。

他直抵信仰写文化。文化是一种成果，必须通过一定载体来呈现。赵德发创作"传统文化三部曲"，选择以儒、释、道三大宗教为载体。他为何做如此选择？主要有两个方面的考虑：一是时代的需要，二是心灵的需要。众所周知，我国国民一向是以富有信仰和追求著称的，然而，经过十年"文化大革命"，特别是进入改革开放之后，随着商品经济和市场经济的发展，人们遭遇信仰危机，信仰缺失和价值观移位成为社会问题，心灵迷茫、心灵空虚和心灵焦虑成为较为普遍的社会心理现象。赵德发选择从宗教入手写文化，写信仰的重铸，写灵魂的完善，因此更富有针对性和实效性，也更具社会和心灵上的现实意义。

他直面现实写文化。很多宗教文学作品，多数是远离社会现实或规避社会现实写修行。赵德发写宗教，写修行，并不是单纯地写佛门圣地的宗教和修行，并不是远离社会、远离生活、远离世俗的单纯宗教和修行。其目的也绝不是为写宗教而写宗教，为写修行而写修行，而是展示通过宗教的特殊教化功能，努力实现现实社会人际关系的调和、人之心灵的净化，甚至人之生命的延长。他的《君子梦》几乎完全脱离专业的宗教修行，在一个完全意义上的世俗的乡村世界来展开，通过主人公许正芝试图将律条村建成心目中的"道德理想国"的努力，展示了儒教对现实生活的影响，也展示了具有一定担当意识的村民的求索和修行。《双手合十》则全面展示了主人公惠昱从一个历经挫折的社会青年，到佛学院高才生，最后成为飞云寺住持的过程，其间包含他心灵真切感受世界、精神不断坚持、灵魂不断完善的过程。《乾道坤道》则主要讲述道家传人、旅居美国的生命基因科学家石高静，受大师兄应高虚之托回国接替她担任琼顶山简寥观住持，追求"性命双修"的故事，具有强烈的社会现实意义。特别是作品对不良社会风气的批判、对宗教圣地异化和宗教修行变异的揭露和批判，都体现了直面现实的精神和勇气。

他直面矛盾写文化。众所周知，宗教是关于心灵和信仰的学问。但是世界上不同宗教之间，甚至同一宗教的不同派别之间，关于心灵和信仰的学说各不相同，甚至互相矛盾，也有的水火不容。赵德发"传统文化三部曲"所涉猎的儒、释、道三大宗教之间，《魔戒之旅》所描写的不同信仰的人之间，由于考虑问题的角度不同，所调节的关系不同，因此其学说和观点也都各有差异，既存在一定的内在联系，也存在一定的矛盾和冲突。对于这些问题，赵德发坚持批判地吸取、最大限度包容的基本原则，对此进行深入的理性分析，既不单一地推崇某一宗教或学说，也不以一方排斥另一方，从而形成互相包容的相对完整的宗教文化体系，也由此将宗教文化的写作推进到一个全新的境界和全新的高度。尤其值得肯定的是，赵德发虽然长期研究佛教和道教，也曾长期深入佛门道观体验生活，甚至打坐念经，但他始终是一个坚定的无神论者，一个坚定的非宗教徒，由此可以看出其高度的理性和高度的包容性。

独具匠心写精神，写出了中华民族精神之内涵。

俄罗斯思想家别尔嘉耶夫说："精神是灵魂的真理，是灵魂的永恒的价值。精神性是人身上最高的质，最高的价值，最高的成就。"衡量文学作品的价值和成就，也有一个精神性标准可以参照。赵德发文学作品的思想性，其最宝贵的文心，恰恰在于其强烈的精神性。这种精神性主要体现在其作品始终燃烧着民族精神的火焰上。他的作品，无论是小说还是散文随笔，都从不同侧面写照和辉映了源远流长、丰富博大、不断发展的民族精神图景。

他写照和辉映中华民族不断守望的精神。这种守望，主要体现在四个方面。一是守望家园。在赵德发这里，就是守望沂蒙大地。无论他到了哪里，无论他写哪种题材，都离不开生他养他的那方水土，那片大地。因为，他的根在这里。他的《缱绻与决绝》是对大地的守望，他的《南山长刺》是对故乡的守望。二是守望文化。文化之根，是最根本的根。赵德发的诸多篇章，都体现了对中国传统文化深情的守望。《白纸黑字》《初识女书》《学堂》是对文字文明的守望，"传统文化三部曲"是对宗教文化的守望，《农者之舞》是对农业文明的守望，《槿域墨香》是在异国他乡对汉字文明的守望。三是守望精神。与其他守望相比，他更看重精神的守望。难能可贵的是，赵德发在这里守望的精神，恰恰不是来自历史，而是来自身边人。在《精神在绝顶闪耀》里，他守望和仰望身残志坚，写出长篇小说《绝顶》的张海迪那份永远进取的精神。在《抬起手腕，每一粒佛珠都在》里，他赞赏张艳梅充满诗思和佛性的精神状态。四是守望灵魂。这是更深层次的守望。在《倾听沥青落地的声音》和《杨花似雪，忧思如霾》中，他对"速生时代"和"速成时代"提出质疑，呼吁一心只争朝夕的人们，放慢飞奔的脚步，等一等自己的灵魂。在《抛却肉体》《我与周涛的"肉体之争"》中,阐明和坚持了自己灵魂第一的原则。在"传统文化三部曲"中,更是将写作的指向直抵灵魂深处。在《北川城的生与死》中,他守望北川的灵魂。

他写照和辉映中华民族自强不息的精神。"天行健君子以自强不息,地势坤君子以厚德载物",这是中华民族精神的集中体现。赵德发的作品从不同角度对这一民族精神作了艺术性写照,主要反映了当代国人对坚忍不拔、百折不挠、自强不息精神的坚持和发扬。这种精神,首先体现在作者本人身上,他的《1970年代,我当乡村教师》自述,深刻体现了艰难困苦岁月,他个人对自强不息的精神坚持。如果没有这种精神,一个初中没有上过几天的十五岁少年,就不可能当上民办教师,就不可能后来考上公办教师,也不可能考上电视大学,更不可能到公社和县里当机关干部。这种精神,更多地体现在他作品的主人公身上。无论是《缱绻与决绝》里吃苦耐劳的绣绣,还是《君子梦》里的许正芝,还是《乾道坤道》里的石高静,都是这种自强不息精神的典型人物。其中,《经山海》中的吴小蒿,是最典型最突出的代表。她对家庭与事业关系的处理,她对乡村文化和精神的重建,她对工作的极端负责,无不体现忍辱负重、负重前行、自强不息、顽强坚守的意志和精神。

他写照和辉映中华民族勇于反思的精神。善于反思是人类最可宝贵的品质之一,也是中华民族的传统美德。没有反思,就没有真正的觉醒。没有反思,就不知道自己的思想、道路、行为是正确还是错误,是正在向好的方向发展,还是走向错误、走向堕落,甚至走向深渊。对于文学作品来说,没有反思精神,就没有思想的深度,也就没有感染的力度。赵德发的作品始终充满反思精神,反思是其作品的一大特色。主要体现在:一是主动反思自我。他的《1970年代,我当乡村教师》自述,对自己的思想、行为进行深度反思,对自己做过的错事、糗事,甚至见不得人的事,既不遮掩,也不回避。他的关于生活方面的散文随笔,也体现着这种自我反思精神。其中包括《让我做个伪君子》《惧怕大海》《呼唤肌肉》《我的羊性》

等。二是全面反思时代。面对全新的时代，赵德发善于站在更高的层面，洞察时代风云，既看到时代的发展和进步，也看到时代的问题和不足。在《城堡上空的蒲公英》等文章中，他反思时代的"城市病"。在《倾听沥青滴落的声音》等文章中，他反思时代的"速成病"。在他的"农民三部曲"中，他反思工业化时代对土地、对环境的污染。在他的"传统文化三部曲"中，他反思商品时代、金钱观念对人的心灵的扭曲。他的《突如其来"人类世"》是反思时代的典型代表，对当今时代的所谓大开发、大发展进行了全面反思：反思填海造陆，反思人类大搬运，反思商业大开发，反思人工大养殖，反思地膜之灾，反思浒苔之害，反思削山平地，反思人造山洞……通过深刻反思，他指出了这些行为对人类生存环境造成的潜在而巨大的危害。三是深刻反思人性。人性是影响和决定思想行为的根本。他在讴歌和赞美美好人性的同时，对人性中的负面清单也进行了呈示、剖析和反思。在"农民三部曲"和中短篇小说中，他主要反思了乡村农民和机关人员在个人利益方面的私心和贪欲，以及在色欲方面的不耻和放纵。在"传统文化三部曲"中，他主要反思了僧俗两界人在物欲、名利等方面的贪心。在《人类世》中，他主要反思了人在发展中的野心和贪欲。

每个作家都有自己的艺术特色，赵德发的艺术特色呈现多样性，但其最大的艺术特色在于其谋篇布局的高远、叙述方式的创新和情感表达的真挚。这体现了其与众不同的"大匠之心"和精雕细刻的工匠精神。正是因为这一特色，其在中国当代文坛占有一席之地。如果文艺界也评选"大国工匠"，赵德发理应名列其中。概括来讲，其艺术特色主要包括三个方面的内容：

一是内容选择的战略性。战略性是赵德发文学创作最大的艺术特色，这与他创作的高度自觉性和使命感是分不开的。一般作家创作的内容，多数呈现片断性、零散性、局部性特征，而赵德发的创作呈现鲜明的史诗性、系统性和完整性。这一切共同构成其文学创作的战略性特征。回顾总结其全部文学创作,可以分为四大战略:其一是"沂蒙乡村"战略。这主要是其前期的中短篇小说创作。这期间,他利用中短篇小说的形式,全面系统地反映了他所熟知的乡村生活、教师生活和机关生活,从经济到文化到政治,几乎囊括了各个层面,从而形成一个完整的"沂蒙乡村"体系。其二是"农民三部曲"战略。他自己称为"我有一个野心"。在此期间主要创作完成《缱绻与决绝》《君子梦》和《青烟或白雾》三部长篇小说,每一部都是一部史诗性作品,三者相互补充,相互辉映,形成一个反映百年农民命运的完整体系。其三是"传统文化三部曲"战略,属于战略领域的拓展和创作内容上的更新。其间主要完成宗教文化小说《双手合十》《乾道坤道》的创作。它们与《君子梦》一起,共同构成反映儒、释、道三大宗教文化的完整体系。同时,他还创作完成了长篇小说《魔戒之旅》,反映另一种宗教——偶像崇拜,作为三大宗教文化的重要补充。其四是"蓝色三部曲"战略,主要由已经完成的长篇小说《人类世》《经山海》和正在构思的第十部长篇小说《蓝调子》组成,从而形成另一个相对完整的体系。对创作如此规划和考量,在中国当代文坛实属罕见。

二是人物塑造的群雕性。赵德发的每部小说,都塑造了个性鲜明的人物形象。有些长篇小说,不是塑造一个或几个人物,而是一群人物,带有一定的群雕性质。像《缱绻与决绝》就不只塑造了一两个人物形象,还塑造了绣绣、封大脚、费左氏等诸多人物形象。从他的表现内容来看,分别塑造了一批当代农民群像、当代宗教人物群像和乡村教师群像。当代农民群像主要包括:绣绣、吴小蒿、爹(村支书)、孙参、池明霞、叶丛喜、吕中贞、吕白、二虎、木橛、金大头、赵洪运、郭全和、高秀燕、瓜瓢等;当代宗教人物群像主要包括:许正芝、许景行、礼梵、惠昱、石高静等;20世纪乡村教师群像主要包括:金囤、李玉、李传嵯、宁静、李明远等。应当看到,这些人物群像,是赵德发为当代文坛做出的一大贡献,他丰富了当代文坛的人物谱系。著名评论家吴义勤曾在《光明日报》发表《营造一个独特的文学世界——试论赵德发传统文化题材创作的意义》,文章指出

:"从文学史意义上来说,赵德发的传统文化题材创作的最大成就在于他艺术地呈现了一个当代宗教人物形象的完整谱系,丰富了中国当代小说的人物画廊。"

  三是乡土文学的突破性。赵德发的很多作品属于乡土文学范畴,但是他笔下的"乡土"有别于其他作家笔下的"乡土"。著名作家张炜在《赵德发文集》总序中曾经指出:"对乡土小说的自觉突破,是德发创作的一大特点。……随着文学的世界化和现代化,乡土文学必将得到突破,而德发一直在做这样的努力。从'农民三部曲'即可看出,他在探求新的叙述形式,从结构到其他,保持与世界文学对话的能力。齐鲁大地是乡土文学的根据地,在这里出现一个勇于探索、自我挑战的作家,就显出了特别的意义。"综合分析赵德发对乡土文学的突破,主要体现在:首先是内容的厚重,他善于将厚重的历史和沉重的时代课题有机结合在一起,增强了作品的厚度,也有效避免了乡土小说的肤浅之病。其次是理念的先进,虽然是写农村题材,但绝不被"小农意识"所影响,也不被"小农思想"所束缚,更不被简单落后的"农耕经济"所局限,而是站在时代的制高点上,将新的思维和新的思想注入作品之中,从而增强作品的生命力。最后是语言的独特性。赵德发既吸取了当地农村原汁原味的方言,又有机融合了当今时代的崭新语言,形成有自身特色的话语体系。这种话语体系,既有别于纯乡土文学语言,又不同于知识分子语言,而是介于两者之间,既保有乡村语言的生机活力,又不失现代语言的理性光泽。评论家刘宏志曾经指出:"他的'乡土三部曲'——《缱绻与决绝》《君子梦》和《青烟或白雾》,这几部小说有众多鲜活生动的农民群体人物形象和大跨度的史诗气魄,是近年来中国乡土书写的一个重大成果。"

第三章　大象之形：鲜明的意象特征

大象无形却有意。赵德发长篇小说有一个非常突出的特点，就是善于选择一个贯穿全篇的意象物，既作为一种背景，又作为一个特殊的事物，来形象化和深化主题。这方面最典型的代表是《缱绻与决绝》里的天牛、《君子梦》里的匏子树和《人类世》中的金钉子。

天牛庙之"天牛"：揭示客观形势的天外来客。

"也不知道是几百年前还是几千年前的一个晚上，有一位道姑正在这村子给一家人治病，突然听到天上嗡嗡大响，窗外亮如白昼。道姑出门一看，见天上正飞着三头牛：一头金牛，一头铜牛，一头铁牛。道姑抬手一挥拂尘，就将一条铁牛打落在地上。从此，这件奇物就留在了这里，也不知哪朝哪代，奇物旁边还建了一座庙，叫作天牛庙。"

赵德发在《缱绻与决绝》里塑造了如斯天牛形象，并将天牛庙作为故事的背景来全面展开。对于这个形象，也许很多人不太熟知和理解。其实，这所谓的"奇物"便是物理学上的陨石，在现实世界中是一种真实的存在。我们甚至可以根据作品的描述，找到这一"奇物"的原型，那就是山东莒南县坪上镇铁牛庙村的"天外来客"——大铁牛。

据史料记载，一千两百多年前，一块巨大的陨石落到莒南县坪上镇铁牛庙村村东几尺见方的土地上，该陨石重达四吨，形状似牛，后世百姓奉这块形似牛的陨石为神物，建庙膜拜。后遂以"铁牛"为名。不仅如此，如果用百度搜索，还会发现其他地方也有类似的"铁牛"。由此可以看出，赵德发笔下的"天牛"，虽是"天外来客"，但绝非凭空臆造，而是来自真实的生活。

绝大多数读者认为，包括作者本人也承认，《缱绻与决绝》反映的是农民与土地的关系问题。但是，仔细阅读全书，并对"天牛"这一神奇之物进行认真研究后就会发现，仅仅以为小说家形象地阐释了人与地的关系，是不太全面的。事实上，赵德发所阐释的是天、地、人之间的完整关系。可以肯定地说，天牛、天牛庙在小说中以背景物和生活舞台出现，肯定是有所象征的。那寓意就是天，这个天并不仅是自然的天，而且是社会的天，就是当时的社会形势。

"天牛经济开发区"的五百亩土地盘闲置了一年——这是当代农村工业化、城镇化浪潮对农民和土地冲击的真实写照。

随着传统农业的变革、乡村文化的渐变，那曾经给中国农村带来巨大冲击的"天牛"，将会成为最终的"守望者"，这就是《缱绻与决绝》所展示的巨大的反思力量。

多年之后，人们有理由追问，天牛从何而来？庙宇为谁而建？谁在祭奠？谁还在守望？凄凉的夜晚，天牛将会为谁鸣叫？

律条村之"雹子树"：善恶对立统一的承载者。

在长篇小说《君子梦》里，赵德发浓墨重彩地描写了一棵雹子树，并将其作为贯穿全书的形象大写特写。那么，这棵雹子树究竟蕴含了什么意义呢？

赵德发所描写的这棵雹子树与一般树不同，不仅罕见，而且十分奇特。它的奇特之处就在于，该树不见雹子不发芽。每年春天，如果没有下雹子，它的枝叶就像枯死一样，而一旦遇到冰雹袭来，一夜之间就会焕发生机，迅速长出叶子。它的叶子呈雹子形状，初始发青，秋天慢慢变黄，而后转红，即便在万木凋零的冬天，也不轻易落下。它还有滋阴壮阳的作用。

据称，这种雹子树虽然神奇，但现实中并不是子虚乌有。赵德发讲，鲁南某县的史料上曾经介绍过，后来才知道，在他的老家莒南县就有这么一种树。当然，他在将其写进长篇小说时，做了一些艺术上的加工，使之成为一种既符合生活真实，又符合艺术真实的特殊生命形象。其实，这棵树究竟存在不存在并不重要，重要的是，赵德发笔下的雹子树已经成为作品中的有机形象，它既是作品主题的隐喻者、深刻哲理的形象承载者，又是一只可以溶解的鱼，巧妙而自然地渗透在作品之中。

通篇来看，《君子梦》试图以事实和形象来展示中国农民的伦理道德问题。谈及中国的伦理道德，必然涉及它的两个方面：善与恶。它们作为道德范畴的一对矛盾，不仅是对立的和斗争的，而且是相互联系的和统一的。正如作者在创作体会《永远的君子　永远的梦》中所言："天上的星多月亮少，地上人多君子稀。要让人人成为君子，那是绝对不可能的。心中的贼永远杀不干净，而且真的杀干净了也不行。"为什么"绝对不可能"，而且"杀干净了也不行"呢？这主要是因为，善与恶有着令人难以置信的辩证关系：善以恶为参照物而存在，恶在一定程度上促进善的发展。赵德发正是通过对雹子树的描述，形象地揭示了这一深刻的哲理。从自然形态来看，雹子树遇到风雨便格外"摇摆"，并发出"哈哈"之声，遇到雹子侵袭才焕发生机，正是这种奇特关系的生动写照。在这里，雹子树是弱者，是善的代表，而风雨和冰雹是暴力，是恶的代表。二者关系一如要想麋鹿强壮必须在园林里养狼。

雹子树还是中国农民的守望者。它屹立在沂河岸边，站在律条村头，时时观察和记录着身边发生的一切，是农村社会道德演变的见证人。它目睹了"蚂蚱"在它身边做的最令人难以启齿的勾当；它还看到老族长许翰义怎样愧对列祖列宗；它深知许正芝为建立"君子国"怎样呕心沥血——

同时，它还见证孔孟之道如何束缚人的心灵，"文化大革命"如何让人斯文扫地，社会上一些丑恶的东西为何又沉渣泛起……

黾子树不仅是一个守望者和见证人，同时还是一个警示者。这种警示作用来源于人们对它的敬畏。它以特殊的形象和经历警示人们：要遵守道德的律条，不要越道德的雷池；它呼唤新的伦理道德，并且呼唤社会法制的早日健全。

大地上的"金钉子"：生命向度与生命力量的隐喻。

赵德发将地质学"金钉子"这一物象概念引入其创作的长篇小说《人类世》，将其作为承载故事的元素并做出"别样表达"，无疑具有了诗性的意象。从《缱绻与决绝》的"天牛"到《君子梦》里的"黾子树"，他的每一部小说几乎都有一个物象——意象，贯穿于情节线索的展开中，犹如《红楼梦》中那块难解的石头。《人类世》的"金钉子"通过这个"形而下"的"小器"隐喻着自然和人类社会"形而上"的"大道"。

"金钉子"这一意象本身在强化作品主题警世功能的同时，有着极其复杂的社会学容量。它触及了人类生殖繁衍、科技发展、人性道德演进的诸多内容。作品中的"金钉子"是随着孙参破坏性掠夺的发迹史和焦石对地质学艰辛探索历程两条主线展开，并在诸多人物语言和叙事话语中不断聚合或裂变出"金钉子"逻辑命意的。作品第一次出现"金钉子"，是主人公孙参在美留学时与房东家人一起观看美国西部铁路竣工时砸下一颗金钉子，这便具有了极强的象征意义，凸显出科技文明的巨大进步意义。美国房东的女儿穆丽儿在向孙参求欢时，手握孙参的阳具说那是一枚"金钉子"，包括后来穆丽尔生下孙参的私生子，这一行为虽然在道德层面存有瑕疵，但彰显出了人类繁衍的一种积极力量。其后，孙参每逢和女人做爱时，就无比自豪地欣赏自己这枚有力量的"金钉子"，好像它是自己奋斗成功的原动力。后来孙参将建立虹广场的最高建筑称作"金钉子"就是明证。

大学教授焦石最大的愿望是自己能够在地质研究中发现一个新的地质层面而钉下一枚"金钉子"作为人生的成功目标，在此过程中，他反抗孙参对自然的破坏、政府管理的无序、官员们的种种不作为和乱作为。由此看出，"金钉子"这一意象容量的宏大。正是"金钉子"这一意象，才有了小说《人类世》的命名。这个意象所衍生出的更深层意义在于，每个人自然有每个人心中的小"金钉子"，人类社会更有其仿佛不以人的意志为转移的大"金钉子"。这样，"金钉子"的本质意义就明晰起来，它暗示的就是人类本身是一种力量和矛盾体的象征，完全掌控在人或人类自己的命运中。

"金钉子"所蕴含多种矛盾的背反、吸附、对抗、拉伸、均势、消长，说明了"金钉子"所代表的力量趋势问题，犹如核能的运用，是过度核武，还是和平利用，造福人类？"真理仿佛向前走一小步，就会变成谬误。"孙参的妈妈做梦都想要孙参给她生个孙子，一直以"金钉子"自慰自赏的孙参，最终被医生检查出丧失生育能力。焦石对地质学的研究进入一种迷狂状态而导致性格偏执，以至于扰乱大学正常的教学秩序而变得不可理喻，昭示出社会转型期旧的道德、秩序、信仰濒于解构或趋于崩溃，优秀的道德元素未得到有效继承，人人遵循的新道德规范、新秩序还没有完全建构起来，这一情势让当代人变得浮躁、焦虑、敏感、恐惧乃至虚伪，导致人类道德界限的失控。毋庸置疑，人类社会每前进一步，都会在自己的步履中由自己砸下一颗巨大的"金钉子"，这枚巨大的"金钉子"是载入人类文明发展史的光荣册里，还是钉在耻辱柱上，由人类自己决定。作品通过"金钉子"，凸显了人类行为要"适度"的极端重要性；表达出社会转型期人性、道德、秩序、价值观重塑重构的紧迫性；彰显出作家、作品强烈的现实批判力量和大爱之心。

赵德发的小说通过情节、人物的无技巧调度遣使所创造的意象本身就是一个由物及心的矛盾复合体，更为可贵的是，作家在演绎意象的过程中，或通过客观警示，或给予具体方法，辨真伪、明明德，给人以强烈的社会责任感启迪，并通过作品审美力量的感染，潜移默化地催发正能量。这是他小说创作的一种典型手法。

第四章　大海之魂：可期的未来路途

赵德发的文学创作之路，是他在大地上不断修行、不断提高的过程，是不断突破自我、不断取得新成就的过程，也是被当今文坛和广大读者逐步认可，进而得到高度评价，奠定其当代文学史地位的过程。

在此期间，他先后担任日照市文联副主席、主席，日照市作家协会主席；山东省作家协会第五届、第六届主席团副主席，山东省作家协会小说创作委员会主任；中国作家协会第八届、第九届全委会委员。这是文学界对他的肯定，也是组织对他的肯定。

他的作品多次获得当代文坛重要奖项。曾先后获得第三届"人民文学奖"，《小说月报》第四届、第八届"百花奖"，三次获得"《中国作家》奖"，首届"齐鲁文学奖"，第一届、第四届"泰山文艺奖（文学创作奖）"，第四届、第五届、第七届、第十一届山东省"精品工程"奖等。2019年面世的《经山海》，获得了中宣部第十五届精神文明建设"五个一工程"优秀作品奖。这是社会对他的奖掖，时代对他的奖掖，也是大地对他的奖掖。

值得注意的是，赵德发的长篇小说创作，一直保准着较高的水准。他的九部长篇小说，有八部是先在重点刊物上发表，随后正式由出版社推出的。这些刊物，有《人民文学》《中国作家》《当代》《大家》《作家》，其中《缱绻与决绝》《双手合十》《人类世》三部被《长篇小说选刊》转载，

《青烟或白雾》《经山海》两部被《长篇小说选刊》在《佳作推介》栏目中推介。

自短篇小说《通腿儿》发表后，赵德发的创作便引起了文坛的关注。第一部长篇小说《缱绻与决绝》出版后不久，人民文学出版社、山东省作家协会便在北京联合举办专题研讨会，何启治、魏绪玉、林为进、蔡葵、白烨、牛玉秋、陈骏涛、胡德培、何西来、张志忠、雷达等专家学者与会，并对其作品展开讨论，给予高度评价。

长篇小说《君子梦》出版后，人民文学出版社、山东省作家协会又在济南举办专题研讨会。张炜、何启治、李心田、李贯通、刘玉堂、牛运清、陈宝云、邱勋、孙国章、王光东、施战军、张清华、吴义勤、胡玉萍、陈汉萍、崔苇等与会并先后发言，给予充分肯定。

"传统文化三部曲"《君子梦》《双手合十》和《乾道坤道》出版后，在第二十届北京国际图书博览会中国作家馆举办的"山东主宾省"重点作家推荐活动中，又举行了专题研讨会，专门研讨其三部作品。

赵德发的作品，不断得到出版界的重视。其"农民三部曲"三部作品均由人民文学出版社出版发行。人民文学出版社还在2002年出版了《中国当代作家选集·赵德发》一书。

1997年12月，山东文艺出版社出版三卷本《赵德发自选集》：《缱绻与决绝》《蝙蝠之恋》《我知道你不知道》。

2014年10月，"赵德发传统文化小说三种"《君子梦》《双手合十》和《乾道坤道》由安徽文艺出版社成套推出。

2018年1月，12卷本《赵德发文集》由安徽文艺出版社出版发行。其中，第1卷《缱绻与决绝》（长篇小说）、第2卷《君子梦》（长篇小说）、第3卷《青烟或白雾》（长篇小说）、第4卷《双手合十》（长篇小说）、第5卷《乾道坤道》（长篇小说）、第6卷《人类世》（长篇小说）、第7卷《白老虎》（包括纪实文学《白老虎》及续篇、小说《震惊》《魔戒之旅》）、第8卷《要命》（中篇小说集）、第9卷《下一波潮水》（中篇小说集)、第10卷《通腿儿》(短篇小说集)、第11卷《路遥何日还乡》(短篇小说集)、第12卷《南山长刺》(散文随笔集)。这是对其作品的一次集中大展示和大检阅,几乎代表了赵德发几十年创作的全部成果。从中可以看出安徽文艺出版社对他的重视,也可以看出该出版社的慧眼和睿智。他们的这次出版行动,不仅对赵德发本人给予极大鼓励,对当代中国文坛也是一大贡献。

对于赵德发的创作,评论界和文史界也高度重视,甚至给予一些定论性评价。以林为进、白烨等人为代表的作家评论家一致认为,其《缱绻与决绝》,是继《古船》和《白鹿原》之后写当代农村题材最好的长篇小说。翁寒松认为,《缱绻与决绝》的出版,不仅是中国现代文学史上一个值得自豪的事情,而且也是世纪之交中国人精神生活的一个意义非常的事情。蔡葵认为,其作品具有史诗和百科全书一样的风格。何镇邦指出:"赵德发于20世纪80年代中期步上文坛。1990年年初发于《山东文学》的短篇小说《通腿儿》一炮打响,使他一举成名。20世纪末、21世纪初由人民文学出版社推出的被称为'农民三部曲'的三部长篇小说《缱绻与决绝》、《君子梦》和《青烟或白雾》使他在文坛上占有一席之地。"孟繁华称赞其为当代中国书写土地的圣手之一。张炜认为,在传统文化的文学书写方面,赵德发是当今中国文坛的出类拔萃者。他是山东文学的功勋人物,如果山东文学队伍中抽掉了他,就变得大为不同了,底气会差许多。张懿红在《缅想与徜徉:跨世纪乡土小说研究》一书中指出:"作者毕十年之功完成了中国近百年农民生活、农村现实的广泛观照和深沉反思,其恢宏气势、阔大视野、文化底蕴和人文情怀在浮躁萎靡的当代小说潮流中卓尔不群,无疑是世纪之交乡土小说的厚重之作,足以彪炳文学史册。"由朱栋霖、丁帆、朱晓进主编的《中国现代文学史》和洪子诚主编的《中国当代文学史》均将其长篇小说《缱绻与决绝》纳入其中。

回顾赵德发的文学人生,是他自主选择的人生,是无怨无悔的人生,也是无愧家国、无愧时代的人生。

2011年6月26日,赵德发在随笔《余生再无战略》中说:"在我五十余年的生涯中,是的确有过战略考量的。

"写出'农民三部曲'和'佛道姊妹篇',我在这个世界上要做的主要事情大概已经做完。另外,到了这个年纪,也该去一去执着心了。所以我今天说,余生再无战略。"

虽然赵德发业已明确余生再无战略,但他的战略思维依然发挥着潜在作用。之后的创作实践证明,他在无意之中又实施了新的战略,即第三个"三部曲"战略——"蓝色三部曲"的创作。目前,"蓝色三部曲"已经完成《人类世》和《经山海》,还有第十部长篇小说《蓝调子》在等待着他。

关于第十部长篇小说,赵德发也同时进行了构思。这是一部直面大海的小说,主题为"大海与人生",书名暂定《蓝调子》。2019年4月15日凌晨5:54,赵德发在微信朋友圈发了一张蔚蓝色大海中无数游鱼的图片,并配文说:"刚刚,灵感如朝阳那样喷薄而出。蓝色之梦从混沌到清晰。将咖啡当酒,庆祝一下!"五分钟之后,他又发了一张红日东升的图片,并写下了这样的文字:"还在兴奋之中。我毕生追求的好小说,大概就是这一部了!"他在感谢朋友点赞的同时介绍说:"这是我多年来的一个创作设想,但一直没有着手。今天知道怎么写了,但明年才有时间写。"由此可以看出,这将是一部"大器晚成"的小说,也是一部更注重品质的小说。我们期待这部新的作品能像他的朋友张海迪的《绝顶》所描绘的一样,将他的创作推向"精神的绝顶",在万山之上,在文学的天空,闪耀独特的光芒。

主要参考书目

张期鹏、六凤珍著，《赵德发年谱》，济南：山东大学出版社，2020年。

徐道翔著，《中国现代作家评传》卷一、卷二，济南：山东教育出版社，1986年。

司蒂芬·支魏格著，吴小如、高名凯译，《巴尔扎克传》，上海：上海译文出版社，1983年。

钱理群著，《我的精神自传》，南宁：广西师范大学出版社，2007年。

范曾著，《范曾自述》，北京：文化艺术出版社，2010年。

孔见著，《赤贫精神》，北京：中国人民大学出版社，2004年。

聂震宁主编，《创意阅读》，济南：山东文艺出版社，2009年。

张荣东著，《黑伯龙艺术论》，济南：山东画报出版社，2015年。

海德格尔著，郜元宝译，《人，诗意地栖居》，上海：上海远东出版社，1995年。

筱敏著，《阳光碎片》，上海：东方出版中心，2000年。

费振钟著，《堕落时代》，上海：东方艺术中心，2009年。

周国平著，《诗人哲学家》，上海：上海人民出版社，1987年。

王晓梦著，《赵德发创作论》，北京：中国社会科学出版社，2016年。

赵德发著，《赵德发短篇小说选》，济南：山东文艺出版社，1992年。

赵德发著，《蚂蚁爪子》，济南：明天出版社，1994年。

赵德发著，《缱绻与决绝》，北京：人民文学出版社，1996年。

赵德发著，《赵德发自选集》：《我知道你不知道》《蝙蝠之恋》《缱绻与决绝》，济南：山东文艺出版社，1998年。

赵德发著，《君子梦》，北京：人民文学出版社，1999年。

赵德发著，《中国当代作家选集丛书·赵德发卷》，北京：人民文学出版社，2002年。

赵德发著，《震惊》，济南：山东文艺出版社，2003年。

赵德发著，《阴阳交割之下》，济南：山东文艺出版社，2005年。

赵德发著，《双手合十》，南京：江苏文艺出版社，2008年。

赵德发著，《拈花微笑》，郑州：文心出版社，2011年。

赵德发著，《乾道坤道》，武汉：长江文艺出版社，2012年。

赵德发著，《白老虎》，济南：山东文艺出版社，2013年。

赵德发著，《人类世》，武汉：长江文艺出版社，2016年。

赵德发著，《白纸黑字》，北京：群众出版社，2017年。

赵德发著，《赵德发文集》：《缱绻与决绝》《君子梦》《青烟或白雾》《双手合十》《乾道坤道》《人类世》《白老虎》《要命》《下一波潮水》《通腿儿》《路遥何日还乡》《南山长刺》，合肥：安徽文艺出版社，2018年。

赵德发著，《经山海》，合肥：安徽文艺出版社，2019年。